Frauenerwerbstätigkeit in Südkorea

Geschlechtsspezifische Arbeitsmarktsegregation im Spannungsfeld von ökonomischer, politischer und kultureller Entwicklung

Jong-Hee Lee

INHALTSVERZEICHNIS

TABELLENVERZEICHNIS

ABBILDUNGSVERZEICHNIS

ABKÜRZUNGSVERZEICHNIS

ILO	International Labour Office
KLI	Korean Labor Institute
KWDI	Korean Women´s Development Institute
KWWAU	Korean Women Workers Associations United
MOE	Minister of Education & Human Resources Development, Republic of Korea
MOL	Minister of Labor, Republic of Korea
NSO	National Statistical Office, Republic of Korea
OECD	Organisation for Economic Cooperation and Development
UNDP	United Nations Development Programme

I. Einleitung

Südkorea hat in den vergangenen Jahrzehnten eine rasante wirtschaftliche und gesellschaftliche Entwicklung erlebt. Ein ökonomisch rückständiges und politisch noch nicht gefestigtes Land entwickelte sich in kurzer Zeit zu einer weltwirtschaftlich wichtigen Industrienation. Dabei hat auch die Frauenerwerbsarbeit in Südkorea stark zugenommen. Ausschlaggebend hierfür sind sozioökonomische Entwicklungen, Veränderungen im Bildungsbereich sowie in der Familienstruktur. Die Zunahme der Frauenerwerbsarbeit ist zugleich Ursache und Wirkung für die Strukturveränderungen in der Familie. Im Zusammenhang mit dem Wandel der Familienstruktur sind die Kleinfamilie, eine wachsende Instabilität der Ehe sowie die Zunahme der Ein-Eltern-Familie zu nennen. Die Ehe als Institution verliert für viele koreanische Frauen an selbstverständlicher Verbindlichkeit.

Ein wichtiger Faktor für die zunehmende Frauenerwerbstätigkeit ist die Verbesserung der Bildungschancen. Die Ausbildung ist eine der zentralen Determinanten für die beruflichen Chancen im Erwerbssystem.[1] Höhere schulische und berufliche Ausbildungsabschlüsse sind eine wichtige Voraussetzung für den Zugang zu qualifizierten Berufen. Die Chancengleichheit im Beruf nimmt in dem Maße zu, wie sich die geschlechtsspezifische Ungleichheit in der Ausbildungsqualifikation vermindert.

Allgemein hat sich das Bildungsniveau der südkoreanischen Bevölkerung in den letzten beiden Jahrzehnten wesentlich verbessert. Hinsichtlich der schulischen Ausbildung fand in den späten siebziger und frühen achtziger Jahren in Südkorea ein erheblicher Wandel statt[2], der einerseits auf den steigenden Lebensstandard, andererseits auf den Wunsch nach höherer Bildung zurückzuführen ist. Von der Bildungsex-

1 Vgl. Blossfeld, H. P., 1984: Bildungsexpansion und Tertialisierungsprozeß. Eine Analyse der Entwicklung geschlechtsspezifischer Arbeitsmarktchancen von Berufsanfängern unter Verwendung eines log-linearen Pfadmodells, in: *Zeitschrift für Soziologie*, Jg. 13, S. 20.

2 Die Bildungsexpansion schlug sich in den Mittelschulen bereits in den siebziger Jahren nieder und weitete sich in den achtziger Jahren auf die Oberschulen aus. (Vgl. Lee, E. K., 1996: *Bildung, Beschäftigung und Geschlecht: Eine empirische Studie über die Beschäftigungsverhältnisse der Absolventinnen der berufsbildenden Oberschule in Korea,* S. 41).

pansion profitierten die Frauen in starkem Maße. Die Zahl der Frauen ohne Schulabschluss ging deutlich zurück. Mit der gewöhnlich unter dem Begriff „Bildungsexpansion" subsumierten Entwicklung wurden die bestehenden Ungleichheiten im Bildungsbereich zwischen Männern und Frauen geringer. Die Verbesserung der Bildungschancen ist unter anderem ausschlaggebend dafür, dass die Berufsarbeit eine immer stärkere Bedeutung für die Biographie von Frauen gewinnt und deren Lebensplanung sowohl auf die Partizipation an bezahlter Erwerbsarbeit als auch auf die Familie ausgerichtet ist.

Neben der genannten Verbesserung der Bildungschancen sind es vor allem auch wirtschaftliche Faktoren, die den Einzug von Frauen in die Erwerbswelt gefördert haben. Im Zuge der Transformation zur Dienstleistungsgesellschaft sind die frauenspezifischen Berufsbereiche ausgeweitet worden und neue Arbeitsplätze für Frauen entstanden. Hinzu kommen soziale Verbesserungen, wie z.B. der Ausbau von Kindergartenplätzen. Darüber hinaus lassen sich seit den siebziger Jahren deutliche Prozesse der Deinstitutionalisierung der Großfamilie verfolgen.

Diese Entwicklung hat an der beruflichen Benachteiligung der Frauen wenig geändert. Trotz kontinuierlich verbesserter schulischer und beruflicher Ausbildung und der quantitativen Zunahme von Frauen im Erwerbssystem manifestiert sich immer noch eine geschlechtsspezifische Ungleichheit in der Beschäftigungsstruktur. Der Arbeitsmarkt in Südkorea weist in hohem Maße sowohl horizontal als auch vertikal eine *geschlechtsspezifische Segregation* auf.[3] Trotz steigender Frauenerwerbsarbeit haben die Frauen geringere Chancen als Männern, in gehobene Positionen und Stellen zu gelangen.

Vor diesem Hintergrund lautet die zentrale Frage dieser Arbeit: Wie erklärt sich die fortbestehende geschlechtsspezifische Ungleichheit auf dem Arbeitsmarkt?

3 Unter horizontaler Segregation versteht man, dass Männer und Frauen in unterschiedlichen Berufsfeldern und Branchen arbeiten. Vertikale Segregation bezeichnet die Besetzung hierarchisch unterschiedlicher Positionen durch Männer und Frauen.

Folgende Fragestellungen müssen in diesem Zusammenhang geklärt werden: Lassen sich die einschlägigen Theorien auf die Entwicklung in Südkorea übertragen? Welche Rolle spielen bei dieser Erklärung die konfuzianische Kultur und die südkoreanische Wohlfahrtspolitik?

Ausgehend vom zentralen Befund dieser Arbeit – einer anhaltenden geschlechtsspezifischen Segregation auf dem Arbeitsmarkt – möchte ich zeigen, dass die gängigen Erklärungsansätze zur Erklärung dieses Befundes nicht ausreichen. Meine daran anschließende These lautet, dass eine weiterreichendere Erklärung geschlechtsspezifischer Arbeitsmarktsegregation in Südkorea darüber hinaus auf den Faktor Kultur in seiner Prägekraft für Familien, Unternehmenskulturen und die koreanische Politik rekurrieren muss.

Bei dem Vorhaben einer weiterreichenden Erklärung geschlechtsspezifischer Arbeitsmarktsegregation konzentriert sich die vorliegende Arbeit auf den Zeitraum von 1960 bis 2005, in dem die südkoreanische Gesellschaft ihre bisher größten Modernisierungsschübe erfuhr. Dabei erweist sich die zur Erläuterung des zentralen Befunds dieser Arbeit notwendige Einbeziehung einer Reihe von analytischen und empirischen Forschungen als nicht unproblematisch, da die aus Südkorea stammenden Statistiken sich zum Teil in ihrer Methodik von denen der OECD unterscheiden.[4] Ein weiteres methodisches Problem dieser Statistiken besteht in einer zum Teil geänderten Art der Datenerhebung. So wurden z. B. die Berufsgruppen im Laufe der Zeit neu gruppiert. Die Betrachtung der südkoreanischen Frauenerwerbstätigkeit im internationalen Vergleich wird dadurch erschwert, dass die einzelnen Staaten unterschiedliche Definitionen und Erfassungsmethoden verwenden. Insofern stellt sich die Frage nach einer tatsächlichen Vergleichbarkeit der internationalen statistischen Angaben. Daher kann das statistische Material nur in Bezug auf Relationen und Entwicklungen interpretiert werden. Eine weitere Schwierigkeit besteht in der mangelnden Datenba-

4 So beträgt in vielen bisherigen südkoreanischen Statistiken die Einschulungsrate mehr als 100% (siehe Kapitel II.1.4). Um diese Probleme zu vermeiden, wird in der Untersuchung die Einschulungsrate nach der OECD – Methodik berechnet.

sis einzelner Staaten. Daraus ergeben sich methodische Probleme, die aufgrund der uneinheitlichen Datenlage unvermeidbar waren.

Die Analyse vollzieht sich in folgenden Schritten:
Nach der Explikation der Problemstellung wird in Kapitel II die Struktur der Frauenerwerbstätigkeit untersucht und empirisch fundiert, was den Ausgangspunkt dieser Arbeit markiert: die empirische Darstellung des Ausmaßes geschlechtsspezifischer Arbeitsmarktsegregation. Zunächst werden internationale Vergleichszahlen herangezogen, um einen ersten Zugang zur Besonderheit der Problematik in Südkorea zu eröffnen. Danach wird die aktuelle horizontale und vertikale Arbeitsmarktsegregation anhand empirischer Befunde für Südkorea umfassend analysiert. Anhand der Erwerbstätigkeits- und Bildungschancen soll dargelegt werden, welche Zusammenhänge zwischen der Erwerbstätigkeit und der Qualifikation von Frauen bestehen.

In Kapitel III werden die einschlägigen, oft konträr argumentierenden theoretischen Erklärungsansätze zur geschlechtsspezifischen Arbeitsmarktsegregation analysiert. Es wird keine vollständige Aufarbeitung der Theorien zur Frauenforschung angestrebt, sondern es werden lediglich einige wichtige Erklärungsansätze zur geschlechtsbezogenen Arbeitsmarktsegregation dargestellt. In diesem Kapitel soll untersucht werden, welche Aussagekraft einschlägige Theorien der Arbeitsmarktsegregation für Südkorea haben und in welchem Maße sie zur Erklärung geschlechtsspezifischer Ungleichheiten auf dem Arbeitsmarkt dieses Landes beitragen können.

Kapitel IV gibt Antworten auf die Fragen zur Sonderstellung der Frauen auf dem südkoreanischen Arbeitsmarkt und zur Beziehung zwischen kultureller Tradition und Dynamik, da die Geschlechterdifferenzierung nicht von selbst entsteht, sondern in verschiedenen Kulturen unterschiedlich hergestellt wird. In Kapitel IV, Abschnitt 1, wird zunächst die Beziehung zwischen der konfuzianischen Tradition und der Stellung der koreanischen Frau in der prämodernen Gesellschaft hergestellt, da der Konfuzianismus eine große Bedeutung für die Sozialisation, die Unternehmenskultur, den Wertewandel der Familie und für die kulturelle Geschlechterordnung hat. In Kapitel IV, Abschnitt 2, wird die aktuelle Bedeutung der konfuzianischen Werte im

Zeichen der Industrialisierung thematisiert. Hier wird die Institutionalisierung des Musters moderner Gesellschaften in Anlehnung an Parsons[5] an Hand von drei wichtigen Transformationsprozessen, der demokratischen, der industriellen und der Bildungsrevolution, analysiert. In Kapitel IV, Abschnitt 3, wird der Frage nachgegangen, wie sich die auf den Konfuzianismus zurückzuführenden kulturellen Werte auf die heutigen gesellschaftlichen Strukturen und Institutionen übertragen haben, wie diese wiederum Handlungsorientierungen für Akteure schaffen und so für die Handlungsrelevanz von Wertorientierungen sorgen. Um kulturelle Werte als Erklärungsfaktor einzuführen, muss man zeigen, wie sie gesellschaftlich an Handlungsrelevanz gewinnen. Dies gelingt nur, wenn man ihren Einfluss auf die gesellschaftliche Strukturbildung oder die Prägung situativer Handlungskontexte nachweist. Daher rücken gesellschaftliche Vermittlungsformen kultureller Werte in den Mittelpunkt, wie sie zum Beispiel Familien, Unternehmen oder staatliche Institutionen darstellen.

5 Vgl. Parsons, T., 1986: *Gesellschaften. Evolutionäre und komparative Perspektiven*, S. 96-109.

II. Geschlechtsspezifische Arbeitsmarktsegregation in Südkorea: Empirisch fundierte Darstellung des Ausgangsbefundes

Im südkoreanischen Beschäftigungssystem hat sich in den vergangenen Jahrzehnten ein tiefgreifender Wandel vollzogen. Auch in Bezug auf die Frauenerwerbstätigkeit hat sich vieles verbessert, dennoch besteht immer noch eine sehr starke geschlechtsspezifische Arbeitsmarktsegregation. In diesem Kapitel wird eine empirisch fundierte Analyse der Struktur des südkoreanischen Erwerbssystems vorgenommen. In diesem Zusammenhang sollen die Veränderungen der Frauenerwerbstätigkeit und die besonderen Bedingungen, denen die Berufstätigkeit der Frauen aufgrund ihres Geschlechts unterliegt, analysiert werden.

1. Erwerbstätigkeit

Zunächst wird erörtert, inwiefern sich die Frauenerwerbstätigkeit in Südkorea im internationalen Vergleich unterscheidet. Anschließend werden die Veränderungen im Erwerbsbereich umfassend untersucht.

1.1 Frauenerwerbstätigkeit im internationalen Vergleich

Die Frauenerwerbsquote liegt in Südkorea deutlich unter derjenigen in anderen Industrieländern: Während die Erwerbsquote von 15- bis 64-jährigen Frauen in Südkorea im Jahr 2005 ca. 54,5% betrug, lag sie in den anderen Mitgliedsstaaten der OECD deutlich höher (in Japan 60.8%, in den U.S.A. 69,2%, in Deutschland 66,9%, in Finnland 72,9%, in Norwegen 75,4% und im OECD Durchschnitt: 60,4%).[6]
Insbesondere zeigen sich deutliche Unterschiede bei der Erwerbsquote der Hochschulabsolventinnen in den verschiedenen Mitgliedsstaaten der OECD: In Südkorea

6 Vgl. OECD, 2006: *OECD Employment Outlook*, S. 250.

lag sie im Jahre 2004 nur bei 59,1%. Andere OECD-Staaten weisen wesentlich höhere Erwerbsquoten auf (in Japan 67,0%, in Schweden 88,3%, Finnland 87,1%, in den U.S.A 79,4% und in Deutschland 83,3%, und im OECD-Durchschnitt 82,0%).[7] Damit weicht Südkorea deutlich vom OECD-Durchschnitt ab.

Tabelle 1: Erwerbsquote der Frauen der OECD Staaten nach Bildungsabschluss (in %)

	Bis Mittelschule (Less than upper secondary education)	Oberschule (Upper secondary education)	Hochschule (Tertiary education)
Südkorea	59,0	55,5	59,1
Japan	56,0	63,1	67,0
U.S.A	49,6	70,9	79,4
Deutschland	50,0	72,0	83,3
Italien	36,7	68,3	82,1
Polen	43,3	66,8	85,4
Portugal	67,8	83,2	91,5
Schweden	63,8	82,7	88,3
OECD Durchschnitt	50,7	70,1	82,0

Quelle: OECD, 2006: *OECD Employment Outlook*, S. 260-262.

Die ungesicherten Beschäftigungsverhältnisse weiblicher Erwerbstätiger in Südkorea lassen sich durch folgende Zahlen zu den lohnabhängigen Beschäftigten sowie den mithelfenden Familienangehörigen verdeutlichen: Nach der Statistik im Jahre 2001 wurden 18,4% der gesamten weiblichen Erwerbstätigen als mithelfende Familienangehörige registriert. Damit war ihr Anteil deutlich höher als in anderen Industrieländern (in Japan 10,1%, in Deutschland 2,1%, in Norwegen 0,5%, in Schweden 0,4%, in Polen 6,8% und in Portugal 3,2%).[8] Da der Status der mithelfenden Familienangehörigen immer ein formal ungesicherter ist, lässt sich hieran bereits das höhere Maß an ungesicherter Beschäftigung der Frauen in Südkorea ablesen.
Im Umkehrschluss folgt aus dem hohen Anteil mithelfender Frauen ein niedrigerer Prozentsatz lohnabhängig beschäftigter Frauen: Während dieser 2001 in Südkorea bei nur 61,5% lag, wiesen andere Industrieländer einen augenfällig höheren Anteil lohnabhängiger weiblicher Beschäftigten auf (Japan 82,5%, Deutschland 91,6%,

7 Vgl. OECD, 2006, S. 260-262.
8 Vgl. ILO (Hg), 2002: *Yearbook of Labor Statistics.*

Norwegen 94,9%, Schweden 94,4%, Polen 74,3% und Portugal 74,6%).[9] Auch dies ist ein weiterer Indikator für ungesicherte Beschäftigungsverhältnisse der Frauen.

Tabelle 2: Beschäftigungsverhältnis weiblicher Erwerbstätiger (in %)

	Total	Unternehmer u. Selbständige	Lohnabhängige Beschäftigte	Mithelfende Familienangehörige
Südkorea	100	20,1	61,5	18,4
Japan	100	7,2	82,5	10,1
Polen	100	19,0	74,3	6,8
Portugal	100	21,3	74,6	3,2
Deutschland	100	6,3	91,6	2,1
Norwegen	100	4,2	94,9	0,5
Schweden	100	5,2	94,4	0,4

Quelle: ILO(Hg), 2002: *Yearbook of Labor Statistics.*

Südkoreanische Frauen werden aber nicht nur öfter auf mithelfende Tätigkeiten im Familienkreis verwiesen. Wie dem folgenden Schaubild entnommen werden kann, bleiben südkoreanische Frauen im Vergleich zu ihren Kolleginnen in anderen westlichen Ländern auf der Ebene leitender und höher qualifizierter Funktionen deutlich unterrepräsentiert. Verglichen mit westlichen OECD-Ländern liegt Südkorea weit zurück; ein Fingerzeig auf eine weitgehend geschlossene Elitenstruktur, deren Durchlässigkeit insbesondere für Frauen ausgesprochen gering ist.

Abbildung 1: Anteil von Frauen in leitenden und höher qualifizierten Funktionen in ausgewählten Ländern (in %)

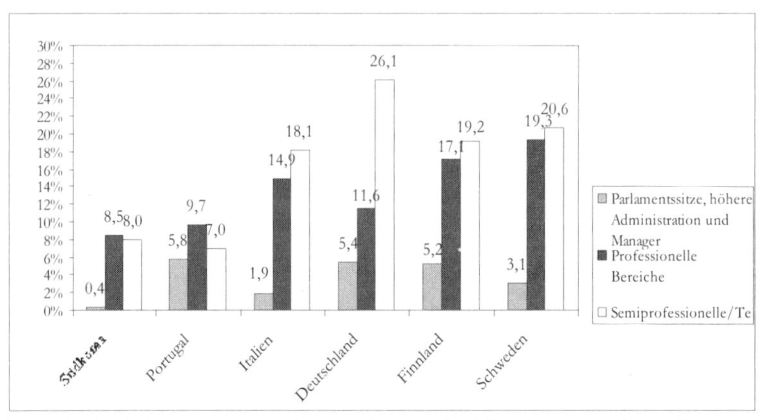

Quelle: NSO, 2006: *tong-gyeo jeong-bo system* [Korean Statistical Information System].

9 Vgl. ILO (Hg.), 2002.

Aber nicht nur die Karrieren von Frauen erweisen sich im internationalen Vergleich als außerordentlich restringiert, sondern auch das geringe Ausmaß sozialpolitischer und wohlfahrtstaatlicher Maßnahmen macht sich bei der international vergleichenden Analyse in einem deutlich höheren Anteil von Beschäftigten in der Altersgruppe der über 65-Jährigen bemerkbar. Während die Erwerbsquote der Frauen in dieser Altersgruppe in Südkorea bei 21,4% lag, wiesen andere westliche Industrieländer einen deutlich niedrigeren Anteil weiblicher Beschäftigten auf (in Deutschland 1,6 %, USA 8,9% und in Norwegen 8,8%).[10] Dies hängt eng mit der verspäteten Entwicklung der Rentenversicherung in Südkorea, deren Orientierung an Mindestleistungen sowie mit der Altersarmut zusammen. Während Südkorea ansonsten in der Frauenerwerbsquote zurückliegt, ergibt sich für die Altersbeschäftigung das umgekehrte Bild. Auch dies ist ein weiterer wichtiger Hinweis auf das weit größere Ausmaß formal ungesicherter Beschäftigung der Frauen in Südkorea.

Zieht man zur Analyse der geschlechtspezifischen Arbeitsmarktsegregation und sozialen Ungleichheit im internationalen Vergleich weitere Indizes heran, so bieten sich neben dem *Human Development Index*[11] *(HDI, Index der menschlichen Entwicklung),* auch der *Gender related Development Index (GDI, Geschlechtsbezogener Entwicklungsindex)* und das *Gender Empowerment Measure (GEM, geschlechtsspezifisches Machtverteilungsmaß)* an[12]. Während Südkorea, gemessen am allgemeinen

10 Vgl. ILO(Hg.), 2000.

11 Zur Messung des allgemeinen Lebensstandards bzw. des Zugangs zu ökonomischen Ressourcen und des Bildungsniveaus wurde vom Entwicklungsprogramm der Vereinten Nationen der so genannte *Human Development Index (HDI, Index der menschlichen Entwicklung)* entwickelt. Der *Human Development Index* versucht, anhand einer Maßzahl die Situation der menschlichen Entwicklung in den Ländern der Welt zu analysieren. Er umfasst die durchschnittlichen Werte eines Landes in drei grundlegenden Dimensionen: für die Lebenserwartung als Indikator für Gesundheitsfürsorge, Ernährung und Hygiene, den Bildungsgrad als Indikator für erworbene Kenntnisse und das reale Pro-Kopf-Einkommen als Indikator für den Zugang zu ökonomischen Ressourcen. Dadurch ergibt sich eine Rangfolge, aus der sich der Stand der durchschnittlichen Entwicklung eines Landes ableitet. Im Jahre 2005 wurde der Index für 177 Länder berechnet, 57 davon wurden als Länder mit hoher Entwicklung und 120 als Länder mit geringer oder mittlerer Entwicklung eingestuft.

12 Der *Human Development Index* kann nun um eine geschlechtsbezogene Dimension erweitert werden, in der die Klassifizierung von Ländern nach der von ihnen erreichten Geschlechtsgerechtigkeit vorgenommen wird. Zur Klassifizierung der Geschlechtsgerechtigkeit wurden vom Entwicklungsprogramm der Vereinten Nationen der so genannte *Gender related Development Index (GDI, Geschlechtsbezogener Entwicklungsindex)* und der *Gender Empowerment Measure (GEM, geschlechtsspezifisches Machtverteilungsmaß)* entwickelt. Der GDI misst die gleichen Faktoren anhand der gleichen Indikato-

Lebensstandard bzw. dem Zugang zu ökonomischen Ressourcen und dem Bildungsniveau, im internationalen Vergleich mit Rang 28 des HDI gut dasteht und auch gemessen am grundlegenden Lebensstandard der Frauen, dem GDI (Geschlechtsbezogener Entwicklungsindex), einen entsprechenden Rang erzielt, fällt es dort, wo es sich um die gesellschaftliche Verfügungsmacht von Frauen dreht, weit zurück.

Tabelle 3: *Rangfolge ausgewählter Länder nach dem HDI (Index der menschlichenEntwicklung) im Jahr 2005 (absoluter Rang)*

Länder	Norwegen	Schweden	USA	BRD	Südkorea	Mexiko	Philippinen	Türkei
Rangfolge	1	6	10	20	28	53	84	94

Quelle: UNDP, 2005: *Human Development Report.*

Der *Gender Empowerment Index* misst die Partizipation von Frauen und Männern in der Wirtschaft, Politik und Gesellschaft. Er fasst ebenfalls drei Dimensionen zusammen: Den Anteil von Männern und Frauen in administrativen und leitenden Positionen; die geschlechtsspezifischen Anteile an hochqualifizierten und technischen Berufen sowie den Anteil von Männern und Frauen im Parlament. Diese Indikatoren haben jedoch keine genaue Aussagekraft für die Ursachen der geschlechtsspezifischen Ungleichheit. Sie sind hauptsächlich für internationale Vergleiche geeignet. Südkorea belegt nach dem Index der Partizipation von Frauen (GEM) von 80 Ländern die 59. Stelle.

Tabelle 4: *Rangfolge nach dem GDI (Geschlechtsbezogener Entwicklungsindex) ausgewählter Länder im Jahr 2005 (absoluter Rang)*

Länder	Norwegen	Schweden	USA	BRD	Südkorea	Mexiko	Philippinen	Türkei
Rangfolge	1	4	8	20	27	46	63	70

Quelle: UNDP, 2005: *Human Development Report.*

Tabelle 5: *Rangfolge nach dem GEM (Partizipation von Frauen in Wirtschaft, Politik und Gesellschaft) ausgewählter Länder im Jahr 2005 (absoluter Rang)*

Länder	Norwegen	Schweden	BRD	USA	Mexiko	Philippinen	Südkorea	Türkei
Rangfolge	1	3	9	12	38	46	59	76

Quelle: UNDP, 2005: *Human Development Report.*
Bemerkung zur Tabelle: 80 Länder wurden in den Index der Partizipation von Frauen an Wirtschaft, Politik und Gesellschaft einbezogen.

ren wie der Human Development Index, jedoch berücksichtigt er gleichzeitig geschlechtsspezifische Ungleichheit.

Gemessen an diesen Indizes zeigt sich, dass südkoreanische Frauen im Zuge der Modernisierung und der Bildungsexpansion zwar beim Bildungsstand und bei der Lebenserwartung erheblich aufholen konnten und nun etwas besser verdienen als früher, aber sie sind in Bezug auf die Partizipation in Wirtschaft, Politik und Gesellschaft immer noch erheblich benachteiligt. Der internationale Vergleich liefert zwar erste Anhaltspunkte über das Ausmaß der geschlechtsspezifischen Arbeitsmarktsegregation im Unterschied zu den westlichen OECD-Ländern, aber er trägt nicht dazu bei, die spezifische südkoreanische Entwicklung im gesellschaftlichen Kontext zu verstehen. So ist die international vergleichende Perspektive geeignet, schlaglichtartig das Ausmaß des geschlechtsspezifischen Arbeitsmarkts im Unterschied zu den OECD Staaten zu erfassen. Um die spezifische südkoreanische Entwicklung im gesellschaftlichen Kontext verstehen zu können, sollen nun im Anschluss die wirtschaftliche Entwicklung sowie die Entwicklung des Bildungssektors als zusätzliche Erklärungsvariable berücksichtigt werden.

1.2 Entwicklung der Frauenerwerbstätigkeit

Der Vergleich der Ergebnisse verschiedener koreanischer Untersuchungen macht deutlich, dass die Erwerbsbeteiligung südkoreanischer Frauen in den letzten 40 Jahren kontinuierlich gestiegen ist, während sich der Anteil südkoreanischer Männer am Erwerbsleben kaum veränderte. Diese Tendenz spricht für eine Abmilderung geschlechtsspezifischer Ungleichheit auf dem Arbeitsmarkt.
Der Anteil der Frauen an der Erwerbsbevölkerung hat von 26,8% im Jahre 1960[13] auf 49,8% im Jahre 2004 zugenommen, was eine Steigerung um 23,0 Prozentpunkte bedeutet.[14] Aus Abbildung 2 wird ersichtlich, dass die Frauenerwerbsquote fast kontinuierlich angestiegen ist. Nur in einigen Ausnahmejahren – korrespondierend mit dem Konjunkturverlauf – war die Erwerbsquote der Frauen geringfügig rückläufig.

---

13 Vgl. Lee, E. K., 1996, S. 82.
14 Vgl. NSO, 1994: *ji-nan 30 nyeon-gan go-yong sa-jeong ui byeon hwa* [Comprehensive Time Series Report on the Economically Active Population Survey]; NSO(Hg.), 1996-2005: *gyeong-je hwal-dong in-gu yeon-bo* [Annual Report on the Economically Active Population Survey].

Abbildung 2: Anteil der Erwerbspersonen an der Bevölkerung im erwerbsfähigen Alter(in %)

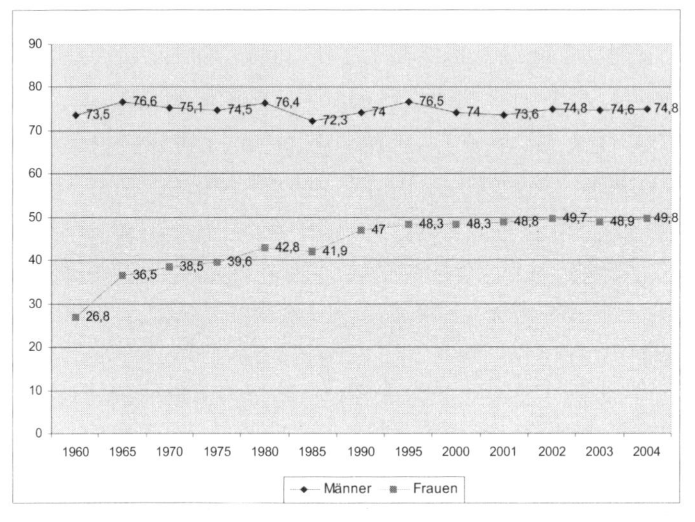

Quelle: Eigene Zusammenstellung auf der Grundlage von Daten von Lee, E.K., 1996*: Bildung, Beschäftigung und Geschlecht. Eine empirische Studie über die Beschäftigungsverhältnisse der Absolventinnen der berufsbildenden Oberschule in Korea*, S. 81; NSO(Hg.), 1994: *ji-nan 30 nyeon-gan go-yong sa-jeong ui byeon hwa* [Comprehensive Time Series Report on the Economically Active Population Survey]; NSO(Hg.), 1996-2005*: gyeong-je hwal-dong in-gu yeon-bo* [Annual Report on the Economically Active Population Survey].

Eine rasante Zunahme der Erwerbsquote von Frauen ist von 26,8% im Jahre 1960, über 36,5% im Jahre 1965, auf 38,5% im Jahre 1970 zu beobachten. Die intensive Integration der Frauen in die bezahlte Arbeit kann eng mit der nachholenden Industrialisierung seit den 60er Jahren und mit den wirtschaftlichen Strukturveränderungen in Verbindung gebracht werden. So waren die höchsten Wachstumsraten der Frauenbeschäftigung in den 60er Jahren im Zuge der auf den arbeitsintensiven Export konzentrierten Industriepolitik zu verzeichnen, wo der Bedarf an Arbeitskräften zu einer steigenden Beteiligung in der arbeitsintensiven Industrie führte.

In der danach folgenden Aufbauphase der kapital- und technologieintensiven Schwer- und Chemieindustrie seit 1970 nahm die Erwerbsquote allerdings nur geringfügig zu. Seit Mitte der 80er Jahre profitierten Frauen stark von der Expansion des Dienstleistungssektors. So stieg die Erwerbsquote von Frauen seit Mitte der 80er

Jahre erneut sprunghaft an: sie lag 1985 bei 41,9% und 1990 bei 47%. Zwischen 1990 und 2004 stieg die Frauenerwerbsbeteiligung dann wieder deutlich langsamer. Zwar ist die Erwerbsbeteiligung südkoreanischer Frauen in den letzten 40 Jahren kontinuierlich gestiegen, doch liegt sie immer noch deutlich unter derjenigen der Männer. Die Entwicklung der Erwerbsbeteiligung von Frauen ist altersspezifisch unterschiedlich verlaufen. So ist eine Alters-Analyse der Erwerbsquoten bemerkenswert: Die Erwerbsquoten der Frauen ist für die meisten Altersgruppen - abgesehen von der Altersgruppen der 15- bis 24-Jährigen - geringer als diejenige der Männer. Die höhere Erwerbsquote in den jüngeren Altersgruppen zeigt die geringere Beteiligung der Frauen an höherer Bildung an. Der Verlauf der Erwerbsquoten der Männer und Frauen nach Alterskategorien für die vergangenen zwei Jahrzehnte lässt sich in Tabelle 6 ablesen.

Tabelle 6: Erwerbsquote nach Alterskohorte von Frauen und Männern (in %)

	Männer							Frauen						
	1980	*1990*	*2000*	*2001*	*2002*	*2003*	*2004*	*1980*	*1990*	*2000*	*2001*	*2002*	*2003*	*2004*
15-19	34,4	18,7	12,5	12,6	11,7	11,3	11,0	27,3	10,8	11,6	10,8	9,4	8,3	8,2
20-24	53,5	64,6	60,8	61,5	62,4	61,5	62,5	76,5	60,2	51,6	50,0	51,8	50,9	51,8
25-29	32,0	42,6	55,9	57,7	59,4	60,5	63,7	95,0	91,9	83,8	83,2	83,5	82,7	82,0
30-34	40,8	49,5	48,5	48,8	49,8	49,8	50,3	97,6	97,2	95,4	94,7	94,6	94,7	93,8
35-39	53,1	57,9	59,1	59,5	59,3	58,2	58,8	97,3	97,0	95,7	95,2	95,4	95,2	95,1
40-44	56,7	60,7	63,4	63,4	63,8	64,0	65,4	96,1	95,7	94,4	94,2	94,0	94,8	94,8
45-49	57,3	63,9	64,6	64,2	64,0	61,5	62,6	94,4	94,2	92,6	92,6	92,9	92,8	92,5
50-54	53,9	60,0	55,2	56,2	58,0	55,5	56,1	90,5	90,6	89,2	87,9	88,3	89,6	89,4
55-59	46,2	54,4	50,8	50,4	49,6	49,0	49,4	80,0	83,6	77,8	77,7	80,1	80,3	80,7
Über 60	16,9	26,4	29,8	29,6	30,1	27,8	28,3	45,2	49,9	49,4	50,0	51,7	48,6	49,6
Insg.	42,8	47,0	48,3	48,8	49,7	49,8	48,9	76,4	74,0	74,0	73,6	74,8	74,6	74,8

Eigene Zusammenstellung auf der Grundlage von Daten des NSO (Hg.), 1994: *ji-nan 30 nyeon-gan go-yong sa-jeong ui byeon hwa* [Comprehensive Time Series Report on the Economically Active Population Survey]; NSO(Hg.), 1996-2005: *gyeong-je hwal-dong in-gu yeon-bo* [Annual Report on the Economically Active Population Survey].

Insgesamt stieg die Frauenerwerbsquote in allen Altersgruppen über 20 Jahre im betrachteten Zeitraum deutlich an, während die der Männer fast in allen Altersgruppen zwischen 20 und 60 Jahren relativ konstant blieb. Vor allem hat sie sich in der Altersgruppe der 25- bis 29-Jährigen von 32,0% im Jahre 1980 auf 63,7% im Jahre 2004 fast verdoppelt.

Bei der Betrachtung der Erwerbsquoten nach Alterskategorien fällt insbesondere ein Rückgang der Erwerbsbeteiligung der 15- bis19-jährigen Männer und Frauen auf. Im betrachteten Zeitraum nahm die Erwerbsquote von Frauen und Männern im Alter von 15- bis 19 ab: Während 34, 4 % der 15- bis 19-jährigen Frauen und 27,3 % der 15- bis 19-jährigen Männer im Jahre 1980 erwerbstätig waren, betrug dieser Anteil 2004 nur noch 11,0% bei den Frauen und 8,2 % bei den Männern. Diese Abnahme wird mit dem höheren Bildungs- und Ausbildungsniveau und dem damit zusammenhängenden längeren Verbleib im Bildungssystem in Verbindung gebracht.

Abbildung 3: Erwerbsquote der Frauen nach Alterskategorien (in %)

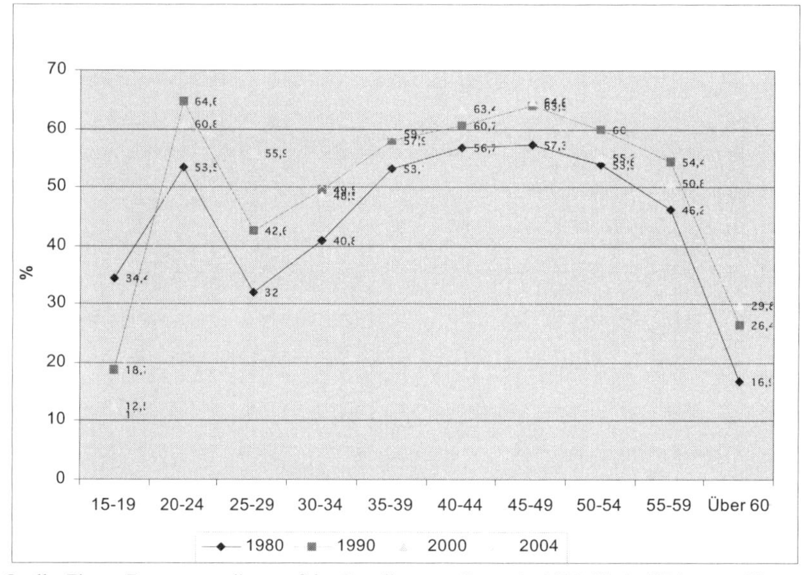

Quelle: Eigene Zusammenstellung auf der Grundlage von Daten des NSO (Hg.), 1994: *ji-nan 30 nyeon-gan go-yong sa-jeong ui byeon hwa* [Comprehensive Time Series Report on the Economically Active Population Survey]; NSO (Hg.), 1996-2005: *gyeong-je hwal-dong in-gu yeon-bo* [Annual Report on the Economically Active Population Survey].

Auch stieg die Erwerbsquote in der Altersgruppe der Frauen und Männer über 60 Jahre deutlich. Während 16,9% der über 60-jährigen Frauen und 45,2% der über 60-jährigen Männern im Jahre 1980 erwerbstätig waren, betrug dieser Anteil im Jahre 2004 28,3% bei den Frauen und 49,6% bei den Männern.

Bereits hier lässt sich erkennen, dass die Berufstätigkeit von Frauen stark von den familiären Verhältnissen beeinflusst wird. Ich werde in den nachfolgenden Erklärungsversuchen darauf zurückkommen. In den 80er Jahren kann in Südkorea ein Modell frauenspezifischer Erwerbsverläufe festgestellt werden, bei dem ein Großteil der Frauen in den Phasen der Kindererziehung (25 bis 40 Jahre) die Erwerbstätigkeit unterbricht und sie danach wieder aufnimmt. So nimmt die Erwerbsquote bei den 25- bis 40-jährigen Frauen ab, weil viele Frauen aus familiären Gründen aus dem Erwerbsleben ausscheiden. Dies verweist u. a. auf das Problem der schwierigen Vereinbarkeit von Beruf und Familie. Seit den 1990er Jahren zeichnet sich in Südkorea jedoch die Tendenz ab, dass Frauen der erwähnten Alterskohorte zunehmend im Erwerbsleben verbleiben. Dieser Wandel der weiblichen Erwerbsbiographie, der zudem durch einen Rückgang des durchschnittlichen Unterbrechungszeitraumes nach der Geburt eines Kindes gekennzeichnet werden kann, deutet auf eine allmähliche Verbesserung der Partizipationschancen der Frauen auf dem Arbeitsmarkt hin.

Eine interessante Tendenz in Bezug auf die Frauenerwerbstätigkeit in Südkorea ist, dass im Zuge des Tertiarisierungsprozesses immer mehr verheiratete Frauen einer bezahlten Erwerbstätigkeit nachgehen. Ihr Anteil stieg von 40,0% im Jahre 1980 auf 48,7% im Jahre 2004. Dieser Anstieg von 40% auf 48,7% kann als „Aufholprozess" interpretiert werden, der insbesondere zwischen 1980 und 2004 die Differenz zwischen verheirateten und ledigen Frauen von ca. 10% auf unter 5% verringert hat.

Tabelle 7: Erwerbsquote von Frauen nach Familienstand (in %)

	1980	1985	1990	1995	1996	1997	1998	1999	2000	2001	2002	2003	2004
Ledig	50,8	44,7	45,6	50,4	49,5	49,3	46,0	45,9	47,0	48,1	50,6	51,7	53,3
verheiratet	40,0	41,0	46,8	47,6	48,4	49,6	47,3	47,9	48,7	49,0	49,4	48,0	48,7

Eigene Zusammenstellung auf der Grundlage von Daten des NSO(Hg.), 1990-2005: *gyeong-je hwaldong in-gu yeon-bo* [Annual Report on the Economically Active Population Survey].

Ein weiterer Faktor, der die steigende Erwerbsbeteiligung verheirateter Frauen erklären kann, liegt in der Tendenz, traditionell unentgeltliche, im Familienkreis erbrachte Dienstleistungen (Putzen, Pflege, Kinderbetreuung) aus dem privaten Kontext herauszulösen und über den Markt anzubieten. So ist die Tendenz zur Ausweitung des Vermarktlichungsprozesses der früher kostenlos geleisteten häuslichen Dienstleistungen zu beobachten. Anstatt Dienste dieser Art unentgeltlich in der eigenen Familie zu erbringen, werden diese Dienstleistungen nunmehr bezahlt in fremden Familien ausgeführt.

1.3 Dienstleistungsgesellschaft und Frauenerwerbstätigkeit

Von zentraler Bedeutung für die Strukturentwicklung der Frauenerwerbstätigkeit ist die Transformation der Wirtschaft. Durch die industrielle Entwicklung hat sich die Struktur der südkoreanischen Wirtschaft verändert. Die Transformation zu einer modernen Industrie- und Dienstleistungsgesellschaft hat einerseits zu einer starken Zunahme der Beschäftigung, andererseits aber auch zu sektoralen Verschiebungen geführt.[15]

Abbildung 4: Sektorale Verteilung der Beschäftigten (in %)

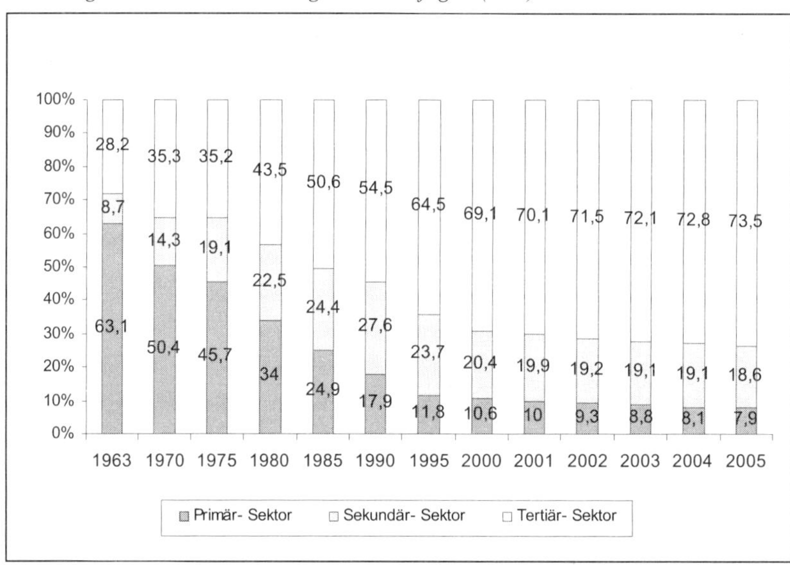

Quelle: Eigene Zusammenstellung auf der Grundlage von Daten des *NSO(Hg.), 1996-2005: gyeong-je hwal-dong in-gu yeon-bo* [Annual Report on the Economically Active Population Survey].

15 Vgl. Kang, Ch. S./ Lenz, I., 1992: *"Wenn die Hennen krähen...." Frauenbewegungen in Korea*, S. 40

In den letzten Jahrzehnten hat Südkorea eine deutliche Verlagerung zugunsten industrieller und tertiärer Produktion bzw. Beschäftigung erlebt. Der Strukturwandel wird insbesondere bei den Beschäftigtenzahlen deutlich. Bis etwa 1960 arbeiteten über 60% aller koreanischen Erwerbstätigen in der Landwirtschaft. Zwischen den 60er und den 90er Jahren verschob sich der Hauptanteil der erwerbstätigen Bevölkerung aus dem primären in den sekundären und tertiären Sektor. So erwarben 1980 nur noch 34,0% aller Beschäftigten ihr Einkommen im Primärsektor. Bis zum Jahr 2005 war dieser Anteil auf ca. 7,9% gesunken.

Bei der Ausdehnung des sekundären Sektors in den 60er und 70er Jahren spielte die Konzentration der staatlich gesteuerten Wirtschaftspolitik auf den Industriesektor, speziell auf die exportorientierte koreanische Wirtschaft, eine große Rolle. Diese beruht auf der Expansion der verarbeitenden Industrie.[16] Frauen waren von den Veränderungen und Entwicklungen auf dem Arbeitsmarkt besonders betroffen, da sich für sie zusätzliche Chancen für einen Einstieg in den Arbeitsmarkt boten. Sie stellten hierbei ein dringend benötigtes Arbeitskräftepotential dar, auf das die exportorientierte Industrie besonders angewiesen war. Im Zeichen der Industrialisierung und des ökonomischen Wachstumsprozesses entstanden neue typische Frauenarbeitsplätze mit niedrigen Löhnen für arbeitsintensive Produktionen. Etwa 80% der im sekundären Sektor beschäftigten Frauen arbeiteten in der Textil-, Bekleidungs- und Elektroindustrie; in diesen Wirtschaftsbereichen waren schlechte Arbeitsbedingungen und ein niedriges Lohnniveau vorherrschend.[17] Die Industrialisierung hat für die Frauen zwar neue Arbeitsplätze geschaffen, sie mussten jedoch häufig unter prekären Arbeitsverhältnissen bei schlechter Bezahlung und ohne soziale Absicherung und Ansehen tätig sein. Der Beschäftigungsanteil des sekundären Sektors erreichte 1990 mit 27,6% aller Beschäftigten seinen Höhepunkt und nahm seitdem zugunsten des Dienstleistungssektors ab. So waren im Jahre 2005 nur noch 18,6% aller Beschäftigten im dieser Sektor tätig.

---

16 Vgl. Statistisches Bundesamt Deutschland (Hg.), 1995: *Länderbericht. Korea, Republik,* S. 50; KWDI (Hg.), 1995, *han-guk yeo-seong tong-gye yeon-bo* [Statistic Yearbook on Women], S. 19; KWDI (Hg.), 1998, S. 151-154.

17 Vgl. Schoenfeldt, E., 1996: *Der Edle ist kein Instrument: Bildung und Ausbildung in Korea (Republik). Studien zu einem Land zwischen China und Japan*, S. 332.

Seit Mitte der 1970er Jahre erlebt Südkorea den kontinuierlichen Aufstieg des dritten Sektors. Dort nahm der Beschäftigungsanteil des Dienstleistungssektors verstärkt zu. War noch bis 1985 die Vorherrschaft männlicher Beschäftigter erkennbar, kann in den folgenden 20 Jahren ein deutlicher Prozess des Aufholens weiblicher Beschäftigung in dem zunehmend dominanten Sektor festgestellt werden, der 2005 nicht weniger als 73,5% aller Beschäftigten umfasste.[18] So stellt der Dienstleistungssektor sich heute als das größte Beschäftigungsfeld für Männer und Frauen dar. Auch diese Entwicklung kommt partiell den Frauen zugute und spricht für eine Abmilderung geschlechtsspezifischer Ungleichheit auf dem Arbeitsmarkt.

Auch im Hinblick auf die Frauenerwerbstätigkeit kann eine wesentliche sektorale Verschiebung beobachtet werden, die insbesondere als Abnahme der Beschäftigung im landwirtschaftlichen Bereich zugunsten einer Zunahme im Dienstleistungssektor beschrieben werden kann. Waren 1963 noch 68,7% der erwerbstätigen Frauen im primären Sektor tätig, waren es 2005 nur noch ca. 8,9%. Die Zahl der im sekundären und tertiären Sektor beschäftigten Frauen nahm dagegen zu; so waren im Jahre 1963 6,9% aller weiblichen Beschäftigten in dem sekundären Sektor aktiv, dieser Anteil ist bis 1990 auf 28,2% gestiegen, dann aber wieder bis zum Jahr 2005 auf 14,9% zurückgegangen. Dieser Rückgang erfolgte zugunsten der Beschäftigung im tertiären Sektor. Im Jahre 1963 arbeiteten 24,4% aller weiblichen Erwerbstätigen im tertiären Sektor. Bis 2005 stieg ihr Anteil auf 76,2% an. Damit stellt der Dienstleistungssektor in der Gegenwart den wichtigsten Beschäftigungsbereich für südkoreanische Frauen und Männer dar.

18 Vgl. NSO (Hg.), 2002: *han-guk-ui sa-hoe ji-pyo* [Social Indicators in Korea], S. 181.

Abbildung 5: Sektorale Verteilung der weiblichen Beschäftigten

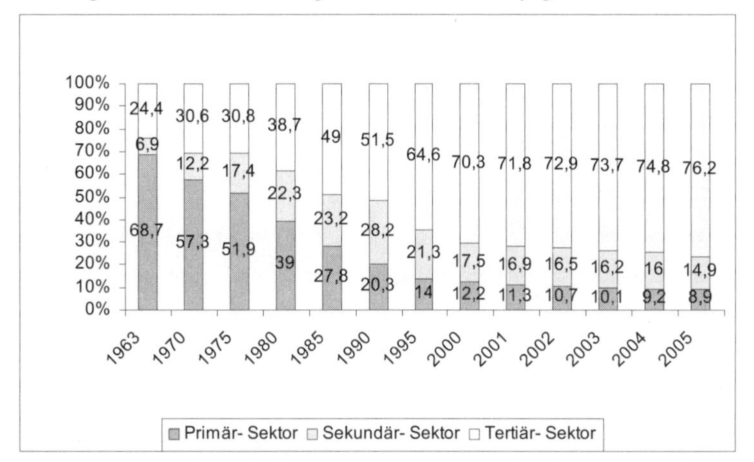

Quelle: Eigene Zusammenstellung auf der Grundlage von Daten des NSO(Hg.), 1996-2005: *gyeong-je hwal-dong in-gu yeon-bo* [Annual Report on the Economically Active Population Survey].

Die Berufe im Handel, in der Gastronomie sowie in den privaten und öffentlichen Dienstleistungen erfuhren eine starke Expansion: So waren noch 1980 ca. 24,4% aller erwerbstätigen Frauen im Handel und in der Gastronomie tätig, und dieser Anteil erreichte im Jahr 2001 mit 35,2% aller weiblichen Beschäftigten seinen Höhepunkt. 2003 ist er auf 34,9% leicht geschrumpft. Immer mehr Frauen sind im Businessbereich, im privaten und öffentlichen Dienstleistungssektor tätig; so waren im Jahre 1980 nur 9,8% aller weiblichen Beschäftigten in diesem Sektor tätig, dieser Anteil stieg bis zum Jahre 2003 auf 30,9% .

Tabelle 8: Verteilung der erwerbstätigen Frauen auf Beschäftigungssektoren (in %)

	1980	1985	1990	1995	2000	2001	2002	2003
Land- Forstwirtschaft u. Fischerei	39,0	27,8	20,3	14,0	12,2	11,3	10,7	10,1
Bergbauindustrie	0,2	0,0	0,1	0,0	0,0	0,0	0,0	0,0
Produzierende Industrie	22,1	23,2	28,1	21,3	17,5	16,9	16,5	16,2
Baugewerbe	1,4	1,1	1,8	2,2	1,5	1,5	1,6	1,6
Handel, Gastronomie u. Hotelwesen	24,4	30,0	28,3	33,4	35,1	35,2	35,0	34,9
Elektrizität, Transport u. Finanzen	3,1	4,4	6,1	6,7	6,5	6,5	6,1	6,2
Business, öffentliche u. private Dienstleistungen u. a.	9,8	13,5	15,4	22,4	27,2	28,5	30,1	30,9
Total	100	100	100	100	100	100	100	100

Quelle: Eigene Zusammenstellung auf der Grundlage von Daten des NSO (Hg.), 1995-2004: *han-guk tong-gye yeon-gam* [Korea Statistical Yearbook].

Überall dort also, wo gering bezahlte und ungesicherte Beschäftigung eher die Regel als die Ausnahme ist, erweisen sich die Anteile erwerbstätiger Frauen als besonders hoch.

1.4 Zur Struktur des Bildungssystems

Die geschlechtsspezifische Ungleichheit im Beruf wird oft mit dem Bildungsgefälle zwischen Männern und Frauen in Verbindung gebracht. Schul- sowie Ausbildungsabschlüsse sind eine notwendige Voraussetzung für den Zugang zu höherbewerteten beruflichen Ausbildungsinstitutionen. Diese bilden wiederum die Basis für den aktuellen Erwerbsstatus. Eine Analyse der Berufstätigkeit von Männern und Frauen sollte daher die schulische und berufliche Ausbildung mit einbeziehen. Deswegen wird hier auch der Wandel der Qualifikationsstruktur thematisiert. Von zentraler Bedeutung ist dabei die Frage, ob koreanische Frauen heute einen besseren Zugang zu den Bildungseinrichtungen haben als früher, ob weiterhin eine geschlechtsspezifische Ungleichheit in der Qualifikationsstruktur besteht.

Im südkoreanischen Bildungssystem hat sich in den vergangenen Jahrzehnten ein tiefgreifender Wandel in qualitativer und quantitativer Hinsicht vollzogen. Der Ausbau eines modernen Bildungssystems wurde seit dem Zweiten Weltkrieg mit der Verankerung der allgemeinen Chancengleichheit in die Verfassung und der sechsjährigen Schulpflicht zielstrebig betrieben. In Anlehnung an das amerikanische Bildungssystem setzt sich das koreanische seit dem Zweiten Weltkrieg aus einer sechsjährigen Grundschulzeit, jeweils drei Jahren in der Mittel- und Oberschule und einem College- oder Universitätsaufenthalt mit zwei- oder vierjähriger Dauer zusammen. Nach einem vierjährigen Studium können sich, im Anschluss an die jeweilige Aufnahmeprüfung, ein zweijähriges Magisterstudium und ein Doktorkurs anschließen. Hauptziel der Schulbildung waren zunächst die Reduzierung und schließlich die Beseitigung des Analphabetismus sowie die Ermöglichung einer grundlegenden Allgemeinbildung für die gesamte Bevölkerung. Seit den 70er Jahren werden die Bereiche der höheren Bildung und der beruflich-technischen Ausbildung aufgrund des hohen

Bedarfs an qualifizierten Fach- und Führungskräften durch das rapide wirtschaftliche Wachstum qualitativ und quantitativ ausgebaut.[19] Die Bildungsexpansion fand in den Mittelschulen bereits in den 70er Jahren und auf der Oberschulebene in den 80er Jahren statt.[20] Auch die Kindergärten wurden seit Mitte der 80er Jahre immer wichtiger. Im Jahre 1980 gab es lediglich etwa 901 Kindergärten in ganz Südkorea. Die Zahl ist bis 2005 auf 8.275 gestiegen.[21] Der Kindergarten übernimmt nicht nur eine vorschulische Erziehungsfunktion, sondern auch eine wichtige Unterstützungsfunktion für die berufstätigen Mütter. 1970 besuchten nur 0,6% der Kinder zwischen dem 4. und 5. Lebensjahr einen Kindergarten, 2005 waren es bereits 44,8%.[22]

Tabelle 9: Einschulungsrate in den verschiedenen Bildungsinstitutionen (in %)

Jahr	Grundschule		Mittelschule		Oberschule		Hochschule einschließlich Junior-College	
	W	M	W	M	W	M	W	M
1970	91,3	92,5	29,7	43,0	16,9	23,6	3,3	7,2
1975	97,8	97,7	49,7	62,3	26,2	36,1	4,3	8,4
1980	98,2	97,1	70,9	75,5	44,3	52,9	6,5	15,5
1985	-	-	81,7	82,3	61,7	66,5	16,0	28,3
1990	101,0	100,1	92,0	91,2	77,2	81,4	18,8	26,1
1995	98,4	97,9	93,7	93,4	82,4	83,3	31,2	39,8
2000	97,8	96,7	95,8	94,3	89,4	89,5	46,0	54,2
2001	97,7	97,0	96,8	95,1	89,9	89,5	48,3	57,2
2002	97,8	96,9	95,4	94,7	88,6	88,6	50,0	57,5

Quelle: MOE(Hg.), 1970-2002: *gyo-yuk tong-gye yeon-bo* [Statistical Yearbook of Education] (zitiert nach www.eriss.knue.ac.kr/erisborder, Zugriff am 18.10.2004).

Erklärungen zur Tabelle 9:

Anmerkung zur Tabelle: In den vielen bisherigen südkoreanischen Statistiken beträgt die Einschulungsrate mehr als 100%. Dies liegt daran, dass zu allen Kindern eines betreffenden Jahrgangs jahrgangsfremde Kinder (ältere oder jüngere) hinzukommen.

Um diese Probleme abzumildern, wird die Einschulungsrate nach „net enrollment rate" von „Education at a Glance: OECD Indicators" berechnet:

Einschulungsrate = (die tatsächliche Schüler(innen)zahl eines bestimmten Schuljahrgangs / die Gesamtzahl der Jugendlichen in dem betreffenden Schulalter) × 100

Alter der Schüler in den entsprechenden Bildungseinrichtungen:

Grundschule: 6-11 Jahre, Mittelschule: 12-14 Jahre, Oberschule: 15-17 Jahre, College & Universität: 18-23 Jahre

w: weiblich, *m*: männlich

(Bei der Anzahl der Studierenden der Jahrgänge 1985-2002 sind auch jüngere Studenten enthalten).

19 Vgl. Statistisches Bundesamt Deutschland(Hg.), 1995: *Länderbericht. Korea, Republik,* S. 42.

20 Vgl. Lee, E.-K., 1996, S. 41.

21 Vgl. KWDI, fortlaufend/KWDI, 2005, S. 124.

22 Vgl. KWDI, fortlaufend/KWDI, 2005, S. 124.

In Südkorea sind die 70er und 80er Jahre insbesondere durch eine Expansion weiterführender Ausbildungsgänge sowie durch einen erheblichen Anstieg des allgemeinbildenden Schulniveaus gekennzeichnet. Von der Bildungsreform haben sowohl Männer als auch Frauen profitiert, so dass bei der jüngeren Generation bezüglich des allgemeinen Bildungsgrades relativ geringe geschlechtsspezifische Unterschiede feststellbar sind. Auch hier lassen sich Verbesserungen in Bezug auf die geschlechtsspezifische Arbeitsmarktsegregation feststellen.

Bei der Suche nach den Ursachen für die Bildungsexpansion kommt eine Vielzahl von Faktoren in Betracht.[23] Folgende lassen sich identifizieren: (1) *Demographischer Einfluss*[24]: Durch die geburtenstarken Jahrgänge in den 50er und 60er Jahren haben die Schülerzahlen in den verschiedenen Bildungsinstitutionen zugenommen. (2) *Nachholbedarf nach der Kolonialherrschaft Japans*: Unter der japanischen Kolonialherrschaft wurde die höhere Bildung für Koreaner jahrzehntelang unterdrückt. Nach dem Zusammenbruch 1945 bis Anfang 80er Jahre gab es vor allem in der Mittel- und Oberschicht Koreas einen großen Nachholbedarf.[25] (3) *Ausbau der Bildungseinrichtungen*: Ziel der Bildungspolitik in Südkorea seit den 70er Jahren war es, weiterführende Schulen und Universitäten sowie den beruflich-technischen Ausbildungsbereich auszubauen, um für die schnell expandierende Wirtschaft des Landes

23 Peter Blossfeld (Vg. Blossfeld, P., 1983) nennt folgende Gründe für den Bildungsboom in der BRD seit Beginn der 70er Jahre: *demographischer Einfluss, Ausbau des Bildungswesens, Veränderung der allgemeinen gesellschaftlichen Anforderungen, Verringerung des Risikos von Arbeitslosigkeit, wachsender Lehr- und Ausbildungsstellenmangel und steigender Bildungsdruck.* Bei der Suche nach den Ursachen für die Bildungsexpansion in Südkorea kommen zwar eine Vielzahl von den in Deutschland beobachtbaren Faktoren in Betracht, aber auch südkoreaspezifische, wie z.B. *Nachholbedarf nach der Kolonialherrschaft Japans, Abbau der sozialen Benachteiligung durch Bildung* und *Einfluß konfuzianischer Werte.*

24 Die Jahre nach dem Koreakrieg (1950-1953) verzeichneten in der Zeit zwischen 1960 und 1990 einen beschleunigten Bevölkerungsanstieg in Südkorea. Die Bevölkerungszahl betrug 1960 wegen der verbesserten medizinischen Versorgung und eines Baby-Booms etwa 25 Mio. Die Bevölkerungszahl nahm dramatisch zu und stieg bis zum Jahr 2005 auf rund ca. 48 Mio. an, was einer Dichte von 474 Personen/km^2 entspricht. Die durchschnittliche Lebenserwartung liegt derzeit bei den Frauen bei 80 Jahren und bei den Männern bei 73 Jahren. Heute leben ca. 75% der Bevölkerung in Städten, wobei allein in der Hauptstadt mehr als 40% der Gesamtbevölkerung wohnen.(Vgl. NSO (Hg.), 2005: *hanguk tong-gye yeon-gam* [Korea Statistical Yearbook].

25 Vgl. Koch, D., 1996: *Germanistikstudium in Südkorea: Bildung und gesellschaftliche Funktion unter historischen und geschlechtsspezifischen Aspekten,* S. 60.

genügend qualifizierte Fach- und Führungskräfte bereitstellen zu können.[26] (4) *Veränderung der allgemeinen gesellschaftlichen Anforderungen*: Von dem Ausbau des Wissenschaftssektors, der zügigen Industrialisierung, der Verrechtlichung und der Bürokratisierung wurden alle Lebensbereiche der Bevölkerung tangiert. Damit stiegen die Ansprüche und Bedürfnisse der Bürger an eine qualifiziertere Aus- und Weiterbildung. (5) *Verringerung des Risikos der Arbeitslosigkeit*: Da Personen mit geringer formaler Bildung gewöhnlich in stärkerem Maße von Arbeitslosigkeit betroffen sind, wurde mit der Devise „höhere Beschäftigungssicherheit durch Bildung“[27] geworben. (6) *Steigender Bildungsdruck*: Durch die wachsende Nachfrage nach Bildung entstand ein selbstinduzierter Bildungsdruck auf diejenigen Schüler und Erwerbstätigen mit geringer Qualifikation. (7) *Abbau der sozialen Benachteiligung durch Bildung*: Der Bildungsgrad in Südkorea schlägt sich unmittelbar in den Einkommensunterschieden nieder.[28] Es besteht ein deutlicher Zusammenhang zwischen Bildungsstand und sozioökonomischem Prestige. In der konfuzianisch geprägten, streng hierarchischen Gesellschaftsordnung ist Bildung die einzige Chance für den sozialen Aufstieg. (8) *Einfluss konfuzianischer Werte*[29]: Bildung vermittelt in der streng hierarchischen koreanischen Gesellschaft traditionell großes Ansehen und Respekt. Gelehrte und Akademiker zählten zu den angesehensten Berufsgruppen in der konfuzianischen Gesellschaft. Dieses traditionelle Wertesystem wirkt nach der Industrialisierung in der modernen Gesellschaft fort. Seit den 60er Jahren wurden die konfuzianischen Werte durch die Politik besonders betont, und vor allem den Uni-

26 Vgl. Statistisches Bundesamt Deutschland, 1995, S. 42.

27 Vgl. Kellermann, P., 1980: „Bildungsexpansion, Universitätsentwicklung und Hochschulzugang“, in: Bodenhöfer, H.-J.: *Hochschulexpansion und Beschäftigung*, S. 70.

28 Das geschätzte Gehalt eines Universitätsabsolventen belief sich auf die doppelte Höhe des Lohns eines Oberschulabsolventen und war viermal so hoch wie das Gehalt eines Mittelschulabgängers (vgl. Koch, D.,1996, S. 61).

29 Die Forderung nach verbesserten Bildungsmöglichkeiten, eine kulturell hohe Wertschätzung der Bildung in der konfuzianisch geprägten Gesellschaft und die darin verankerte hohe Bildungsmotivation stehen mit der Urbanisierung Südkoreas in engem Zusammenhang. Die Bildungsinstitutionen sind im Land ungleichmäßig verteilt. Die Großstädte bieten eine bessere Möglichkeit für schulische Bildung und einen besseren Zugang zum höheren ökonomischen und sozialen Status. Eine große Anzahl der Bevölkerung war z.B. wegen der besseren Bildungsmöglichkeiten in die Städte gezogen.

versitäten kam neben der Qualifikationsfunktion auch die Funktion der Statusdistribution zu.[30]

Der weibliche Anteil in den höheren Schulen hat seit 1970 ebenfalls stark zugenommen: Während 1970 nur 29,7% der weiblichen Jugendlichen eines Jahrgangs die Mittelschule besuchten, ist dieser Anteil Mitte der 80er Jahre bereits auf 81,7% angewachsen. Eine geschlechtsspezifische Bildungsungleichheit ist in den Mittelschulen seit Mitte der 80er Jahre nicht mehr zu beobachten. In den Oberschulen sind im selben Zeitraum die Bildungsunterschiede zwischen Männern und Frauen geringer geworden. Die Steigerung der Bildungsbeteiligung war bei den Mädchen stärker ausgeprägt als bei den Jungen. Die vorhandene Differenz zwischen den Geschlechtern in der Einschulungsquote fiel von 6,7% im Jahre 1970 auf 4,8% im Jahre 1985 und betrug 2000 nur noch 0,1%.
Der Frauenanteil an den Hochschulen ist seit 1980 stark angestiegen: Während nur 6,5% der Frauen eines Jahrgangs im Jahre 1980 eine Hochschule besuchten, lag dieser Anteil im Jahre 2002 bei ca. 50 %. Insgesamt lässt sich eine zahlenmäßig beinahe gleichgestellte Bildungsbeteiligung beider Geschlechter bis zur Sekundärschule beobachten. Erst im Hochschulstudium fällt die Zahl der studierenden Frauen im Vergleich zu den Männer geringer aus.
Obwohl die Bildung der Frauen seit 1960 große Fortschritte gemacht hat, gibt es immer noch geschlechtsspezifische Unterschiede in der Bildungsbeteiligung im höheren Schulwesen. Das zeigt sich am Beispiel der Oberschule: Die unterschiedliche Beteiligung der Mädchen betrug hier 2003 47,6% an den allgemeinbildenden und 58,4% an den beruflichen Oberschulen. Tendenziell verlief die Bildungsexpansion bei Mädchen bzw. jungen Frauen stärker in Richtung des berufsbildenden Zweiges als in die des allgemeinbildenden Zweiges, was bedeutet, dass Mädchen relativ geringere Chancen zum Studium haben als junge Männer. Im Zuge der Bildungsexpansion hat sich zwar der Anteil der Frauen mit abgeschlossener Berufsausbildung stark erhöht, die berufliche Gleichstellung von Mädchen und Frauen stößt jedoch trotz des

30 Vgl. Lee, D. S., 1997: „Frauenbildung und Frauenuniversitäten in Korea", in: Metz-Göckel, S./Steck, F., (Hg.): *Frauenuniversitäten: Initiativen und Reformprojekte im internationalen Vergleich*, S. 280.

höheren Ausbildungsniveaus auf Probleme. Für Frauen ist der Übergang von der Schule in die Arbeitswelt mit größeren Schwierigkeiten verbunden. Sie konzentrieren sich immer noch auf ein begrenztes Spektrum von Ausbildungsberufen, unter denen die spezifisch „weiblichen" Berufe nach wie vor dominieren. Mädchen sind hauptsächlich in Dienstleistungsberufen mit Tätigkeitsprofilen wie Pflege, Verkauf, Aushilfe, Assistenz sowie Betreuung zu finden, seltener in technischen Berufen. Die Konzentration der Mädchen auf typische Frauenberufe hängt nicht nur mit der weiblichen Sozialisation und den damit verbundenen Berufsinteressen zusammen, sondern auch mit der Rekrutierungspraxis der Betriebe, bei denen für „Männerberufe" nur Männer in Frage kommen. Die Segregation im Bildungssystem dient als Legitimation der horizontalen Segregation der Männer und Frauen im Beruf. Dabei werden die geminderten Karrierechancen der Frauen von ihnen selbst, aber auch von der Gesellschaft meist von vornherein in Kauf genommen.

Der enorme quantitative Anstieg von Studentinnen an den Universitäten hat jedoch noch nicht zum Ausgleich der qualitativen geschlechtsspezifischen Unterschiede in den Fachrichtungen geführt. Obwohl es keine Zulassungsbeschränkungen für Frauen zu den Studienfächern gibt, tendieren Frauen nach wie vor dazu, bestimmte Fachrichtungen zu meiden bzw. vorzuziehen. Während der Frauenanteil an den Universitäten im Jahr 2003 ca. 36,8% betrug, lag ihr Anteil an den Pädagogischen Hochschulen bei 73,6%. Die folgende Tabelle verdeutlicht die geschlechtsspezifische Konzentration in bestimmten Fachrichtungen.

Tabelle 10: Anteil der weiblichen Absolventen in den einzelnen Studienfächern pro Jahr (in %)

	1985	1990	1995	2000	2001	2002	2003
Geisteswissenschaftliche Fakultät	42,6	46,5	52,1	56,1	56,5	57,3	57,5
Sozialwissenschaftliche Fakultät	14,2	17,7	25,5	35,8	36,6	37,2	37,2
Naturwissenschaftliche Fakultät	14,8	19,1	20,7	22,1	22,5	22,4	22,4
Medizin und pharmazeutische Fakultät	32,8	35,4	38,8	47,8	48,3	49,6	50,8
Kunst und sportwissenschaftliche Fakultät	62,0	56,8	55,7	56,3	55,6	54,5	50,9
Pädagogische Fakultät	56,8	57,6	65,4	62,8	62,0	61,9	61,5

Quelle: MOE, 1985, 1990, 1995, 2000-2003: *gyo-yuk tong-gye yeon-bo* [Statistical Yearbook of Education].

Eine deutliche Überrepräsentation von Frauen findet sich in Studienfächern wie Kunstwissenschaft und Pädagogik. In der Pädagogischen Fakultät stellen die Absolventinnen mit 61,5% die große Mehrheit, während naturwissenschaftliche Studiengänge mit 77,6% größtenteils von Männern besetzt sind.
Die geschlechtsspezifische Differenz vergrößert sich mit der Höhe des akademischen Grades. Der weibliche Anteil derer, die den Bachelorgrad erwarben, betrug im Jahr 2005 50,5%, der Anteil derjenigen, die den Mastergrad erwarben 43,0% und der Doktoranden 26,0%.[31] Diese Differenz im Bildungsbereich spiegelt sich auch in der Frauenerwerbstätigkeit wider.

Trotz der Verbesserungen für die geschlechtsspezifische Arbeitsmarktsegregation im Zuge der Modernisierung Südkoreas zeigen andere Befunde die Kehrseite der Medaille: eine fortgesetzte und teilweise verschärfte geschlechtsspezifische Arbeitsmarktsegregation. *Die Verbesserung der Bildungschancen der Frauen geht nicht mit einem Abbau geschlechtsspezifischer Ungleichheit im Beschäftigungssystem einher.*

2. Geschlechtsspezifische Arbeitsmarktsegregation

Die bessere Qualifikation der südkoreanischen Frauen hat sich bislang kaum auf die Verteilung der weiblichen Beschäftigten in der betrieblichen Hierarchie und deren Gehaltsentwicklung ausgewirkt. Die Missstände bei der Partizipation südkoreanischer Frauen in Wirtschaft, Politik und Gesellschaft sind trotz zahlreicher rechtlicher Reformen und einem allgemeinen Bewusstseinswandel in der südkoreanischen Gesellschaft immer noch vorhanden, und die Einkommensdiskrepanz zwischen Männern und Frauen ist in Südkorea im internationalen Vergleich[32] besonders groß. Eine präzise Analyse muss um zwei weitere Gesichtspunkte ergänzt werden: die horizon-

31 Vgl. KWDI, 2005, S. 132.
32 Die Ausprägungen der geschlechtsspezifischen Diskriminierung ist in den verschiedenen Ländern sehr unterschiedlich. Dies resultiert aus der Heterogenität der Länder im wirtschaftlichen, sozialen, politischen und kulturellen Bereich.

tale und die vertikale Arbeitsmarktsmarktsegregation, die beide eng miteinander verbunden sind.

2.1 Horizontale Segregation

In der ersten Phase der nachholenden Industrialisierung Südkoreas, die sich insbesondere auf die exportorientierte Leichtindustrie konzentrierte, stellten Frauen ein großes Potenzial an Arbeitskräften dar, weil die niedrig entlohnte Frauenarbeit bei der Entwicklung der exportorientierten Industrie eine wichtige Rolle spielte. Ledige Frauen machten in den exportorientierten arbeitsintensiven Industriezweigen wie in der Textil-, Bekleidungs- und Elektronikindustrie den Hauptanteil der Arbeitnehmer aus, während in der Schwerindustrie vor allem Männer beschäftigt waren.

Tabelle 11: Beschäftigung im verarbeitenden Gewerbe im Jahre 1975 (in %)

Industriezweig	Gesamt	Männer	Frauen
Textil	24,8	14,1	36,4
Elektronische Geräte	10,6	8,1	13,3
Bekleidung	9,1	4,0	14,7
Nahrungsmittel	6,3	6,7	5,8
Gummi & Plastik	5,0	4,5	5,5
Summe	55,8	37,5	75,7
Andere Industrie	44,2	62,5	5,5
Gesamtsumme	100	51,9	48,1

Quelle: MOL(Hg.), 1975: Yearbook of Empolyed Persons (Zitiert aus Lee, S. J., 1996: Geschlechtsspezifische Arbeitsteilung im konfuzianischen Patriarchalismus in Südkorea, S. 166).

Bemerkung zur Tabelle: Die hier aufgezählten Gewerbe beziehen sich auf Betriebe, in denen mehr als zehn Personen beschäftigt sind.

Nach der Statistik waren von allen Beschäftigten im verarbeitenden Gewerbe 48,1% Frauen; mehr als 60% davon waren in der Textilindustrie, in der Elektrogerätefertigung und der Bekleidungsindustrie tätig. Diese Gewerbe werden als „Frauenindustrie" bezeichnet, aus denen im Jahr 1975 70% der gesamten Exporteinnahmen stammten. Das Lohnniveau dieser Gewerbe lag weit unter dem Durchschnitt.[33] Die Schwerindustrie dagegen ist als „Männerindustrie" zu bezeichnen, da die Quote der weibli-

33 Vgl. Lee, S. J., 1996, S. 166-167.

chen Beschäftigten in diesem Bereich nicht mehr als 10% betrug.[34] Dieser Bereich hatte das höchste Entlohnungsniveau des gesamten verarbeitenden Gewerbes zu verzeichnen.

Tabelle 12: Beitrag der Chemie-, Schwer- und Leichtindustrie zur industriellen Wertschöpfung (in %)

Jahr	Chemie- und Schwerindustrie	Leichtindustrie
1966	34,1	65,9
1970	38,1	61,9
1975	45,9	54,1
1980	51,8	48,2
1985	56,7	43,3
1989	61,3	38,7
1992	66,6	33,4

Quelle: Kim, M.-K., 2000: *Frauenarbeit im Spannungsfeld zwischen Beruf und Familie. Arbeits- und Lebenssituation von Lehrerinnen und Lehrern in Südkorea*, S.55.

„Die Schwer- und Chemieindustrie waren im Vergleich z.B. mit der Textilindustrie sehr kapital- und technologieintensiv. Hier mussten auch qualifizierte Arbeitskräfte eingesetzt werden. Weibliche Arbeitskräfte wurden in dieser Phase weiterhin fast ausschließlich in der arbeitsintensiven Leichtindustrie mobilisiert.“[35] Die große Beteiligung weiblicher Arbeitskräfte an der Erwerbsarbeit war notwendig, da der Lohn eines einzelnen Arbeiters nicht ausreichte, um eine ganze Familie zu ernähren.

Anhand dieser statistischen Kennzahlen kann gezeigt werden, dass die auch heute zu beobachtende, zu Lasten der Frauen gehende Arbeitsmarktsegregation in Südkorea im Wesentlichen historische Ursachen hat. Trotz steigender Erwerbsbeteiligung und sektoraler Verschiebung kann der südkoreanische Arbeitsmarkt nach wie vor mit der Dichotomie von „Frauen“ bzw. „Männerarbeit“ erfasst werden.

Die Mehrheit der Beschäftigten arbeitet in Berufen, die geschlechtsspezifisch besetzt werden. Bei der genauen Betrachtung der Beschäftigtenzahl in verschiedenen Berufsfeldern und Branchen zeigen sich nach wie vor deutliche geschlechtsspezifische Unterschiede. In hoch segregierten Berufen arbeiten vor allem männliche Beschäftigte:

34 Vgl. Lee, S. J., 1996, S. 166-167.
35 Vgl. Kim, M. K., 2000, S. 55.

1989 waren 50,2% der männlichen Beschäftigten in den zehn Berufen tätig[36], in denen der Männeranteil zwischen 60 und 99,9% am stärksten überrepräsentiert war. Im Vergleich dazu konzentrierten sich zwar 59,2% der weiblichen Beschäftigten auf die zehn häufigsten Berufe von Frauen.[37] Aber in zwei von diesen zehn Berufen sind die Frauen mit einem Anteil von 26,3% bzw. 38,1% in der Minderheit. Das bedeutet, dass Männer, in ihren Männerberufen kaum weibliche Kollegen erleben, während weibliche Beschäftige in ihrem Beruf häufiger mit Männern zusammenarbeiten. Die wichtigen Beschäftigungssektoren für Frauen sind durch Arbeitsbedingungen und ein hohes Arbeitsplatzrisiko charakterisiert.

Tabelle 13: Erwerbstätige in verschiedenen Beschäftigungssektoren im September 2001 (in Tausend Personen, %)

Beschäftigungssektor	Gesamt	Frauen		Männer		Frauenanteil
Land-, Forstwirtschaft u. Fischerei	2.444	1.205	13,2	1.239	9,8	49,3
Bergbauindustrie	20	1	0, 0	19	0,2	5,0
Produzierende Industrie	4.211	1.536	16,8	2.675	21,1	36,5
Elektrizität, Erdgas u. Wasser	54	14	0,0	40	0,3	25,9
Baugewerbe	1.664	145	1,6	1.519	12,0	8,7
Groß- u. Kleinhandel	3.914	1.854	20,3	2.060	16,3	47,4
Gastronomie u. Hotelwesen	1.929	1.320	14,5	609	4,8	68,4
Transport	1.144	98	1,1	1.046	8,3	8,6
Kommunikation	199	54	0,6	145	1,2	27,1
Finanzen u. Versicherungen	722	391	4,3	331	2,6	54,2
Immobilien u. ä.	401	115	1,3	286	2,3	28,7
Bürokaufmännische Dienstleistungen	1.148	371	4,1	777	6,1	32,4
Staatliche Verwaltung u. Militär	674	187	2,1	487	3,9	27,7
Bildungsbereiche	1.201	725	7,9	476	3,8	60,4
Gesundheitswesen u. Sozialarbeit	467	337	3,7	130	1,0	72,2
Kultur, Sport u.ä.	377	138	1,5	239	1,9	36,6
Handwerk, öffentliche und private Dienstleistungen	991	420	4,6	571	4,5	42,4
Haushaltshilfe	228	219	2,4	9	0,1	96,1
Internationale und ausländische Organisationen	15	2	0,0	13	0,1	13,3
Insgesamt	21.800	9.130	100	12.670	100	41,9

Quelle: Nach eigener Berechung aus Kum, J. H., 2002, *yeo-seong no-dong si-jang hyeon-sang-gwa gwa-je* [Über den Zustand des Frauenarbeitsmarktes und dessen Herausforderungen], S. 33-34 (koreanisch).

36 Vgl. Lee, O. J., 1996: *seong-beol jik-eob bun-ri sil-tae byeon-hwa chu-i* [Zur Situation und zu Entwicklungstendenzen der geschlechtsspezifischen Arbeitsmarktsegregation] (koreanisch).
37 Vgl. Lee, O. J., 1996.

Nach einer koreanischer Studie[38] zählten im September 2001 zu den acht Beschäftigungssektoren mit einem relativ hohen Frauenanteil Bereiche wie die der Haushaltshilfen (96,1%), des Gesundheitswesens und der Sozialarbeit (72,1%), der Gastronomie und des Hotelwesens (68,4%), des Bildungsbereiches (60,4%), des Finanz- und Versicherungssektors (54,2%), der Land-, Fischerei- und Forstwirtschaft (49,3%), des Handels (47,4%), des Handwerks und der öffentlichen sowie privaten Dienstleistungen (42,4%).

Diese acht Sektoren waren durch eine geringe Zahl regulärer Lohnabhängiger gekennzeichnet. Frauen waren dort mehrheitlich als unbezahlte, mithelfende Familienangehörige, als vorübergehende Lohnarbeiterinnen sowie als Tagelöhnerinnen beschäftigt. Insgesamt waren 6.471.000 Frauen im September 2001 in diesem Arbeitssektor tätig, was 70,9% aller weiblichen Beschäftigten entspricht. So waren in diesen Beschäftigungsbereichen 13,6% Frauen als reguläre Lohnabhängige, 26,8% als vorübergehende Lohnabhängige, 11% als Tagelöhner und 48,6% als unbezahlte Mithelfende beschäftigt. In den Beschäftigungssektoren mit einem hohen Männeranteil waren hingegen 62,7% aller männlichen Beschäftigten als reguläre Lohnabhängige tätig.[39]

---

38 Vgl. Kum, J. H., 2002: *yeo-seong no-dong si-jang hyeon-sang-gwa gwa-je* [Über den Zustand des Frauenarbeitsmarktes und dessen Herausforderungen] (koreanisch).
39 Vgl. Kum, J. H., 2002, S. 35.

Tabelle 14 : Beschäftigungsverhältnisse von Frauen in verschiedenen Sektoren sowie Durchschnittsalter im September 2001 (in %, Alter)

	Beschäftigungsverhältnis				
	Reguläre Lohnabhängige	Vorübergehende Lohnabhängige	Tagelöhner	unbezahlte Mithelfende	Durchschnittsalter
Land-, Forstwirtschaft u. Fischerei	0,2	0,7	9,8	89,3	58,1
Bergbauindustrie	80,6	0,0	0,0	19,4	26,5
Produzierende Industrie	32,4	29,8	20,3	17,6	40,1
Elektrizität, Erdgas u. Wasser	69,7	30,3	0,0	0,0	30,9
Baugewerbe	22,7	21,4	35,4	20,4	38,7
Groß- u. Kleinhandel	10,1	28,2	8,7	53,0	39,8
Gastronomie u. Hotelwesen	2,5	33,4	20,4	43,7	41,6
Transport	43,5	28,9	8,6	19,1	34,5
Kommunikation	65,3	25,0	3,8	6,0	29,6
Finanzen u. Versicherungen	33,5	53,1	4,7	8,6	35,5
Immobilien u. ä.	12,0	41,5	6,3	40,2	40,6
Bürokaufmännliche Dienstleistungen	43,0	38,5	10,0	8,4	36,6
Staatliche Verwaltung u. Militär	48,6	20,3	31,1	0,0	40,4
Bildungsbereiche	38,6	34,6	3,6	23,2	32,4
Gesundheitswesen u. Sozialarbeit	60,3	29,9	5,1	4,7	31,8
Kultur, Sport u.ä.	12,9	24,9	13,2	49,1	34,2
Handwerk, öffentliche u. private Dienstleistungen	10,0	33,8	9,2	57,0	40,8
Haushaltshilfe	0,0	47,8	28,2	24,0	51,1
Internationale u. ausländische Organisationen	77,7	22,3	0,0	0,0	38,3

Quelle: Kum, J. H., 2002, S. 35-36.

2.2 Vertikale Segregation

Neben der oben aufgezeigten horizontalen Arbeitsteilung ist der südkoreanische Arbeitsmarkt auch von einer geschlechtsspezifischen vertikalen Segregation gekennzeichnet. Im Folgenden wird zu zeigen sein, dass diese Segregation nicht als bloßes „Nebeneinander“ von weiblichen und männlichen Beschäftigten zu verstehen ist. Die vertikale Segregation hat vielmehr unmittelbaren Einfluss auf Entlohnung und Aufstiegschancen. So sind Frauen und Männer in unterschiedlichen Hierarchieebenen beschäftigt, wobei Frauen überdurchschnittlich oft in den unteren Gehalts- und Lohngruppen vertreten sind. Die Frauenerwerbstätigkeit ist dabei durch geringere Aufstiegsmöglichkeiten gekennzeichnet.

Aus der folgenden Tabelle sind die Tendenzen der vergangenen zwei Jahrzehnte relativ eindeutig ersichtlich. Durch den enormen Tertiarisierungsprozess wurden neue Berufe geschaffen. Des Weiteren sind frauenspezifische Berufsbereiche ausgeweitet worden. Besonders auffällig ist der Rückgang der Zahl der weiblichen Beschäftigten im primären Sektor von 39% im Jahre 1980 auf 9,8% im Jahre 2002. Die Quote der weiblichen Büroangestellten ist von 7,9% (1980) auf 16,0% (2002) angestiegen.[40] Eine große Veränderung lässt sich bei den Beschäftigten von hochqualifizierten, technischen, geschäftsführenden und qualifizierten Tätigkeiten feststellen, bei denen die Quote der Frauen von 3,6% (1980) auf 14,9% (2002) gestiegen ist. Der Beschäftigungsanteil hat sich im Beobachtungszeitraum mehr als vervierfacht.

Trotz dieser Entwicklung zeigt eine genaue Betrachtung der Integration der Frauen in die Erwerbstätigkeit jedoch, dass Frauen überproportional in Berufen mit geringem Prestige, geringer beruflicher Autonomie und geringem Verdienst vertreten sind. Die Beschäftigungsfelder von Frauen sind auf die mittleren und einfachen Angestelltentätigkeiten konzentriert: Frauen arbeiten als Verkäuferin, Sekretärin und Buchhalterin.

40 Durch die Finanzkrise 1997/1998 haben viele Frauen im Bürosektor sowie im Produktionsbereich und bei der niedrig qualifizierten Arbeit Stellen verloren.

Tabelle 15 : Beschäftigte nach Bereichen (in Tausend Personen, %)

		1980	1985	1990	1995	2000	2002
Gesamt	Führende, hochqualifizierte, technische, u. qualifizierte Tätigkeit	5,3	7,3	8,7	16,4	18,6	19,2
	Bürotätigkeit u.ä.	9, 3	11,5	13,0	12,6	11,9	12,7
	Tätigkeit im Handel u. im Dienstleistungsbereich	22,4	26,3	25,7	22,1	26,0	26,1
	Tätigkeit in der Land-, Forstwirtschaft u. Fischerei	34,0	24,6	17,8	11,1	10,0	8,9
	Tätigkeit im Handwerk, in der Produktion, im Transport u. in einfacher Arbeit	29,0	30,3	34,8	37,9	33,5	33,0
	Insgesamt	100,0 (13.683)	100,0 (14.970)	100,0 (18.085)	100,0 (20.414)	100,0 (21.156)	100,0 (22.169)
Frauen	Führende, hochqualifizierte, technische u. qualifizierte Tätigkeit	3,6	5,4	7,7	11,4	13,5	14,9
	Bürotätigkeit u.ä.	7,9	10,2	12,7	15,9	14,5	16,0
	Tätigkeit im Handel u. im Dienstleistungsbereich	28,6	35,4	33,6	32,2	34,9	38,8
	Tätigkeit in der Land-, Forstwirtschaft u. Fischerei	39,0	27,6	20,2	12,9	11,2	9,8
	Tätigkeit im Handwerk, in der Produktion, im Transport u. in einfacher Arbeit	21,0	21,3	25,8	27,7	25,8	20,5
	Insgesamt	100,0 (5.222)	100,0 (5.833)	100,0 (7.376)	100,0 (8.267)	100,0 (8.769)	100,0 (9.225)

Quelle: Nam, S. G./Jang. J. H., 2003: *yeo-seong jik-jong no-dong si-jang mit jik-jong gae-bal-e gwanhan yeon-gu* [Studie zum Frauenbezogenen Arbeitsmarkt und Erwerbsfähigkeitsförderung], S. 23 (koreanisch).

Mit der horizontalen geschlechtsspezifischen Segregation ist meist eine vertikale geschlechtspezifische Segregation verbunden, die sich in der geschlechtsspezifischen Beteiligung in verschiedenen Wirtschaftszweigen mit unterschiedlichen Aufstiegsmöglichkeiten und Einkommen ausdrückt. Die Arbeitsplätze, die Frauen übernehmen, sind häufig untergeordnete Tätigkeiten und selten leitende Positionen. Für die zielgenauere Betrachtung der geschlechtsspezifischen vertikalen Segregation steht die nachfolgende Tabelle zur Verfügung. In dieser Tabelle sind auch die einzelnen Teilbereiche der Berufsfelder für eine Analyse im Hinblick auf die vertikale Geschlechtersegregation zu berücksichtigen.

Tabelle 16: Wirtschaftliche Tätigkeitsbereiche von Frauen und Männern auf beruflicher Ebene im September 2001 (in Tausend Personen, %)

	Berufsfelder	Frauen		Männer		Frauenanteil
Führende Tätigkeit u. Managertätigkeit	Gehobene administrative Stellen und Abgeordnete	0	0,0	6	0,0	0,0
	Beamte im höheren Dienst und bürokaufmännische Manager	5	0,1	94	1,2	5,1
	Sonstige Manager	6	0,1	127	1,6	4,5
Hochqualifizierte Tätigkeit	Naturwissenschaftlicher Bereich	2	0,0	23	0,3	8,0
	Informatik- und Telekommunikationsbereich	22	0,4	117	1,5	15,0
	Technischer Bereich	6	0,1	152	1,9	3,0
	Gesundheitsbereich	129	2,3	30	0,4	81,0
	Bildungsbereich	296	5,4	233	2,9	56,0
	Verwaltungs-, Managements- und Finanzbereich	3	0,1	29	0,4	9,4
	Rechts-, Sozial- und Religionsbereich	2	0,0	73	0,9	2,7
	Kultur-, Kunst- und Medienbereich	67	1,2	61	0,8	52,0
Technische u. qualifizierte Tätigkeit	Technische Berufe in Naturwissenschaftlicher Bereichen	6	0,1	11	0,1	35,3
	Informatik- und Telekommunikationsbereich	18	0,3	61	0,8	22,8
	Technische Berufe in Technischen Bereichen	33	0,6	256	3,2	11,4
	Gesundheitsbereich	93	1,7	16	0,2	85,3
	Bildungsbereich	172	3,1	42	0,2	80,4
	Verwaltungs-, Management- und Finanzbereich	43	0,8	426	5,4	9,2
	Sozial- und Religionsbereich	15	0,3	23	0,3	39,5
	Kunst-, Unterhaltungsindustrie, Sportbereich	15	0,3	38	0,5	28,3
	Sonstige qualifizierte Berufe	21	0,4	183	2,3	10,3
Bürotätigkeit	Allgemeine Büroangestellte	877	15,9	1127	14,2	43,7
	Kundendienstliche Büroangestellte	254	4,6	71	0,9	78,2
Tätigkeit im Dienstleistungsbereich	Personenbezogene Dienstleistungen	265	4,8	66	0,8	80,1
	Beschäftigte in Restaurants	760	13,8	172	2,2	81,5
	Tourismus und Transport	11	0,2	5	0,1	68,8
	Sicherheitsdienste	4	0,1	143	1,8	2,7
Tätigkeit im Handel	Groß-, Kleinhandel	681	12,3	338	4,3	66,8
	Handel von Telekommunikation	16	0,3	6	0,1	72,7
	Mode und Marketing	12	0,3	2	0,0	85,7
Tätigkeit in der Land-, Forstwirtschaft u. Fischerei	Angelernte Bauer	26	0,5	17	0,2	60,5
	Angelernte Beschäftigte in Forstwirtschaft	0	0,0	4	0,1	0,0
	Angelernte Fischer	1	0,0	21	0,3	4,5
Tätigkeit im Handwerk u. ä.	Bauhandwerker u.ä.	30	0,5	574	7,3	5,0
	Handwerker in Maschinenbau und Metallbereiche	12	0,2	255	3,2	4,5
	Mechaniker und Installateur	7	0,1	401	5,1	1,7
	Feinmechaniker, Schneider u. ä.	30	0,5	72	0,9	29,4
	Sonstige Handwerker	326	5,9	178	2,2	64,7
Tätigkeit als angelernter Techniker, Monteur	Maschinenmonteur u. Systembediener	3	0,1	148	2,2	2,0
	Maschinenbediener u.ä.	120	2,2	419	5,3	22,3
	Monteur	132	2,4	172	2,2	43,4
	Fahrzeugführer u. ä.	8	0,2	661	8,3	1,2
Tätigkeit in einfacher Arbeit	Arbeiter in Dienstleistungsbereichen	454	8,2	578	7,3	44,0
	Arbeiter in Landwirtschaft und Fischerei	100	1,8	42	0,5	70,4
	Arbeiter in der Produktion	409	7,4	140	1,8	74,5
	Arbeiter in Bergbau-, Bauindustrie und Transport	27	0,5	322	4,1	7,7

Quelle: Eigene Berechnung nach Kum, J. H., 2002, S. 38-39.

Im hochqualifizierten Tätigkeitsfeld standen im September 2001 Berufe im Gesundheitsbereich (129.000 erwerbstätige Frauen) mit einem Frauenanteil von 81,1% und im Bildungsbereich (296.000 erwerbstätige Frauen) mit einem Frauenanteil von über 56,0% an der Spitze. Dies ist durchaus ein Hinweis auf die verbesserte Situation der Frauen auf dem Arbeitsmarkt. Eine angemessene Bewertung ist aber nur dann möglich, wenn man die Beschäftigungsverhältnisse sowie die berufliche Stellung der Frauen in allen Bereichen berücksichtigt. Die hierarchische Stellung in den jeweiligen Berufen der weiblichen Erwerbstätigen in Südkorea ist mit denen der männlichen nicht zu vergleichen. In den Spitzenpositionen von Politik und Wirtschaft sind Frauen praktisch kaum zu finden. Der Zugang zu den technischen, naturwissenschaftlichen sowie Informatikbereichen gelingt ihnen noch weniger. So ist eine horizontale geschlechtsspezifische Strukturierung dieses Teilbereichs innerhalb der hochqualifizierten sowie qualifizierten Berufe festzustellen, die einerseits eine hohe Konzentration der Männer bei technischen und naturwissenschaftlichen Fachkräften und andererseits ein hohen Frauenanteil bei medizinischen Fach- sowie Lehrkräften aufweist.

In Berufen der Büroverwaltung und ähnlichen Tätigkeiten stellen im September 2001 die allgemeinen Büroangestellten den größten Teil der Beschäftigten. In diesem Bereich waren 1.131.000 Frauen beschäftigt, was mehr als 20,5% aller weiblichen Lohnabhängigen ausmacht. Innerhalb der Büroverwaltung arbeiteten 254.000 Frauen mit einem Anteil von 78,2% als kundendienstliche Büroangestellte und 877.000 Frauen mit einem Anteil von 43,7% als allgemeine Büroangestellte. Im Bürosektor werden die gering qualifizierten Aufgaben vorwiegend von Frauen verrichtet. So sind Frauen innerhalb der Büroverwaltung mehrheitlich als kundendienstliche Büroangestellte tätig, während 1.127.000 Männer als allgemeine Büroangestellte und nur 71.000 Männer als kundendienstliche Büroangestellte beschäftigt sind.

Die Gastronomie bildet das zweite große Betätigungsfeld für Frauen. 760.000 Frauen waren in diesem Bereich beschäftigt, was 13,8% aller weiblichen Beschäftigten entspricht. Ebenfalls ist der Verkaufsbereich im Groß- und Einzelhandel mit einem ho-

hen Frauenanteil von 66,8% vertreten. Im diesem Sektor sind 681.000 Frauen beschäftigt, was ca. 12% aller weiblichen Lohnabhängigen ausmacht.
990.000 Frauen waren als einfache Arbeiterinnen tätig, was 17,9% aller weiblichen Beschäftigten entspricht, während der Männeranteil bei 13,7% lag. In diesem einfachen Tätigkeitsbereich waren die Frauen auf den Dienstleistungsbereich (454.000) sowie den Produktionsbereich (409.000) konzentriert. So ist innerhalb dieser Wirtschaftsbereiche eine hohe Konzentration von Frauen auf die gering qualifizierten Berufspositionen festzustellen.

Die typischen Frauenbereiche sind durch ein niedriges Lohnniveau und ein hohes Verlustrisiko des Arbeitsplatzes charakterisiert. Bedroht werden diese Arbeitsplätze zum einen durch die technische Rationalisierung, zum anderen durch die Verlagerung der Produktion in Billiglohnländer. Die auf einer hohen Anzahl von Arbeitsstunden und der Niedrig-Lohnpolitik beruhende exportorientierte Wirtschaftspolitik führte zu einer starken Unterdrückung der Arbeitnehmer. Die Beteiligung der Frauen am Erwerbsleben hat zwar zugenommen, die Höhe ihrer Einkommen ist jedoch immer noch signifikant niedriger. Damit hat der ansteigende Trend hinsichtlich der Beteiligung von Frauen am Erwerbsleben nicht zu einer vollständigen Angleichung des Lohniveaus geführt.

2.3 Geschlechtsspezifische Ungleichheit in der Entlohnung

In der Arbeitswelt der koreanischen Gesellschaft hat sich ein wesentliches Element der geschlechtsspezifischen Ungleichheit erhalten: Sie drückt sich vor allem in der Hierarchie innerhalb der Betriebe, in dem Einkommensgefälle und in dem höheren Arbeitslosigkeitsrisiko von Frauen aus: Frauen sind überdurchschnittlich häufig in schlechter bezahlten und statusniedrigeren Berufsgruppen vertreten. Sie sind im Vergleich zu Männern als Ingenieure und Manager noch weit unterrepräsentiert. Selbst in akademischen Berufen findet eine Vergeschlechtlichung von Berufsarbeit statt. Auf dem koreanischen Arbeitsmarkt ist also eine horizontale und vertikale geschlechtsspezifische Segregation zu beobachten.

Die folgende Tabelle zeigt die deutlichen Unterschiede zwischen den Arbeitseinkommen von Männern und Frauen. Diese Einkommensunterschiede konnten seit den 80er Jahren etwas abgebaut werden: So betrug das Durchschnittseinkommen von Frauen 46,7%, gemessen an dem von Männern, im Jahre 1985, 53,4% im Jahre 1990, 58,0% im Jahre 1995 und 62,8% im Jahre 2002.[41]

Tabelle 17: Höhe des Durchschnittseinkommens von Frauen im Vergleich zu dem von Männern (1985-2001 in %)

	Männer	Frauen
1985	100	46,7
1990	100	53,4
1995	100	58,0
2000	100	62,9
2001	100	63,2
2002	100	62,8

Quelle: Eigene Zusammenstellung auf der Grundlage von Daten des MOL(Hg.), 1986, 1991: *jik-jong-beol im-geum sil-tae jo-sa bo-go-seo* [Occupational Wage Survey]; MOL(Hg.), 1996, 2001-2003: *im-geu gu-jo gi-bon tong-gye jo-sa bo-go-seo* [Survey Report on Wage Structure].

Bemerkungen zur Tabelle: 1985, 1990 und 1995 (Betriebe mit mehr als 10 Beschäftigten), 2000, 2001 und 2002 (Betriebe mit mehr als 5 Beschäftigten).

Auch wenn Frauen seit 1985 eine spürbare Verbesserung ihrer Entlohnung erreichen konnten, zeigen die Zahlen dennoch, dass die durchschnittliche Lohnhöhe weiblicher Arbeitskräfte noch immer weniger als zwei Drittel der Vergütung männlicher Erwerbspersonen ausmacht. Vergleicht man die Einkommensunterschiede innerhalb des gleichen Bildungsniveaus, bleibt immer noch ein Einkommensvorteil der Männer von über 30%. Diese geschlechtsspezifische Einkommensungleichheit kann selbst bei Hochschulabsolventinnen nachgewiesen werden: Hochschulabsolventinnen verdienen um ein Drittel weniger als Männer.

41 KWDI (Hg.), 1994-2004: *han-guk yeo-seong tong-gye yeon-bo* [Statistic Yearbook on Women].

Abbildung 6: Durchschnittseinkommen von Frauen im Vergleich zu dem von Männern nach Bildungsabschluss (in %)

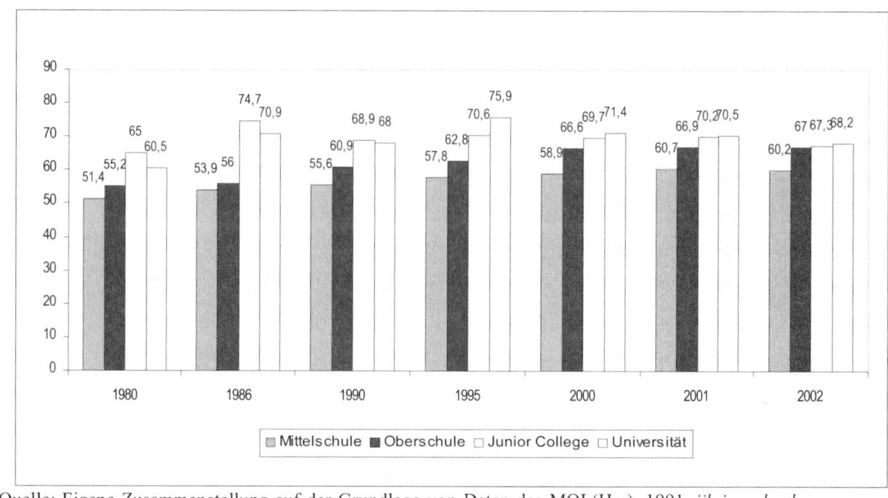

Quelle: Eigene Zusammenstellung auf der Grundlage von Daten des MOL(Hg.), 1991: *jik-jong-beol im-geum sil-tae jo-sa bo-go-seo* [Occupational Wage Survey]; MOL(Hg.), 1996, 2001-2003: *im-geum gu-jo gi-bon tong-gye jo-sa bo-go-seo* [Survey Report on Wage Structure].

Die Einkommensdiskrepanz zwischen Männern und Frauen hat verschiedene Ursachen: Konzentration der Frauen in schlechter entlohnten Berufspositionen sowie Wirtschaftszweigen, kürzere Betriebszugehörigkeit aus familiären Gründen und weniger Berufsjahre sowie Unterbrechungszeiten, die aufgrund der Nichtanrechnung früherer Erwerbstätigkeit den Wiedereinstieg in eine höhere Lohngruppe ausschließen.[42] Frauen sind in der Regel in Berufen beschäftigt, die mit vergleichsweise weniger Verdienst und Aufstiegsmöglichkeiten verbunden sind. Die geschlechtsspezifische Differenzierung des Arbeitsmarktes erweist sich somit als plausible Erscheinungsform der Geschlechterhierarchie.[43] Heirat als eine wichtige Möglichkeit des sozialen Statuserwerbs hat immer noch großes Gewicht in der südkoreanischen Gesellschaft. Die tief verwurzelte lange Tradition der geschlechtsspezifischen Rollenzu-

42 Vgl. Lee, E. K., 1996, S. 146.
43 Vgl. Wetterer, A. (Hg.), 1995: *Die soziale Konstruktion von Geschlecht in Professionalisierungsprozessen*, S. 11-28.

schreibung und Geschlechtertrennung ist bis heute für die Beschäftigungsstruktur folgenreich.
Die erhöhten und erweiterten Berufseinstiegschancen der koreanischen Frauen korrespondieren mit der deutlichen Abnahme des Anteils ungelernter Frauen. Der Abbau von geschlechtsspezifischen Benachteiligungen in der Berufseinstiegsphase in Südkorea dürfte u.a. eng mit der Verbesserung der Bildungschancen der Frauen verbunden sein. Im folgenden Kapitel wird gefragt, ob Frauen in Südkorea durch ein gestiegenes Bildungsniveau tatsächlich neue Qualifikationen erworben haben, und ob das Argument des sozialen Aufstiegs durch höhere Bildung für südkoreanische Frauen zutrifft.

Deutliche Einkommensgefälle zwischen Männern und Frauen lassen sich in allen Wirtschaftsbereichen beobachten, trotz der steigenden Integration der Frauen in den sekundären und tertiären Sektoren und trotz einer starken Abnahme der an- und ungelernten weiblichen Arbeitskräfte. Auch das höhere Qualifikationsniveau beschäftigter Frauen hat die Lohndiskrepanz noch nicht endgültig beseitigen können. Einkommensdiskriminierungen erfahren auch Frauen in Spitzenpositionen: Die geschlechtlichen Einkommensunterschiede in führenden Bereichen und im Management betrugen im Jahre 2002 22 %.

Tabelle 18: Durchschnittseinkommen von Frauen im Vergleich zu dem von Männern in einzelnen wirtschaftlichen Tätigkeitsbereichen (in %)

	1995	2000	2001	2002
Führende Tätigkeit und Managertätigkeit	83,2	79,2	81,2	77,6
Hochqualifizierte Tätigkeit	71,7	64,9	63,6	60,9
Technische u. qualifizierte Tätigkeit	60,9	68,1	67,6	64,2
Bürotätigkeit	60,8	65,3	66,8	64,6
Tätigkeit im Dienstleistungsbereich u. im Handel	70,5	69,8	66,1	68,7
Tätigkeit in Land-, Forstwirtschaft u. Fischerei	65,2	52,2	79,4	57,2
Tätigkeit im Handwerk	53,6	55,7	62,7	56,9
Tätigkeit in der Produktion	57,2	61,8	56,5	65,6
Tätigkeit in einfacher Arbeit	69,6	74,4	64,2	77,5

Quelle: Eigene Zusammenstellung auf der Grundlage von Daten des MOL(Hg.), 1996, 2001, 2002, 2003: *im-geum gu-jo gi-bon tong-gye jo-sa bo-go-seo* [Survey Report on Wage Structure].

Bemerkungen zur Tabelle:1995 (Betriebe mit mehr als 10 Beschäftigten), 2000, 2001 und 2002 (Betriebe mit mehr als 5 Beschäftigten).

Tabelle 19: Anteil aller erwerbstätigen Frauen an hochqualifizierten, technischen, qualifizierten Tätigkeiten sowie an führenden und Managertätigkeiten (in Tausend Personen)

Jahr	Gesamtzahl der weiblichen Beschäftigten (A)	Hochqualifizierte, technische, qualifizierte Tätigkeit (B)	Führende Tätigkeit und Managertätigkeit (C)	(B+C) ÷ A (in %)
1993	7.745	847	32	11,3
1994	8.020	832	26	10,7
1995	8.267	916	23	11,4
1996	8.520	992	25	12,0
1997	8.731	1.039	25	12,2
1998	8.090	1.053	26	13,3
1999	8.337	1.091	22	13,4
2000	8.769	1.226	23	14,2
2001	8.991	1.290	31	14,7
2002	9.225	1.371	32	15,2

Quelle: NSO, 2003: *han-guk-ui sa-hoe ji-pyo* [Social Indicators in Korea], S. 192.

Im Rahmen des allgemeinen Anstiegs des Qualifikationsniveaus hat die Zahl der Frauen in Führungspositionen des Erwerbssystems und politischen Systems zwar zugenommen, aber insgesamt sind Frauen in sämtlichen Führungspositionen nur selten vertreten. Dies zeigt sich sowohl bei den Führungskräften der Wirtschaft, den gehobenen administrativen Stellen als auch bei den Abgeordneten im Parlament. In den leitenden Positionen bilden Frauen eine deutliche Minderheit.

2.4 Instabile Beschäftigungsverhältnisse

Neben der horizontalen und vertikalen Segregation auf dem Arbeitsmarkt tritt immer stärker die Differenzierung des Beschäftigungsverhältnisses in den Vordergrund. Der größte Teil der Belegschaft, die sich durch begrenzte Beschäftigungsdauer, Teilzeitarbeit und geringfügigere Beschäftigung auszeichnet, besteht aus Arbeitnehmerinnen. Frauen sind in bestimmten Beschäftigungsformen, wie z. B. bei unbezahlten, mithelfenden Tätigkeiten und Teilzeitarbeit, im Verhältnis zur Gesamterwerbsbeteiligung überpräsentiert. Die geschlechtsspezifische Diskriminierung reflektiert u.a. die Erwerbssituationen der Frauen nach Beschäftigungsverhältnissen. Viele Frauen sind als unbezahlte mithelfende Familienangehörige, vorübergehende Lohnarbeiterinnen sowie Tagelöhnerinnen beschäftigt.

Tabelle 20: Erwerbstätige nach Beschäftigungsverhältnissen (in Tausend Personen, %)

		Insgesamt (100.0)		Unternehmer und Selbstständige		Unbezahlte, mithelfende Familienangehörige		Reguläre Lohnabhängige	
Frauen	1980	5.222	100	1.218	23,3	1.955	37,4	2.049	39,2
	1985	5.833	100	1.240	21,3	1.784	30,6	2.809	48,2
	1990	7.376	100	1.382	18,7	1.804	24,5	4.190	56,8
	1995	8.267	100	1.600	19,4	1.743	21,1	4.924	59,6
	2000	8.769	100	1.683	19,2	1.688	19,2	5.397	61,5
	2001	8.991	100	1.753	19,5	1.629	18,1	5.609	62,4
	2002	9.225	100	1.786	19,4	1.582	17,1	5.857	63,5
Männer	1980	8.462	100	3.433	40,6	614	7,3	4.415	52,2
	1985	9.137	100	3.440	37,6	402	4,4	5.295	58,0
	1990	10.709	100	3.686	34,4	263	2,5	6.259	63,1
	1995	12.147	100	3.969	32,7	203	1,7	7.975	65,7
	2000	12.387	100	4.181	33,8	243	2,0	7.963	64,3
	2001	12.581	100	4.298	34,2	234	1,9	8.050	64,0
	2002	12.944	100	4.404	34,0	215	1,7	8.325	64,3

Quelle: Nam, S. - G./ Jang, J. H., 2003: *yeo-seong jik-jong no-dong si-jang mit jik-jong gae-bal-e gwan-han yeon-gu* [Studie zum Frauenbezogenen Arbeitsmarkt und Erwerbsfähigkeitsförderung], S.26.

Die Situation der mithelfenden Familienangehörigen ist sehr prekär: Die wöchentliche Arbeitszeit ist sehr hoch, es gibt kaum soziale Absicherung. In Südkorea lässt sich eine Ausweitung der Zahl von Selbstständigen feststellen, auch die Beteiligung der Frauen an Unternehmensgründungen hat zugenommen, wobei die Zunahme der Selbstständigen in der Landwirtschaft mitberücksichtigt werden sollte. Während die Männer auf der Suche nach einer neuen Erwerbstätigkeit abwandern, übernehmen Frauen die von den Männern verrichteten Aufgaben. Der Anteil der mithelfenden Familienangehörigen ist zwar rückläufig, aber der Frauenanteil liegt immer noch auf einem sehr hohen Niveau.. Im Jahre 2001 waren insgesamt 1.856.000 Personen als mithelfende Familienangehörige tätig, darunter waren 1.638.000 (88,3%) Frauen.

Tabelle 21: Weibliche Erwerbstätige nach Beschäftigungsverhältnissen im Jahre 2002 (in Tausend Personen, %)

	Insgesamt		Frauen	Frauenanteil
Unternehmer	1.617	100	304	18,8
Selbstständige	4.574	100	1.482	32,4
Unbezahlte Mithelfende	1.797	100	1.582	88,0
Reguläre Lohnarbeiter	6.862	100	1.968	28,7
Vorübergehende Lohnarbeiter	4.886	100	2.682	54,9
Tagelöhner	2.433	100	1.207	49,6
Insgesamt	22.169	100	9.225	41,6

Nach eigener Berechung aus KWDI (Hg.), 1994-2003: *han-guk yeo-seong tong-gye yeon-bo* [Statistic Yearbook on Women].

Frauen haben selbst bei gleicher bzw. vergleichbarer Ausbildung instabile Beschäftigungsverhältnisse im Vergleich zu den Männern. So lag z. B., wie die folgende Tabelle zeigt, die Quote der regulären Lohnabhängigen unter den Akademikerinnen nur bei 43,9%, während dieser Anteil bei den Männern deutlich höher (62,5%) war. Die instabile Erwerbssituation der Akademikerinnen im Vergleich zu den Akademikern wird durch die höhere Quote der vorübergehenden Lohnabhängigen, der Tagelöhnerinnen sowie der unbezahlten Mithelfenden veranschaulicht. 27,5% der Frauen mit Universitätsabschluss üben vorübergehende, lohnabhängige Tätigkeiten aus, während dieser Anteil bei den Männern mit Universitätsabschuss nur bei 9.9% liegt.

Abbildung 7: Erwerbstätige mit Universitätsabschluss nach Beschäftigungsverhältnissen 2001 (in %)

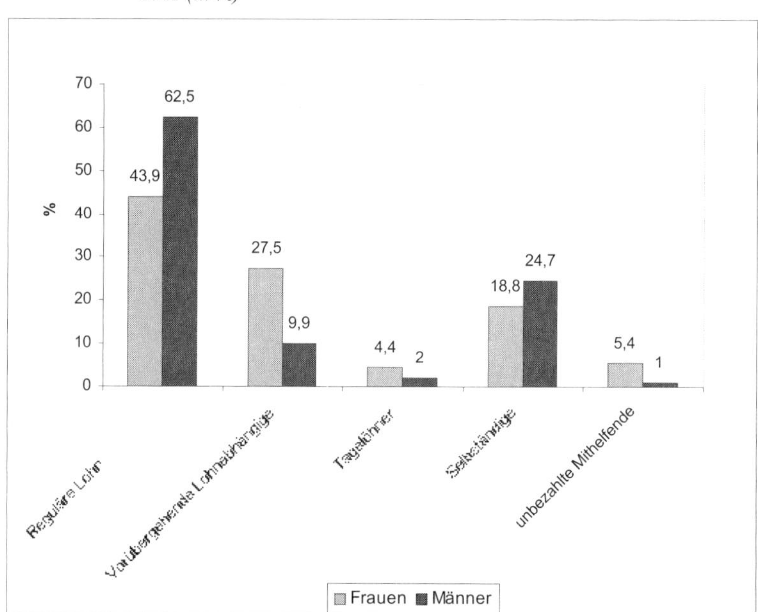

Quelle: Kum, J. H., 2002: *yeo-seong no-dong si-jang hyeon-sang-gwa gwa-je* [Über den Zustand des Frauenarbeitsmarktes und dessen Herausforderungen], S. 29 (koreanisch).

Teilzeitarbeit besitzt einen geringen Stellenwert in der südkoreanischen Gesellschaft. Insbesondere Mütter mit betreuungsbedürftigen Kindern fragen Teilzeitarbeitsplätze nach. Obwohl Teilzeitbeschäftigung in der Regel ein niedriges Einkommen impliziert und sich Teilzeitbeschäftigten weitaus geringere Aufstiegsmöglichkeiten bieten,[44] sind viele Frauen bereit, Teilzeitarbeit anzunehmen, da sich mit dieser Arbeitsform die Vereinbarkeit von Beruf und Familie besser gewährleisten lässt.
Hinsichtlich der Teilzeitquote von Frauen ist Südkorea im Vergleich mit den übrigen Industriestaaten ein Nachzügler. So zeichnet sich Südkorea durch eine niedrigere Quote von Frauen im Vergleich zu den anderen Industrieländern aus. In Südkorea lag sie im Jahre 2004 nur bei 12,5%. Andere OECD-Staaten weisen wesentlich höhere Tielzeiterwerbsquoten von Frauen auf (in Japan 41,7%, in Schweden 20,8%, in den U.S.A 18,8 % und in Deutschland 37,0%, und im OECD-Durchschnitt 25,4%).[45] Damit weicht Südkorea wesentlich vom OECD-Durchschnitt ab.

Insgesamt gab es 1995 780.000 weibliche Teilzeitbeschäftigte. Bis 2004 stieg die Zahl auf 1.5 Mio. an.[46] Teilzeitarbeit wird oft als Mittel zur Förderung flexibler Beschäftigung und zur Bekämpfung von Arbeitslosigkeit angesehen. Bisher sind allerdings in Südkorea noch nicht viele qualifizierte Teilzeitarbeitsstellen vorhanden. So konzentriert sich die Teilzeitarbeit der Frauen auf bestimmte Wirtschaftszweige. Die qualifizierte, gut entlohnte und stabile Teilzeitbeschäftigung der Frauen nimmt nur geringfügig zu, während der Anteil der weiblichen Teilzeitbeschäftigten in den Dienstleistungsbereichen, in der Landwirtschaft und Fischerei sowie in der einfachen Arbeit stark zunahm. Teilzeitbeschäftigte erhalten kein existenzsicheres Einkommen und sind in der Regel gegenüber arbeitsbedingten Risiken nicht geschützt. Sie befinden sich häufig unterhalb der Sozialversicherungspflichtgrenze. Hinzuzufügen sind die Ergebnisse verschiedener Studien über Teilzeitarbeit in Südkorea, wonach Teil-

---

44 Vgl. Hettlage, R.,1992: *Familienreport. Eine Lebensform im Umbruch*, S. 102.
45 Vgl. OECD, 2006.
46 Vgl. KWDI (Hg.), 1994-2005.

zeit zunehmend auch von unverheirateten und höher qualifizierten Frauen in Anspruch genommen wird,[47] die zum großen Teil unfreiwillig in Teilzeit arbeiten.

Bei genauerer Betrachtung der Beschäftigtenzahl in kleinen und großen Betrieben zeigt sich nach wie vor ein deutlich hoher Frauenanteil in kleinen Betrieben. 2002 waren 27,5% der weiblichen Beschäftigten in kleinen Betrieben mit 1 bis 4 Beschäftigten tätig, während dieser Anteil bei den Männern nur 18,3% betrug. Hingegen waren 4,5% aller weiblichen Beschäftigten und 7,1% aller männlichen Beschäftigten in großen Betrieben mit mehr als 1000 Beschäftigten tätig. Wenn man die Tatsache mit berücksichtigt, dass in der südkoreanischen Unternehmenskultur kleine Betriebe mit unter fünf Beschäftigten in der Regel durch schlechte Arbeitsbedingungen, ungeschützte Arbeitsverhältnisse – häufig ohne Arbeitsvertrag sowie ohne Kündigungsschutz – und schlechtere Versicherung gekennzeichnet sind, bedeutet der hohe Frauenanteil in Kleinbetrieben für Frauen im Durchschnitt schlechtere Arbeitsbedingungen, ungeschützte Arbeitsverhältnisse und geringe Renten.

Tabelle 22: Erwerbstätige nach Geschlecht und Betriebsgröße in 2002 (in Personen, %)

	Frauen		Männer	
Betriebe mit 1-4 Beschäftigten	1.201.701	27,5	1.248.431	18,3
Betriebe mit 5-9 Beschäftigten	738.765	16,9	999.816	14,7
Betriebe mit 10-29 Beschäftigten	842.218	19,3	1.426.192	20,9
Betriebe mit 30-99 Beschäftigten	738.620	16,9	1.244.477	18,3
Betriebe mit 100-299 Beschäftigten	83.469	8,8	871.344	12,8
Betriebe mit 300-999 Beschäftigten	269.070	6,2	550.653	8,1
Betriebe mit mehr als 1000 Beschäftigten	189.129	4,3	482.878	7,1
Insgesamt	4.362.972	100	6.823.792	100

Quelle: NSO(Hg), 2003: *sa-eob-che no-dong sil-tae hyeon-hwang* [Establishment Labour Conditions].

Im Dienstleistungsbereich lässt sich ein deutlicher Unterschied in der Erwerbsstruktur zwischen ledigen und verheirateten Frauen beobachten. In Südkorea waren 1985 in der produzierenden Industrie 597.000 ledige weibliche Beschäftigte und 647.000 verheiratete Frauen tätig. Damit waren 43,8% der Arbeiterinnen ledige Frauen. Im Jahre 2002 waren unter den Arbeiterinnen nur 19% ledige Frauen. Das resultiert aus der Übernahme von Tätigkeiten in der verarbeitenden Industrie durch verheiratete

47 Vgl. KWDI, 2005, S. 274-275.

Frauen. Dies ist ein interessanter Punkt, da früher im sekundären Sektor hauptsächlich ledige Frauen beschäftigt waren. Sie sind nun vor allem in den Dienstleistungssektor vorgerückt.[48]

So ist in Südkorea tendenziell die Dualisierung des Frauenarbeitsmarktes in einen Bereich mit durchschnittlich besserer Bezahlung sowie besseren Arbeitsbedingungen für junge, gut ausgebildete Frauen und einem zweiten Bereich mit niedrigeren Löhnen sowie schlechteren Arbeitsbedingungen für ältere Frauen mit niedrigem Bildungsniveau zu beobachten. Verheiratete Frauen üben zunehmend Tätigkeiten aus, die früher vorwiegend unverheiratete Frauen übernommen haben. So bildeten ledige Frauen im Jahre 1985 in den produzierenden Industriezweigen die größte Gruppe, während verheiratete Frauen vor allem im primären Sektor beschäftigt waren. So waren im Jahre 1985 40,6% aller unverheirateten weiblichen Erwerbstätigen in der produzierenden Industrie, 23,5% im Handel sowie in der Gastronomie tätig. Im Vergleich dazu waren von den verheirateten Frauen 36,4% vorwiegend in der Fischerei sowie Land- und Forstwirtschaft beschäftigt, 32,0% im Handel sowie in der Gastronomie und 17,9% in der produzierenden Industrie.

Tabelle 23: Weibliche Erwerbstätige nach Familienstand im Jahr 1985 (in Tausend Personen, %)

Beschäftigungssektor	ledig		verheiratet		geschieden, verwitwet	
Land-, Forstwirtschaft u. Fischerei	32	2,2	1309	36,4	279	36,6
Bergbauindustrie	1	0,1	3	0,1	2	0,3
Produzierende Industrie	597	40,6	647	18,0	109	14,3
Elektrizität, Erdgas u. Wasser	3	0,2	1	0,0	0	0,0
Baugewerbe	20	1,4	34	0,9	11	1,4
Groß-, Kleinhandel, Gastronomie u. Hotelwesen	346	23,5	1151	32,0	253	33,2
Transport, Lager u. Kommunikation	43	2,9	17	0,5	2	0,3
Finanzen, Versicherung u. Immobilien, Bürokaufmännische Dienstleistungen	109	7,4	72	2,0	13	1,7
Öffentliche und private Dienstleistungen	320	21,8	368	10,2	97	12,7
Total	1471	100	3600	100	763	100

Quelle: Nach eigener Berechnung von KWDI (Hg.), 2002: *han-guk yeo-seong tong-gye yeon-bo* [Statistic Yearbook on Women], S. 188-189.

48 NSO(Hg.), 1996-2005: *gyeong-je hwal-dong in-gu yeon-bo* [Annual Report on the Economically Active Population Survey].

Im Jahre 2002 waren 45,2% der ledigen Frauen im öffentlichen, privaten sowie kaufmännischen Dienstleistungssektor und 19,6% im Handel beschäftigt, während 24,1% der verheirateten Frauen im öffentlichen, privaten sowie kaufmännischen Dienstleistungssektor und 21,2% im Handel tätig waren. Verheiratete Frauen sind zunehmend in der produzierenden Industrie (18,2%) und in Gastronomie sowie Hotels beschäftigt.

Tabelle 24: Weibliche Erwerbstätige nach Familienstand im Jahr 2002 (in Tausend Personen, %)

Beschäftigungssektor	ledig		verheiratet		geschieden, verwitwet	
Land- und Forstwirtschaft u. Fischerei	4	0,2	742	12,5	238	22,4
Bergbauindustrie	1	0,0	0	0,0	0	0,0
Produzierende Industrie	298	13,4	1,081	18,2	139	13,1
Elektrizität, Erdgas u. Wasser	5	0,2	6	0,1	0	0,0
Baugewerbe	51	2,3	89	1,5	11	1,0
Groß- u. Kleinhandel	436	19,6	1,258	21,2	172	16,2
Gastronomie u. Hotel	190	8,6	928	15,6	245	23,0
Transport u. Kommunikation	70	3,2	79	1,3	7	0,6
Finanzen u. Versicherung	137	6,2	236	4,0	24	2,3
Immobilien	26	1,2	89	1,5	13	1,2
Öffentliche, private u. bürokaufmännische Dienstleistungen	1.004	45,2	1.433	24,1	214	20,2
Total	2.223	100	5.941	100	1.061	100

Quelle: Nach eigener Berechnung von NSO (Hg.), 1985, 1990, 1995, 2000-2002: *gyeong-je hwal-dong in-gu yeon-bo* [Annual Report on the Economically Active Population Survey].

Trotz der steigenden Integration der Frauen in die Berufswelt ist die gleichberechtigte wirtschaftliche Partizipation von Frauen sowohl in qualitativer als auch in quantitativer Hinsicht nur eingeschränkt verwirklicht. Obwohl der Anteil der Frauen an der Arbeitspopulation in den letzten vierzig Jahren deutlich zugenommen hat, sanken die Beschäftigungsmöglichkeiten für Frauen in der konjunkturellen Krisenphase Ende der 90er Jahre überdurchschnittlich.

Durch wirtschaftliche Krisenzeiten bedingte Freisetzungspotentiale bedrohen demzufolge hauptsächlich weibliche Arbeitnehmer. Frauen waren zum Beispiel während der Finanzkrise 1997/98 häufiger vom Verlust ihres Arbeitsplatzes betroffen als Männer.

Tabelle 25: Veränderung der Beschäftigung (von April 1997 bis April 1998)

	Männer	Frauen
Technische und Managementberufe	27.000(+)	14.000(-)
Büroarbeit	91.000(+)	208.000(-)
Dienstleistung	50.000(+)	150.000(-)
Produktionsarbeit	747.000(-)	324.000(-)

Quelle: Cho, H., 2001: „Frauenarbeit und Frauenpolitik in Korea. Frauenerwerbstätigkeit und Lebenssituation koreanischer Frauen im Industrialisierungs- und Globalisierungsprozess", in: Lachenmann, G./Dannecker, P., (Hg.), 2001: *Die geschlechtsspezifische Einbettung der Ökonomie: Empirische Untersuchungen über Entwicklungs- und Transformationsprozesse*, S. 257.

„Von April 1997 bis zum gleichen Monat des nächsten Jahres wurden z.B. 27.000 Männer in technischen und Managementberufen eingestellt, während 14.000 Frauen im gleichen Bereich entlassen wurden. Im Bürobereich verloren noch mehr Frauen ihren Job als in den technischen und Managementberufen, insgesamt 208.000 Frauen. Im Gegensatz dazu haben 91.000 Männer einen neuen Job im Bürobereich gefunden. Noch interessanter ist der Dienstleistungssektor. Dieser Sektor wird oft als besonders geeignet für Frauen betrachtet, und daher werden viele Frauen in diesen Arbeitsbereich gedrängt. Trotzdem sind in Krisenzeiten auch hier Frauen zuerst betroffen."[49]

Die eindeutige geschlechtsspezifische Ungleichbehandlung setzte sich in den wirtschaftlichen Restrukturierungsprozessen, nach der Finanzkrise am Ende der 90er Jahre, fort. In der konjunkturellen Erholungsphase, seit Ende 1999, erleichterte zwar eine entspannte Arbeitsmarktssituation den Frauen den Wiedereinstieg in den Arbeitsmarkt. Aber die steigende Zahl der irregulären Beschäftigten in dieser Phase lässt nicht unbedingt auf eine erneute Verbesserung schließen. Vor dieser Finanzkrise waren unbefristete Vollzeitarbeitsstellen eher die Regel. Entlohnung sowie Urlaubstage stiegen mit der Beschäftigungsdauer. So hatten ältere Arbeitnehmer höhere Einkommen und mehr Urlaubstage als jüngere Beschäftigte. Und sie genossen mehr Privilegien. Mit der Umstrukturierung von Unternehmen nach der Finanzkrise hat sich diese Situation geändert: Viele ältere Arbeitnehmer über 50 wurden entlassen, und bei Neueinstellungen wurde das Angebot von unbefristeten Vollzeitarbeitsplätzen rapide reduziert. Von dieser Entwicklung sind nicht nur Ältere, sondern vor al-

49 Vgl. Cho, H., 2001, S. 257.

lem Frauen betroffen. Frauen und jüngere Arbeitssuchende finden nur schwer reguläre Vollzeitarbeitsplätze. Ihnen werden häufig irreguläre, befristete Arbeitsplätze sowie Teilzeitarbeit angeboten. Viele Arbeitnehmerinnen gehen unfreiwillig einer Teilzeitarbeit nach.

Viele Frauen, die während der Wirtschaftskrise entlassen wurden, wurden ab 1999 als irreguläre Beschäftigte neu eingestellt: Während 2.095.000 Frauen vor der Finanzkrise im Jahre 1996 als reguläre lohnabhängige Beschäftigte tätig waren, ist diese Zahl nach der Finanzkrise im Jahre 1999 auf 1.562.000 zurückgegangen.[50] Nach einer koreanischen Studie[51] gingen im Jahre 1999 mehr als 50% der gesamten lohnabhängigern Arbeiter einer irregulären Erwerbstätigkeit nach. Insgesamt waren Frauen bei diesen irregulären Arbeitsverhältnisse weitaus stärker vertreten. Mehr als 70% der lohnabhängigen weiblichen Beschäftigten verrichteten ihre Arbeit in irregulären Beschäftigungsverhältnissen, die entweder zeitlich befristet waren oder nur einen geringen Umfang besaßen. Der Anteil der irregulären Beschäftigten bei den Männern lag hingegen nur bei 40%.

Der Anteil vorübergehender Lohnarbeiterinnen nahm zu; so waren im Jahre 1997 27,1% aller weiblichen Beschäftigten als vorübergehende Lohnarbeiterinnen tätig, dieser Anteil ist bis zum Jahr 2004 auf 30,6% gestiegen. Der Anteil der Tagelöhnerinnen hat auch zugenommen: so waren im Jahre 1997 10,1% als Tagelöhnerinnen beschäftigt. Im Jahre 2004 ist dieser Anteil auf 11,5% gestiegen[52] Bei der männlichen Erwerbstätigen nahm der Anteil der vorübergehenden Lohnarbeiter und Tagelöhner in diesem Zeitraum ebenfalls zu; so waren im Jahre 1997 14,9% aller männlichen Beschäftigten als vorübergehende Lohnarbeiter tätig, dieser Anteil ist bis zum Jahr 2004 auf 16,8 % gestiegen. Von den männlichen Erwerbstätigen nahm der Anteil der

---

50 Vgl. NSO(Hg.), 2003: *gyeong-je hwal-dong in-gu yeon-bo* [Annual Report on the Economically Active Population Survey], S. 197.

51 Vgl. Jang, J. Y. , 2001: *bi-jeong-gyu-jik no-dong-ui sil-tae-wa jang-jeom: seong-cha-byeol jung-sim-eu-ro* [Situation und Diskussionsgegenstand irregulärer Beschäftigung unter besonderer Berücksichtigung der Geschlechterdifferenzen], in: KLI (Hg.)(2001): *Issue Paper*. S. 2 (www.habiz.net, Zugriff am 15.04.2004, koreanisch).

52 Vgl. KWDI, 2005, S. 167.

Tagelöhner von 8,1% im Jahre 1997 auf 8,4% im Jahr 2004.[53] Dieser Umstand macht deutlich, dass den südkoreanischen Frauen die Rolle einer „Reservearmee" von Arbeitskräften zugewiesen wird. So ist anzumerken, dass die Zunahme der Frauenerwerbstätigkeit nicht notwendigerweise zu einer Verbesserung der sozialen Lage der Frauen führt.

Der Arbeitsmarkt in Südkorea ist erkennbar geschlechtsspezifisch differenziert und hierarchisiert. Südkoreanische Frauen haben im Vergleich zu Männern generell schlechtere Berufschancen, gleich ob man die Phase des Berufseinstiegs, des Verbleibs in Krisenzeiten, die durchschnittliche Lohnhöhe oder die Chancen auf berufliche Fort- und Weiterbildungsmaßnahmen betrachtet.

Zusammenfassend lassen sich folgende Faktoren, welche die Sonderstellung der Frauen im Beruf ausmachen, auch auf dem südkoreanischen Arbeitsmarkt beobachten:

- Frauen haben selbst bei gleicher bzw. vergleichbarer Ausbildung oder vergleichbarem Leistungsvermögen schlechtere Karrierechancen und innerhalb gleicher Berufe besteht ebenfalls eine Hierarchie zwischen Frauen und Männern.
- Frauenerwerbstätigkeit ist auf wenige Berufsgruppen und Wirtschaftszweige konzentriert, und zwar fast ausschließlich auf den Bereich der Büroverwaltung, des Schulwesens, der Kindergärten, des Handels und des Gesundheitswesens.
- Im Rahmen der horizontalen Segregation zeigt sich, dass die steigende Integration von Frauen in traditionell von Männern besetzten Berufen zwar für eine gewisse Zeit zu einer Abschwächung der Segregation führt, aber da sich die Männer mit der Zeit aus diesen Berufen zurückziehen, entstehen neue Formen der Segregation.
- Die Arbeitsplätze, die von südkoreanischen Frauen übernommen werden oder die für sie zur Verfügung stehen, sind häufig mittlere und untergeordnete Tätigkeiten, aber nur selten leitende Positionen.

53 Vgl. KWDI, 2005, S. 167.

- Auch bei gleichen Voraussetzungen haben Frauen deutlich geringere Aufstiegs- und Einkommensmöglichkeiten.
- Südkoreanische Frauen bilden die „Reservearmee" auf dem Arbeitsmarkt und werden in Krisensituationen als erste entlassen.

Es stellt sich die Frage, weshalb diese Missstände, trotz zahlreicher rechtlicher Reformen und vermeintlichem Bewusstseinswandel in der Gesellschaft, in diesem Maß noch immer vorhanden sind und die Einkommensdiskrepanz zwischen Männern und Frauen so groß ist. Erklärungsbedürftig ist somit der immer noch bestehende geschlechtsspezifische Arbeitsmarkt. Vor diesem Hintergrund sollen im Folgenden unterschiedliche ökonomische, in der Frauenarbeitsforschung entwickelte soziologische Erklärungsansätze auf ihre Reichweite für die Erklärung der Sonderstellung der südkoreanischen Frauen geprüft werden.

III. Herkömmliche Ansätze zur Erklärung geschlechtsspezifischer Arbeitsmarktsegregation und ihre Grenzen

Für die Erklärung der geschlechtsspezifischen Segregation des Arbeitsmarktes gibt es verschiedene theoretische Ansätze. Die heute vorliegenden modernen Theorien über geschlechtsspezifische horizontale und vertikale Arbeitsmarktsegregation stellen hauptsächlich Merkmalsunterschiede zwischen erwerbstätigen Frauen und Männern in den Mittelpunkt. Neben einer disziplinären Einordnung können diese Theorien grob danach kategorisiert werden,[54] ob sie auf individuelle Kennzeichen und vorberufliche Situationen zurückzuführen sind oder ob sie die Strukturen von Arbeitsplätzen und betrieblichen Organisationen sowie den Vermittlungsprozess von Arbeitskräften und Berufspositionen in den Mittelpunkt der Betrachtung stellen.[55]

1. Humankapitaltheorie

Die mikroökonomisch begründete Humankapitaltheorie wurde Anfang der 60er Jahre in den USA entwickelt. Die wichtigsten Vertreter sind Mincer[56], Schultz[57] und Oi.[58] Der Mensch bildet, folgt man diesem theoretischen Zugang, sowohl nach quantitativen als auch qualitativen Gesichtspunkten das Fundament des Reichtums einer Gesellschaft.

---

54 Vgl. Blossfeld, H., 1984, S. 21-25.

55 Darüber hinaus werden eine Vielzahl von Ansätzen diskutiert, deren Berücksichtigung jedoch den Rahmen dieser Arbeit sprengen würde.

56 Vgl. Mincer, J., 1974: *Schooling, Experience and Earning.*

57 Vgl. Schultz, T.W., 1961: „Investment in Human Capital", in: *The American Economic Review*, Vol. 51, S. 1-17.

58 Oi, W.Y., 1962: „Labor as a Quasi-fixed Factor of Production", in: *Journal of Political Economy*, Vol. 70, S. 538-555.

1.1 Erläuterung der Theorie

Im Fokus der Humankapitaltheorie steht der Bezug zwischen der heterogenen Qualifikation der Arbeitskräfte und der schulischen sowie beruflichen Ausbildung, beruflichen Weiterbildung und sonstigem Wissen. „Die Humankapitaltheorie stellt dabei Qualifikation und Einkommen direkt in einen kausalen Zusammenhang. Entscheidungen über die Bildung von Humankapital sind Entscheidungen über die Höhe des Lebenseinkommens bzw. Ausdruck der zeitlichen individuellen Präferenzen bei der Planung des Lebensverlaufs. Auf dieser Grundlage wurde ein Modell entwickelt, in das im Laufe der Zeit die Schulbildung, die berufliche Ausbildung sowie die berufliche Praxis und Weiterbildung als Hauptfaktoren der Humankapitalbildung integriert wurden. Einkommensunterschiede und Unterschiede im beruflichen Status werden auf dieser Basis durch unterschiedliche Qualifikation erklärt, die eben zu unterschiedlicher Produktivität führt.“[59]

Der Wettbewerb zwischen den Arbeitnehmern wird durch eben diese Heterogenität der Qualifikation begrenzt. Das heißt, es wird nicht die Nachfrageseite, sondern die Angebotsseite der Arbeit betrachtet. Die Ursachen für die Unterschiede in Entlohnung und beruflichem Status werden durch die Unterschiede in Ausbildung, Berufserfahrung sowie im Berufswahlverhalten der einzelnen Arbeitnehmer erklärt. Die Humankapitaltheorie interpretiert die individuelle Berufswahl als vernunftgeleitete Kosten-Nutzen-Berechnung: Individuen, die sich von diesen Qualifikationsinvestitionen eine hohe Rentabilität versprechen, investieren am meisten in ihre Humankapitalausstattung.
Diese Theorie betrachtet die Herausbildung eines spezifisch weiblichen Teilarbeitsmarktes als Folge unterschiedlicher Ausbildungsinvestitionen oder der individuellen Berufswahl von Männern und Frauen. Ihr liegt die zentrale Annahme zugrunde, dass die Benachteiligung der Frau in der Beschäftigungsstruktur eine Folge unterschiedlicher Ausbildungsinvestitionen von Männern und Frauen und zusätzlich eines unter-

59 Vgl. Assenmacher, M., 1988: *Frauenerwerbstätigkeit in der BRD*, S. 111-112.

schiedlichen Berufswahlverhaltens ist. Die Humankapitaltheorie erläutert die Diskriminierung der Frau im Beschäftigungssystem durch ihre Rolle im Familiensystem und die damit zusammenhängenden Differenzen in der Ausbildung oder der unterschiedlichen Berufserfahrung. Nach dieser Theorie kann eine geringere Investition der Frauen in ihre Humankapitalbildung im Vergleich zu Männern beobachtet werden, da sie hauptsächlich für den Haushalt zuständig sind und aufgrund der gesellschaftlichen Rollenzuteilung von Anfang an eine familienbedingte Diskontinuität in ihrem Beschäftigungsverhältnis und ihrer Lebensplanung antizipieren. Frauen sind aus familiären Gründen kürzer und nicht kontinuierlich beschäftigt. Sie wählen die als weniger produktiv betrachteten Berufe, die verhältnismäßig geringe Investitionen verlangen und nach der Unterbrechung der Berufstätigkeit einen weniger komplizierten Wiedereinstieg ermöglichen. Damit weisen Frauen eine geringere Arbeitsproduktivität auf als Männer. Sie erzielen in der Regel ein niedrigeres Einkommen und verfügen über schlechtere Aufstiegschancen. Frauen schließen sich damit selbst von interessanten Berufspositionen aus. Die Entscheidung für einen „Frauenberuf" ist nach dieser Theorie das Ergebnis rationaler Lebensplanung. Lohnunterschiede sind damit das Resultat rationaler Entscheidungen des Individuums über Investitionen in seine Ausbildung, welche auf die zukünftige Höhe des Einkommens einen nicht geringen Einfluss hat.

„Mit Hilfe des Humankapitalansatzes können Lohnunterschiede zwischen den Geschlechtern in eine diskriminierende und eine nichtdiskriminierende Komponente aufgeteilt werden: Einkommensunterschiede werden als nicht diskriminierend bezeichnet, wenn sie sich durch die unterschiedliche Ausstattung mit Humankapital erklären lassen. Entsteht bei einer solchen Betrachtung eine zusätzliche Differenz, ist dies als Maß der Diskriminierung zu betrachten. Der Erwerb von Humankapital kann dabei auf zwei Arten erfolgen: erstens durch die Ausbildungsdauer, welche die vertikale Segregation beeinflusst, und zweitens durch die Berufswahl, welche die horizontale Segregation begründet. In jedem Fall wird unterstellt, dass die Individuen Kosten und Nutzen rational abwägen und freiwillig entscheiden. Sie investieren in eine bestimmte Ausbildung nur, wenn sich die Investition in Form eines höheren Lebenseinkommens auszahlt."[60]

Abbildung 8: Einkommensverlauf für eine „typische" Frau und einen „typischen" Mann mit und ohne Zusatzausbildung

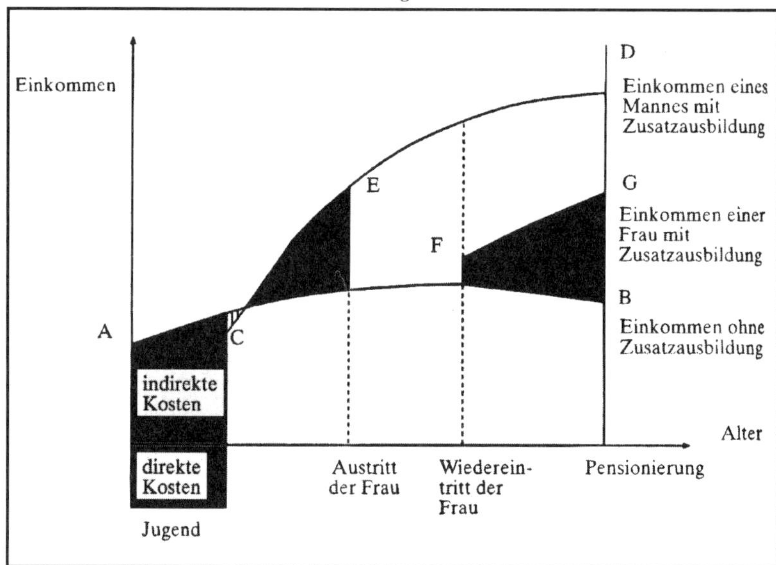

Quelle: Osterloh, M./ Oberholzer, K., 1994: „Der geschlechtsspezifische Arbeitsmarkt: Ökonomische und soziologische Erklärungsansätze", in: *Aus Politik und Zeitgeschichte. Beilage zur Wochenzeitung Das Parlament, B 6/ 94*, S. 6.

Wer nach dem obligatorischen Schulabschluss keine weiteren Ausbildungsinvestitionen vornimmt, wird zwar direkt nach der Schulzeit ein Einkommen erzielen. Das Gehalt aber wird im Verlauf der Zeit nur gering ansteigen und bis zur Versetzung in den Ruhestand möglicherweise sogar leicht abnehmen (Kurve AB). Die zusätzlichen Investitionen in das Humankapital verursachen während der Dauer der Zusatzausbildung zunächst direkte Kosten in Form von Schulgeld und indirekte Kosten in Gestalt eines Einkommensverzichts. Durch eine zusätzliche Ausbildung wird zwar der Verdienstbeginn verzögert (Kurve C), doch das Gehalt eines „typischen" Mannes mit

60 Vgl. Osterloh, M./ Oberholzer, K., 1994, S. 5.

Zusatzausbildung wird im weiteren Verlauf des Berufslebens stärker zunehmen als ohne Zusatzausbildung (Kurve CD).
Bei einer „typischen" Frau stellt sich die Konstellation anders dar. Die Kurven CE und FG zeigen den Verlauf des Einkommens einer „typischen" Frau mit Zusatzausbildung, die vorübergehend aus dem Erwerbsleben ausscheidet. Sie erzielt zunächst dasselbe Einkommen wie ein Mann mit Zusatzausbildung (Kurve CE), jedoch bricht bei dem vorübergehenden Ausscheren aus dem Berufsleben ihre Kurve ab (Punkt E). Beim Wiedereintritt in das Berufsleben muss die Frau ein geringeres Einstiegseinkommen in Betracht ziehen, da während der Zeit des Aussetzens ein Wissensverlust eingetreten ist (Punkt F). Zum Zeitpunkt der Pensionierung erlangt sie ein deutlich geringeres Gehalt als ihre männlichen Kollegen (Punkt G). Aus diesem Grund lohnt sich die Humankapitalinvestition für eine Frau weniger als für einen Mann.
Von der Humankapitaltheorie ist die Theorie über das Berufswahlverhalten von Frauen abgeleitet. Frauen, die von Anfang an mit einer Berufsunterbrechung rechnen, wählen vor allem Berufe aus, in denen sich der Wissensstand eher langsam ändert. Somit sichern sie sich einen möglichst geringen Einkommensverlust beim späteren Wiedereinstieg ins Berufsleben. Frauen wählen daher keine Berufe mit sich schnell ändernden Qualifikationsanforderungen. Sie tendieren z.B. zu sprachlich-literarischen Berufen, bei denen das Wissen nicht so schnell veraltet wie im naturwissenschaftlich-technischen Bereich.

1.2 Aussagekraft der Humankapitaltheorie für Südkorea

Ist die Benachteiligung der südkoreanischen Frauen auf dem Arbeitsmarkt auf das Berufswahlverhalten der Frauen und die Qualifikation zurückzuführen, wie es die Humankapitaltheorie meint?
Die Humankapitaltheorie nimmt an, dass Frauen weniger in ihre Ausbildung investieren als Männer und diskontinuierlich beschäftigt sind. Im Zuge der Bildungsexpansion sind die Voraussetzungen der Humankapitaltheorie in der südkoreanischen Gesellschaft weniger gegeben. Im Gegenteil: In den letzten Jahrzehnten haben sich

die Bildungsunterschiede zwischen südkoreanischen Männern und Frauen sogar verringert.

Aus Sicht der Humankapitaltheorie sind die Verbesserungen des Bildungsniveaus von Männern und Frauen sowie die Zunahme kontinuierlicher Beschäftigungsverhältnisse weiblicher Arbeitnehmer Anlass für eine optimistische Einschätzung der Entwicklung der beruflichen Stellung südkoreanischer Frauen. Gemäß den Postulaten der Humankapitaltheorie muss aus gleichen Ausbildungsniveaus und vergleichbarer Berufspraxis auch eine einheitliche Lohnhöhe resultieren.

Empirische Befunde zeigen jedoch, dass der angenommene Zusammenhang in Südkorea gerade nicht feststellbar ist; sich annähernde Qualifikationen zwischen Frauen und Männern schlagen sich nicht in gleicher Entlohnung nieder. Frauen in Südkorea hatten mit einem gleichwertigen Universitätsabschluss 1998 beim Berufseinstieg ein um durchschnittlich 25,2% geringeres Einkommen als ihre männlichen Kollegen.[61] Männliche Arbeitnehmer mit geringerer Humankapitalausstattung sowie einer kürzeren Beschäftigungsdauer standen auf gleicher Lohnstufe mit Frauen, die über höhere Humankapitalausstattung verfügten und eine längere Beschäftigungsdauer aufwiesen.[62]

„Von den jährlich 70.000 Universitätsabsolventinnen finden nur 35% einen festen Arbeitsplatz. Der Rest ist entweder teilzeitbeschäftigt oder unbeschäftigt. Ironischerweise sind es gerade besser ausgebildete Frauen, die in der unbezahlten Arbeitsstelle einer Hausfrau enden, während ihre minderqualifizierten Geschlechtsgenossinnen in einem zwar unterbezahlten, aber nichtsdestoweniger festen Arbeitsplatz unterkommen.“[63]

Nur eine kleine Minderheit von hochqualifizierten Frauen finden Zugang zu hochqualifizierten Berufen. Die folgende Tabelle zeigt, dass die vertikale Segregation auf dem Arbeitsmarkt in Südkorea nicht vollständig erklärt wird, wenn man das Humankapital von gut ausgebildeten Frauen an der Qualifikation des Ausbildungsabschlusses (Hochschulabschluss nach Fachrichtung, s.u.) misst. Südkoreanische Frauen ha-

61 Vgl. http://www2.kwdi.re.kr, Zugriff am 07.08.2000.

62 Vgl. Eo, S. B., 1992: *han-guk yeo-seong no-dong si-jang* [Frauenarbeitsmarkt in Südkorea].

63 Vgl. Lee, D. S. , 1997: „Frauenbildung und Frauenuniversitäten in Korea“, in: Metz-Göckel S./ Steck, F. (Hg.): *Initiativen und Reformprojekte im internationalen Vergleich*, S. 279.

ben im Zuge der Bildungsexpansion mit Blick auf die Qualifikation sowohl quantitativ als auch qualitativ aufgeholt. In der Humankapitalausstattung sind heutzutage kaum Unterschiede zwischen Männer und Frauen festzustellen.

Ein Rückgang der geschlechtsspezifischen Segregation des südkoreanischen Arbeitsmarktes könnte konstatiert werden, wenn die berufliche Stellung weiblicher Hochschulabsolventen mit der männlicher Absolventen gleichrangig wäre. Dies lässt sich jedoch nicht feststellen. Sowohl die höhere berufliche Position als auch das höhere Einkommen männlicher Hochschulabsolventen kann demnach nicht die Folge unterschiedlicher Qualifikationsniveaus sein, die im Einklang mit der Humankapitaltheorie in unterschiedliche Karrierepositionen übersetzt werden. Die Bildungssegregation ist damit nur teilweise geeignet, die geschlechtsspezifische Arbeitsmarktsegregation zu erklären.

Tabelle 26: Beschäftigte mit Hochschulabschluss nach Fachrichtungen in einzelnen wirtschaftlichen Tätigkeitsbereichen im Jahr 2000 (in Personen, in %)

	Frauen						Männer					
	Geistes-wissenschaft		Sozial-wissenschaft		Natur-wissenschaft		Geistes-wissenschaft		Sozial-wissenschaft		Natur- wis-senschaft	
	15793	100	42708	100	42958	100	9036	100	38250	100	89403	100
Führungs- und Managertätigkeit	79	0,5	366	0,9	249	0,6	113	1,3	1873	4,9	1178	1,3
Hochqualifizierte Tätigkeit	2123	13,4	4597	10,8	7809	18,2	2862	31,7	3957	10,3	20188	22,6
Qualifizierte Tätigkeit	2039	12,9	4247	9,9	8664	20,2	1036	11,5	4225	11,0	27620	30,9
Bürotätigkeit	8280	52,4	25449	59,6	16373	38,1	3162	35,0	18808	49,2	14918	16,7
Tätigkeit im Dienstleistungs-bereich u. im Handel	2894	18,3	6599	15,5	6615	15,4	1151	12,7	5300	13,9	6759	7,6
Angelernte Tätigkeit in Landwirtschaft u. Fischerei	30	0,2	94	0,2	331	0,8	40	0,4	225	0,6	1009	1,1
Tätigkeit im Handwerk u. ä.	110	0,7	639	1,5	2050	4,8	151	1,7	951	2,5	8992	10,1
Tätigkeit in der Produktion (bei der Bedienung von Maschinen)	46	0,3	174	0,4	474	1,1	56	0,6	534	1,4	5033	5,6
Tätigkeit in einfacher Arbeit	127	0,8	390	0,9	294	0,7	55	0,6	348	0,9	902	1,0
Militärtätigkeit	65	0,4	153	0,4	99	0,2	410	4,5	2029	5,3	2804	3,1

Quelle: MOE(Hg.), 2000: *gyo-yuk tong-gye yeon-bo* [Statistical Yearbook of Education] (zitiert nach Hwang, S. K., 2003: *yeo-seong-ui jik-eob seon-taek-gwa go-yong gu-jo* [Berufswahl und Beschäftigungsstruktur von Frauen], S.118 (koreanisch).

Der Humankapitalansatz besitzt aus diesem Grund nur eine eingeschränkte Erklärungskraft für Südkorea. Zudem werden Faktoren auf der Nachfrageseite des südkoreanischen Arbeitsmarktes bei der stark angebotsorientierten Erklärung der Humankapitaltheorie nicht berücksichtigt. Weitere Arbeitsmarktbedingungen und -strukturen sollten für die Erklärung der ungleichen Behandlung von Männern und Frauen mit einbezogen werden. Die Segregation des Arbeitsmarktes in Frauen- und Männerberufe ist nicht nur eine Folge einer freien Berufs- und Qualifikationswahl, sondern auch das Resultat „struktureller Zwänge und Kanalisationsprozesse in der Arbeitswelt selbst.“[64]

1.3 Kritik

Die in den vorangegangenen Absätzen vorrangig empirisch untermauerte Behauptung, die Humankapitaltheorie könne die geschlechtsspezifische Arbeitsmarktsegregation nur in begrenztem Umfang erklären, wird auch in der einschlägigen wissenschaftlichen Literatur aufgegriffen. Paula England (1992) nennt folgende Argumente: „a) Die Tatsache, dass Frauen weniger Arbeitserfahrung (gemessen in Jahren) haben, kann beim Eintritt ins Berufsleben kein Grund für Segregation sein, da beide Geschlechter noch keine Erfahrung haben, die Eingangspositionen aber bereits segregiert sind. b) Die Annahme, dass geschlechtsspezifische Pläne zu unterschiedlichen Investitionen und Arbeitsplatzwahl führen, hieße auch, dass Frauen eine Unterbrechung planen und Arbeitsplätze suchen, die eine geringe Lohnabwertung während der Unterbrechung haben. Untersuchungen zeigen aber, dass Frauen sowohl in traditionell männlichen als auch in weiblichen Arbeitsplätzen eine ähnliche Lohnabwertung erfahren. c) Die Annahme, dass die Frauen, wenn sie nichtkontinuierliche Berufsverläufe planen, Arbeitsplätze mit hohem Anfangslohn suchen (wobei diese Wahl als Indikator dafür genommen wird, dass sie nicht viel in Humankapital investieren wollen), ist nicht haltbar. Das Gegenteil ist der Fall: Frauen sind auf Arbeits-

64 Vgl. Heintz, B./ Nadai, E./ Fischer, R./ Ummel, H., 1997: *Ungleich unter Gleichen*, S. 31.

plätzen mit niedrigeren Anfangslöhnen zu finden."[65] Am ehesten kann die Humankapitaltheorie die „Berufszuweisung" erklären, jedoch nicht die allgemeine geschlechtsspezifische Segregation.

Auch Osterloh und Oberholzer kritisieren, dass die Humankapitaltheorie zwar ein durchdachtes Konzept zur Erklärung von geschlechtsspezifischen Lohndifferenzen liefert, dass sie jedoch zur vollständigen Erklärung der Lohnunterschiede kaum ausreicht: „Erstens wird vorausgesetzt, dass die Arbeitnehmer und Arbeitnehmerinnen die alleinige Kontrolle über ihr Humankapital haben. Dies ist jedoch in hohem Ausmaß unrealistisch: Der Einfluss des sozialen Umfeldes auf die Berufsentscheidung ist beträchtlich. So haben z.B. Mädchen aus Familien ohne älteren Bruder in der Regel bessere Berufschancen. Ein anderes Beispiel ist die Angst vor beruflicher Überflügelung des Partners; sie kann sich motivationshemmend auf die berufliche Leistung auswirken. Zweitens erklärt die Humankapitaltheorie gerade 40 Prozent der Lohndifferenz zwischen Frauen und Männern."[66]

2. *Diskriminierungstheorie*

Die Diskriminierungstheorie weist der Bildung für die Benachteiligung der Frau in der Berufswelt nur eine untergeordnete Rolle zu. G. S. Becker[67] stellt in das Zentrum seiner Theorie der Diskriminierung die Annahme, dass Menschen unterschiedliche Diskriminierungsneigungen (*taste of discrimination*) haben.

2.1 *Erläuterung der Theorie*

Diese Theorie geht nicht allein davon aus, dass Arbeitgeber üblicherweise Gewinnmaximierungsstrategien verfolgen, sondern unterstellt ihnen zusätzlich ein Nutzen-

65 Vgl. Cyba, E., 1998: "Geschlechtsspezifische Arbeitssegregation: Von den Theorien des Arbeitsmarktes zur Analyse sozialer Ungleichheiten am Arbeitsmarkt". in: Geissler, B./ Maier, F./ Pfau-Effinger, B. (Hg.), 1998: *Frauenarbeitsmarkt,* S. 41.

66 Vgl. Osterloh, M./ Oberholzer, K., 1994, S. 7.

67 Vgl. Becker, Gary S., 1957: *The Economics of Discrimination.*

maximierungskonzept: Vorurteile der Arbeitgeber, Mitarbeiter, aber auch der Konsumenten gegenüber Individuen oder Gruppen führen zu Diskriminierung oder zumindest zu einer Diskriminierungsneigung. Die Diskriminierungsneigung entsteht in der Regel durch Merkmalsträger, die sich hinsichtlich bestimmter Kriterien wie Rasse, Religion oder eben Geschlecht von dem Arbeitgebern (Mitarbeitern, Konsumenten) unterscheiden.
Nach dieser Theorie hat die Anstellung von bestimmten Arbeitskräften negative Folgen für das Unternehmen, so zum Beispiel eine Verschlechterung des Arbeitsklimas. Ein Arbeitgeber ist daher nur bereit, diese Arbeitskraft einzustellen, wenn er einen Lohn unterhalb der individuellen Grenzproduktivität zahlen muss.
Unterschiedliche Entlohnung von Männern und Frauen bei objektiv identischer Leistung ist daher ein Ergebnis unterschiedlicher Nutzenerwartungen der Arbeitgeber aufgrund unterschiedlicher Diskriminierungsneigungen.

Nach Becker treten Diskriminierungsneigungen auf dem Arbeitsmarkt bei folgenden Akteursgruppen auf:

1) *Diskriminierung durch die Arbeitgeber*: Wenn Arbeitgeber männliche Arbeitnehmer bevorzugen, berechnen sie Frauen „die nichtmonetären Kosten“,[68]die ihnen durch die Anstellung von Frauen entstehen können. Sie sind nur dann bereit, Frauen einzustellen, wenn sie Frauen bei identischer Leistung ein geringeres Einkommen zahlen können. Frauen bekommen somit bei gleicher Leistung einen geringeren Lohn, um die nichtmonetären Kosten bei der Anstellung von Frauen zu kompensieren. Der Grad der Diskriminierung ist dabei abhängig vom Ausmaß der Diskriminierungsneigung der jeweiligen Arbeitgeber.

2) *Diskriminierung durch die Mitarbeiter:* Eine Diskriminierungsneigung seitens der männlichen Mitarbeiter entsteht durch die Abneigung gegenüber der Zusammenarbeit mit Frauen. Die Abneigung könnte für männliche Mitarbei-

68 Vgl. Henneberger, F./Oberholzer, K./Zajitschek, S., 1997: *Lohndiskriminierung und Arbeitsbewertung. Ein Beitrag zur Gleichstellungsdiskussion in der Schweiz*, S. 28.

ter dadurch erklärt werden, dass Männer bei der Zusammenarbeit mit Frauen eine Verletzung der männlichen Vorstellungen oder eine Statusminderung ihrer Erwerbssituation befürchten.[69] Die Reaktion der Arbeitgeber darauf ist zum einen die Segregation der Geschlechter, so dass Männer und Frauen bei gleichem Lohn getrennt arbeiten. Zum anderen aber ist sie eine Belohnung in Form eines höheren Einkommens für die immateriellen Nachteile der betroffenen Arbeitnehmer, die durch die Zusammenarbeit mit weiblichen Kollegen verursacht werden. Auch hier sind die Einkommensunterschiede zwischen Männern und Frauen vom Grad der Diskriminierungsneigung abhängig.

3) *Diskriminierung durch die Konsumenten:* Eine von Frauen geleistete Dienstleistung kann einen Imageverlust für den Arbeitgeber verursachen. Der Arbeitgeber wird in diesem Fall seinen Arbeitnehmerinnen ein geringeres Gehalt zahlen. Das Ausmaß der nichtmonetären Kosten und die damit zusammenhängende Einkommensdifferenz zwischen Männern und Frauen ist abhängig von der Intensität der Diskriminierungsneigung der Konsumenten.

Die Diskriminierungstheorie von Becker geht lediglich auf die Nachfrageseite des Arbeitsmarktes ein. Dabei wird die Lohndiskriminierung als zentraler Punkt betrachtet. Die Theorie führt somit die Benachteiligung von Frauen im Beschäftigungssystem auf rational nicht begründbare Vorurteilsstrukturen bei Arbeitgebern, Mitarbeitern und Konsumenten zurück. Nach dieser Theorie dürfte die Benachteiligung von Frauen auf dem Arbeitsmarkt auch mit einer besseren Qualifikation der Frauen nicht deutlich abgeschwächt werden. Aufgrund dieser Abneigungen werden Frauen nur in bestimmten Berufen ausgebildet oder aufgenommen. Dies führt dazu, dass eine Segregation des Arbeitsmarktes in Frauen- und in Männerberufe schon beim Einstieg in das Beschäftigungssystem vorgenommen wird.

---

69 Marshall, R., 1974: "The Economics of Discrimination: A Survey", in: *Journal of economic literature*, S. 849-871.

2.2 Aussagekraft der Diskriminierungstheorie für Südkorea

Kann die Sonderstellung der südkoreanischen Frauen im Beschäftigungssystem laut Diskriminierungstheorie mit rational nicht begründbaren Vorurteilen erklärt werden?

In der Tat herrschen auf dem südkoreanischen Arbeitsmarkt unterschiedliche Diskriminierungsneigungen. Gleichzeitig sind bei objektiv gleicher Leistung geschlechtsspezifische Lohnunterschiede konstatierbar.
Viele Männer ziehen die Zusammenarbeit mit männlichen Kollegen der Arbeit mit weiblichen Angestellten vor. Aus diesem Grund ist die Benachteiligung der südkoreanischen Frauen im Beschäftigungssystem u. a. auf rational nicht begründbare Vorurteilsstrukturen bei Arbeitgebern, Mitarbeitern und Konsumenten zurückzuführen. Auch eine bessere Ausbildung ändert an dieser Situation zunächst nichts, wie in der Diskussion der Humankapitaltheorie aufgezeigt wurde.

2.3 Kritik

In der Diskriminierungstheorie von Becker steht lediglich die Nachfrageseite des Arbeitsmarktes im Mittelpunkt des Interesses. Weder die individuelle Situation der Arbeitnehmer noch die institutionellen Rahmenbedingungen werden betrachtet. Im Mittelpunkt der Analyse steht vor allem die Lohndiskriminierung. Hierbei wird jedoch die Beschäftigungsdiskriminierung, die indirekt auch bei der Lohnsituation der Frauen eine Rolle spielen kann, nicht wirklich berücksichtigt. In dieser Theorie werden außerdem die Gründe und Wirkungsweisen der Diskriminierungsneigung von Arbeitgebern, Mitarbeitern und Konsumenten nicht analysiert.[70]
Zudem lassen sich die genannten theoretischen Aussagen nur dann als stabiles System denken, wenn das diskriminierende Verhalten bei sämtlichen Marktteilnehmern in der gleichen Intensität vorhanden ist. Anderenfalls könnten Unternehmen mit ge-

---

70 Vgl. Henneberger, F./Oberholzer, K./Zajitschek, S., 1997, S. 28.

ringerer Diskriminierungsneigung weibliche Arbeitskräfte als kostengünstige Alternative entdecken, was zu einer Angleichung des Lohniveaus beitragen würde.[71]

Die Existenz eines solchen stabilen Systems diskriminierenden Verhaltens ist jedoch wenig wahrscheinlich, es könnte nur durch das Vorhandensein struktureller Defizite im Wettbewerbssystem (z.B. Kartelle, Monopole) erklärt werden. In der Diskriminierungstheorie wird der Bildung für die Benachteiligung der Frau in der Berufswelt nur eine untergeordnete Rolle zugewiesen. In dem Maße, in dem G.S. Becker[72] die Existenz unterschiedlicher Diskriminierungsneigung in den Mittelpunkt seiner theoretischen Überlegungen rückt, weist er dem Faktor (Aus)Bildung eine nachgeordnete Rolle bei der Erklärung geschlechtsspezifischer Benachteiligung auf dem Arbeitsmarkt zu.

3. Theorie der statistischen Diskriminierung

Die Humankapitaltheorie geht davon aus, dass alle Unternehmer immer voll informiert handeln. Ein weiteres Merkmal der Humankapitaltheorie, das Postulat der vollständigen Information der Unternehmer, ist Ausgangspunkt für die Arbeiten von Phelps[73] und Arrow[74]. Ihre Theorie der statistischen Diskriminierung distanziert sich von dem obigen Postulat und geht stattdessen davon aus, dass Arbeitgeber nur unvollständige Informationen über die individuelle Leistungsfähigkeit und Produktivität der Anbieter von Arbeitskräften besitzen. Sie können zwar durch Zeugnisse, Curricula Vitae und zweckmäßige Tests Auskünfte über die Leistungsfähigkeit der Arbeitskräfte erhalten, dennoch bleiben sie mangels besseren Wissens über die wirkliche bevorstehende Leistungsfähigkeit des Individuums im Unklaren.

---

71 Vgl. Schubert, R., (1993): *Ökonomische Diskriminierung von Frauen: Eine volkswirtschaftliche Verschwendung*, S. 77ff.

72 Vgl. Becker, Gary S. , 1957: *The Economics of Discrimination.*

73 Vgl. Phelps, E. S. , 1972[a]: "The Statistical Theory of Racism and Sexism", *in: The American Economic Review*, Vol. 62, S. 659-661.

74 Vgl. Arrow, K., 1976*: Economic Dimensions of Occupational Segregation.*

3.1 Erläuterung der Theorie

Sind Arbeitgeber beispielsweise davon überzeugt, dass eine Gruppe (z.B. Frauen) eine durchschnittlich geringere Produktivität besitzt als eine andere Gruppe (z.B. Männer), wenden sie diese geschlechtsspezifischen sozialstatistischen Kriterien auf den individuellen Fall an. Die Einschätzung der Leistungskraft eines Bewerbers erfolgt im Rahmen dieses theoretischen Ansatzes über gruppenspezifische Zuschreibungen. Arbeitgeber können beispielsweise von der Annahme ausgehen, dass weibliche Arbeitskräfte *in toto* über eine geringe Arbeitsproduktivität verfügen und diese z.B. auf die individuelle Bewerbungssituation übertragen. Frauen haben in der Regel ein niedrigeres Qualifikationsniveau und häufigere Arbeitsunterbrechungen im Karriereverlauf als Männer. Daher ergeben sich für Frauen zugleich andere Berufschancen als für Männer. Frauen sind beim Einstieg in das Berufsleben, bei der Beförderung und Entlohnung diskriminiert. „Dabei sind die Einzelentscheidungen möglicherweise falsch, d.h. diskriminierend, jedoch in bezug auf die Gruppen wahrscheinlichkeitstheoretisch richtig. Derartige Entscheidungsregeln sind dem Ansatz zufolge informations-, kostensparend und risikominimierend. Dabei müssten die Kosten des bewerteten Restrisikos kleiner sein als die Kosten einer verbesserten Informationsbeschaffung."[75] Daraus resultiert, dass Frauen beim Berufseinstieg Nachteile gegenüber Männern erleiden, weil man bei ihnen in viel höherem Maße mit Unterbrechungen im Erwerbsleben rechnet. Die Konsequenz nach der Theorie der statistischen Diskriminierung ist eine Benachteiligung weiblicher Arbeitskräfte sowohl hinsichtlich des Berufsein- als auch Aufstiegs qua ihrer Zugehörigkeit zu eben der Gruppe „weiblicher Arbeitskräfte". Mehr noch: Aufgrund der ihnen zugeschriebenen höheren Neigung, das Erwerbsleben zu unterbrechen, stehen ihnen auch nur bestimmte und damit (eher) vereinbare Segmente des Arbeitsmarktes offen. Im Falle der *Lohndiskriminierung* bekommen Frauen bei gleicher Leistung einen geringeren Lohn als Männer. Bei der *Beschäftigungsdiskriminierung* bieten Unternehmen Frauen andersgeartete Ar-

75 Vgl. Priewe, J., 1984: *Zur Kritik konkurrierender Arbeitsmarkt- und Beschäftigungstheorien und ihrer politischen Implikationen. Ansatzpunkte für eine Neuorientierung einer Theorie der Arbeitslosigkeit*, S. 87.

beitsplätze an als Männern. Dies sind oft unattraktive Arbeitsplätze, was schließlich nicht nur eine vertikale, sondern auch eine horizontale Segregation mit entsprechenden Unterschieden in Vergütung und Aufstiegschancen in der Berufslaufbahn produziert.

Bieten Unternehmen Frauen geringere Ausbildungschancen und unattraktive Arbeitsplätze an, da sie ihnen eine geringere Arbeitsproduktivität unterstellen, werden die Frauen in die alternative Rolle der Hausfrau zurückgedrängt. Dies führt dazu, dass die Familie von vornherein nur ein geringeres Interesse daran haben wird, Humankapital in sie zu investieren. Und dies wiederum bestätigt die Unterstellung der Unternehmen, dass Frauen über eine geringe Produktivität verfügen, was wiederum dazu führt, weniger in sie zu investieren. Dies führt in einen Teufelskreis der instabilen Erwerbssituation für Frauen.[76]

3.2 Aussagekraft der Theorie der statistischen Diskriminierung für Südkorea

Beruht die Benachteiligung der südkoreanischen Frauen im Beschäftigungssystem vielleicht auf einer unvollständigen Wahrnehmung des Arbeitsmarktes durch die Arbeitgeber, wie es die Theorie der statistischen Diskriminierung annimmt?

Viele Arbeitgeber in Südkorea meinen, dass Frauen wegen einer höheren Fluktuationsrate aus familiären Gründen eine durchschnittlich geringere Arbeitsleistung als Männer haben. So werden zum Beispiel in Südkorea tatsächlich sozialstatistische Merkmale und kollektive Wahrnehmungen auf den individuellen Fall übertragen. Südkoreanische Arbeitgeber beurteilen weibliche Arbeitnehmer demnach weitgehend unter Zuhilfenahme (statistischer) Zuschreibungen.
Für die Frauen ergeben sich daraus schlechtere Berufschancen als für Männer, da sie bei Einstellung, Beförderung und Entlohnung diskriminiert werden. Viele Unternehmen bieten Frauen unattraktive Arbeitsplätze an, und zusätzlich bekommen sie

76 Vgl. Schubert, R., 1993[b]: *Jenseits von Diskriminierung – Zu den institutionellen Bedingungen weiblicher Arbeit in Beruf und Familie*, S. 88.

bei gleicher Leistung einen geringeren Lohn als ihre männlichen Kollegen. Sie erleiden beim Berufseinstieg Nachteile gegenüber Männern, weil man bei ihnen in viel höherem Maße mit Erwerbsunterbrechungen rechnet. Im nachfolgenden Berufsleben sind sie auf einen bestimmten Arbeitssektor beschränkt. De facto existieren in Südkorea erhebliche soziale Barrieren, welche die beruflichen Aufstiegschancen von Frauen verringern. Besonders deutlich wird dies, wenn man die höheren Positionen der beruflichen Hierarchie betrachtet:
Einer Studie[77] zufolge waren im Juni 1996 in den 50 größten Konzernen insgesamt 110.096 Personen als Manager beschäftigt, davon waren nur 729 Personen (0.7%) Frauen. Als Grund hierfür ist u.a. der traditionelle Vorbehalt gegenüber dem Einsatz von Frauen in Führungspositionen zu nennen. Dieser Vorbehalt ist besonders in der südkoreanischen Privatwirtschaft nachweisbar, haben Frauen dort noch geringere Chancen haben, in Führungspositionen aufzusteigen. Diese Studie von Park[78] geht auf der Basis von Interviews und von Umfragen der Frage nach, inwieweit weibliche Manager großer Konzerne in Südkorea, wie z.B. Hyundai, Samsung, LG und Daewoo, von einflussreichen Abteilungen ausgeschlossen sind und welchen Einfluss diese betriebsinterne horizontale Segregation auf die zukünftige Karriere hat. Park hat dabei eine Reihe struktureller Mechanismen innerhalb der Konzerne identifiziert, die der Ungleichbehandlung von Frauen in Spitzenpositionen der Wirtschaft zugrunde liegen. Er hebt dabei in besonderem Maße den Umstand hervor, dass weibliche Manager innerhalb des Unternehmens gezielt mit weniger einflussreichen Aufgaben betraut werden, seltener abteilungsübergreifende Funktionen ausfüllen und insgesamt über kürzere Karrierewege verfügen. Diese Praxis etabliert neben der horizontalen Segregation eine vertikale, die wiederum direkten Einfluss auf die beruflichen Aufstiegschancen hat. Park stellt zugleich fest, dass weibliche Manager vor allem in den Bereichen der Forschung und der Öffentlichkeitsarbeit angestellt sind, wohingegen Männer vor allem in den Marketing-, Finanz- und Personalabteilungen tätig sind. Von 206 befragten Managern befanden sich z.B. 19 Frauen und 3 Männer im For-

77 Vgl.Park, K.-N., 2001: *dae-gi-eob-nae gwan-li-jik yeo-seong no-dong-e gwan-han yeon-gu* [A Study on the Women´s Work in the Managerial Jobs in Big Corporations. Focusing on the Gender Related Job Segregation], in: Korean Assiciation of Labor Studies, Jg.7, Heft 2, S. 2 (koreanisch).
78 Vgl. Park, K.-N., 2001.

schungsbereich, 13 Frauen und 22 Männer im Marketingbereich, 11 Frauen und 24 Männer in der Personalabteilung und 2 Frauen und 33 Männer in der Finanzabteilung (siehe Tabelle 27). Dies zeigt, dass selbst Frauen in Managerpositionen weniger Einfluss auf Entscheidungsprozesse haben als Männer.

Tabelle 27: Verteilung der Managerposten nach Abteilungen (in Personen)

	Männer	Frauen
Forschungsabteilung	3	19
Marketingabteilung	22	13
Personalabteilung	24	11
Finanzabteilung	33	2
Projektabteilung	20	30
Öffentlichkeitsarbeitsabteilung	1	23
Sonstige	2	3
Total	105	101

Quelle: Park, K.-N., 2001: *dae-gi-eob-nae gwan-li-jik yeo-seong no-dong-e gwan-han yeon-gu* [A Study on the Women's Work in the Managerial Jobs in Big Corporations. Focusing on the Gender Related Job Segregation], in: Korean Assiciation of Labor Studies, Jg.7, Heft 2 (koreanisch).

Die konzerninterne horizontale Segregation von Managern nach Geschlecht fällt mit Machtunterschieden zwischen Männern und Frauen zusammen. Die Tätigkeiten in den einflussreichen Abteilungen der Unternehmen, wie z.B. in der Personal- und Finanzabteilung, werden häufig als „männertypische Arbeit" betrachtet. Aus diesem Grund werden Frauen für diese Bereiche kaum gefördert. Südkoreanische Unternehmen bieten Frauen weniger Zugangschancen zum Marketingbereich an, weil sie bei ihnen mit einer niedrigeren Arbeitsproduktivität rechnen.

So verfügen männliche Manager im Verlauf des Berufslebens in der Regel über größere Erfahrungen und umfangreichere Chancen als Frauen in ähnlichen Positionen. Dieser Studie zufolge haben 73,3% der befragten Männer mindestens einmal die Abteilung gewechselt, während dieser Prozentsatz bei Frauen nur bei 54,5% lag. Die umfassenden Erfahrungen in verschiedenen Abteilungen sind in der Unternehmenskultur Südkoreas sowohl für die Ausübung der Tätigkeit als Führungskraft als auch für die zukünftigen Karrierechancen von großem Vorteil. Damit verbunden sind entsprechende Konsequenzen für die Aufstiegsmöglichkeiten.

In der südkoreanischen Unternehmenskultur sind die Personalabteilungen sowie der Marketingbereich besonders sichtbar und einflussreich. Da weibliche Manager hauptsächlich im Forschungsbereich und in den Öffentlichkeitsarbeitabteilungen arbeiten, sind sie deswegen zusätzlich diskriminiert, da die Leistungen von Frauen sehr häufig übersehen und unterschätzt werden.

Zudem haben Frauen weniger Kontakte zu Personen in Schlüsselpositionen und wichtigen Vorgesetzten, da die betriebsinternen Netzwerke, die in südkoreanischen Unternehmen eine zentrale Rolle spielen, ausnahmslos von Männern besetzt sind. Die Netzwerke dienen u.a. dazu, Kommunikationskanäle aufrechtzuerhalten und persönliche Aufstiegschancen zu verbessern. Durch die männlich geprägte Kommunikationskultur dieser Netzwerke ist für Frauen der Einstieg in diese besonders schwierig. Auch Frauen, die bereits mittlere Managerpositionen erreicht haben, sind nur am Rande in die männlichen Führungsnetzwerke integriert.

Insbesondere diese geschlechtsspezifischen Unterschiede werden häufig mit der bereits erläuterten Humankapitaltheorie erklärt. Die Begründung der divergierenden Karrierepotentiale wäre in unterschiedlichen Qualifikationsniveaus zu suchen. Solche Unterschiede lassen sich aber weder in Hinblick auf den formalen Bildungsabschluss noch auf die Studienfachwahl konstatieren: Der Anteil der männlichen Führungskräfte, die über mehr als den Bachelorgrad verfügen, betrug 86,1%. Bei den weiblichen Managern lag dieser bei 94,0%. Unabhängig von ihren absolvierten Studienfächern werden weibliche Führungskräfte vor allem in Forschungs- und Öffentlichkeitsabteilungen eingestellt, auch wenn sie über dieselbe fachliche Qualifikation wie ihre männlichen Kollegen verfügen. Männer in leitenden Führungspositionen arbeiten hingegen in Marketing-, Personal- und Finanzabteilungen, auch wenn sie naturwissenschaftliche oder technische Fächer studiert haben. Daher lässt sich die zahlenmäßige Dominanz der Männer in den einflussreichen Abteilungen mit dem Humankapitalansatz nicht erklären.

Tabelle 28: Verteilung der Manager nach absolvierten Studienfächer (N=189 Personen, 96 Frauen, 93 Männer)

	Geistes– und Sozialwissenschaft		Wirtschaft		Naturwissenschaft und Technik		Textil und Design		Gesamt	
Abteilungen	Männer	Frauen	Männer	Frauen	Männer	Frauen	Männer	Frauen	Männer	Frauen
Forschung		2			3	16		1	3	19
Marketing	5	4	10	4	6	1			21	9
Personal	7	6	9	3	4	2			20	11
Finanzen	6	1	18		2				26	1
Projekte	5	6	9	6	5	9	1	9	20	30
Öffentlichkeitsarbeit		13	1	1				9	1	23
Sonstige		1		1	2	1			2	3

Quelle: Eigene Zusammenstellung von Park, K. N., 2001.

Nach der obigen Tabelle liegt es vielmehr nahe, die Ausgangsthese von Phleps und Arrow aufzugreifen und von unvollständigen Informationen hinsichtlich der Qualifikation weiblicher Führungskräfte auszugehen. Anstatt die sichtbaren Unterschiede auf die unterschiedliche Humankapitalausstattung zurückzuführen, müsste man von statistischer Diskriminierung ausgehen. Die gilt umso mehr, als auch das zweite Kriterium, welches eine Erklärung nach dem Humankapitalansatz stützen könnte, kontinuierliche männliche Erwerbsverläufe stünden diskontinuierlichen Karrierewegen weiblicher Führungskräfte entgegen, statistisch nicht haltbar ist. Weibliche Manager weisen sogar eine geringere Heiratsneigung auf als ihre männlichen Kollegen (4,8% ledige Männer stehen 25,7% unverheirateten weiblichen Führungskräften entgegen).

3.3 Kritik

Die Theorie der statistischen Diskriminierung berücksichtigt die sozialen und strukturellen Rahmenbedingungen nur ungenügend. Zwar liefert sie verschiedene Ansätze, aber zur vollständigen Erklärung der Sonderstellung der Frauen am Arbeitsmarkt ist sie kaum geeignet. Die Theorie nimmt auf die veränderten gesellschaftlichen Einstellungen zur Frauenerwerbstätigkeit keine Rücksicht, die der gesellschaftliche Wandel in den letzten Jahrzehnten hervorgebracht hat. In den Lebenszusammenhängen und Lebensläufen von Frauen haben massive Pluralisierungen und Liberalisierungen stattgefunden. Die zunehmende Qualifikation und die steigende Integration der Frauen ins Berufsleben führen zum Umbruch der gesellschaftlichen Einstellungen gegenüber die Frauenerwerbstätigkeit. Somit erhält die Erwerbstätigkeit einen immer größeren Stellenwert in der Lebensplanung von Frauen. Das klassische Lebensmodell der Frauen hat sich durch den Anspruch auf eine stärker selbst bestimmte und eigenständige Lebensplanung und Lebensführung geändert. Die Theorie der statistischen Diskriminierung kann den Wandel und die partielle Persistenz von Diskriminierungsneigungen nicht vollständig erklären.

4. Theorie des segmentierten Arbeitsmarktes

Die Theorie des segmentierten Arbeitsmarktes, die ursprünglich in den siebziger Jahren in den USA von Piore und Doeringer[79] als duale Arbeitsmarkttheorie entwickelt wurde, betrachtet die Strukturierung des Arbeitsmarktes in verschiedene Teilmärkte als zentrale Problemlage, wobei die Abgrenzung nach unterschiedlichen strukturellen Mechanismen der Zerlegung von Arbeitsplätzen und unterschiedlichen Aufstiegschancen erfolgt. Innerhalb der Arbeitsmarktsegmente sind bestimmte soziale Gruppen über- bzw. unterpräsentiert.

4.1 Erläuterung der Theorie

Diese, die Nachfrageseite von Arbeitsmärkten betonende Theorie geht davon aus, dass die Marktsegmentierung nicht zufällig, sondern sowohl nach ökonomischen Rationalitätskriterien als auch im Rahmen institutioneller Schranken erfolgt.[80] Leitgedanke dieser Theorie ist die Dualisierung des Arbeitsmarktes in „einen primären stabilen monopolistischen Kernbereich und einen sekundären, peripheren, wettbewerbswirtschaftlich organisierten Bereich, der die Anpassungsleistungen veränderter Umweltkonstellationen auffängt“.[81] Nach dieser Theorie besteht der Arbeitsmarkt aus

79 Vgl. Doeringer P. B./Piore, M. J. 1971: *Internal Labor Markets and Manpower Analysis.*
80 Vgl. Maier, F., 1998: „Ökonomische Arbeitsmarktforschung und Frauenerwerbstätigkeit; Versuch einer kritischen Bilanz“, in: Geissler, B./ Maier, F./ Pfau-Effinger, B.(Hg.), 1998, S. 17-61.
81 Vgl. Assenmacher, M., 1988, S. 112.

einem primären Sektor mit stabilen Arbeitsplätzen und einem sekundären Sektor mit instabilen Arbeitsplätzen. Der primäre Arbeitsmarkt ist durch Arbeitsplätze mit durchschnittlich guter Bezahlung, guten Arbeitsbedingungen und Karrieremöglichkeiten gekennzeichnet. Im sekundären Arbeitsmarkt befinden sich dagegen Arbeitsplätze mit niedrigeren Löhnen, schlechteren Arbeitsbedingungen und geringeren Karrierechancen.

Der primäre Sektor wird durch interne Arbeitsmärkte innerhalb der Unternehmen konsolidiert. Somit werden auf dem internen Arbeitsmarkt die Arbeitsplätze nicht primär unter Konkurrenzbedingungen belegt, sondern mit eigenen Mitarbeitern und Mitarbeiterinnen. Der interne Arbeitsmarkt wird durch administrative Regeln innerhalb der Unternehmen geleitet. Der Zugang zu solchen Positionen ist an bestimmte soziale und qualitative Voraussetzungen geknüpft. Mit den Eintrittspositionen in den internen Arbeitsmarkt sind relativ gute Aufstiegschancen verbunden. Die Entlohnung korreliert nicht primär mit der individuellen Leistung, sondern mit der Art der Berufsposition.[82] Der interne Arbeitsmarkt ist gekennzeichnet durch eine hohe Entlohnung, gute Karrierechancen und eine geringe Fluktuation. Die Tätigkeitsfelder, denen die Arbeitgeber eine niedrigere Arbeitsleistung zuschreiben, werden vom internen Arbeitsmarkt ausgeschlossen.

Der Vorteil interner Arbeitsmärkte für Unternehmen besteht in der Absicherung von Investitionen in Aus- und Weiterbildung der Mitarbeiter.

Ein Nachteil besteht allerdings darin, dass die Unternehmen bei konjunkturellen Umstrukturierungen über diese Arbeitskräfte nicht frei verfügen können.[83] Interne Arbeitsmärkte werden von Unternehmen bewusst implementiert. Berufspositionen, die nur geringe Qualifikationsanforderungen stellen, werden üblicherweise exkludiert und über den sekundären (externen) Arbeitsmarkt besetzt. Sie sind gekennzeichnet von schlechten Arbeitsbedingungen, niedriger Entlohnung, geringeren Karrierechancen und einer hohen Fluktuation. Auf dem sekundären Arbeitsmarkt herrscht der freie Wettbewerb.

---

82 Vgl. Blossfeld, H. P., 1984, S. 22.
83 Vgl. Osterloh, M./ Oberholzer, K., 1994, S. 7.

In der Regel werden Frauen dem externen Arbeitsmarkt zugeordnet, da die Unternehmen von einer niedrigeren Leistung und einer hohen Fluktuation ausgehen. Daher ist es aus der Sicht der Unternehmen nur vernünftig, wenig in die Ausbildung von Frauen zu investieren. Sie werden vorwiegend für unqualifizierte und unsichere Arbeitsplätze vorgesehen. Folge dieses geschlechtspezifischen „closed shop" ist eine alternativenlose Situation, da selbst Frauen, die in interne Arbeitsmärkte vordringen, marginalisiert werden. In der Regel auf sekundäre, externe Arbeitsmärkte verwiesen, konkurrieren sie um niedrig qualifizierte, unattraktive und prekäre Beschäftigungspositionen.

Die Theorie des segmentierten Arbeitsmarktes bringt die Diskriminierung der Frauen auf dem Arbeitsmarkt in einen Zusammenhang, in dem Frauen dem sekundären Arbeitsmarkt mit schlechten Arbeitsbedingungen, niedriger Entlohnung, geringeren Karrierechancen und hoher Fluktuation zugeordnet werden.

4.2 Aussagekraft der Theorie des segmentierten Arbeitsmarktes für Südkorea

Im Hinblick auf Südkorea stellt sich nun die Frage, ob Frauen tatsächlich, wie es die Theorie des segmentierten Arbeitsmarktes vermutet, nicht in männliche Arbeitsbereiche eingedrungen sind, und ob sich die geschlechtsspezifischen Arbeitsmarktbarrieren verfestigt haben.

Die Theorie des segmentierten Arbeitsmarktes liefert zwar eine plausible Erklärungshypothese für die Dualisierung des südkoreanischen Arbeitsmarktes zwischen Männern und Frauen im Hinblick auf ökonomische Überlegungen der Unternehmen. Frauen werden oft auf unsicheren Arbeitsplätzen eingestellt, da die Unternehmen ihnen eine niedrigere Produktivität zuschreiben und mit einer hohen Fluktuation rechnen.
Aber Frauen sind in Südkorea durch das gestiegene und das an die Männer angeglichene Ausbildungsniveau nicht ausschließlich in dem sekundären Segment vorzufinden. Sie sind in immer höherem Maße in traditionellen Männerberufen, insbesondere

im Dienstleistungssektor vertreten.
Außerdem bieten Unternehmen im primären Sektor Arbeitsplätze mit Mindestlöhnen an. Besonders in diesem Bereich sind Frauen überproportional beschäftigt. Hierin lässt sich die theoretische Ungenauigkeit dieses Ansatzes erkennen. Die Segregation des südkoreanischen Arbeitsmarktes ist nicht nur durch eine Eigendynamik des Arbeitsmarktes als Konsequenz rationaler Strategien der Unternehmen zu erklären. Zur theoretischen und empirischen Untermauerung ist die systematische Berücksichtigung der gesamtgesellschaftlichen Situation erforderlich.

4.3 Kritik

Die Theorie des segmentierten Arbeitsmarktes liefert zwar eine plausible Hypothese für die Dualisierung des Arbeitsmarktes zwischen Männern und Frauen aufgrund von ökonomischen Überlegungen der Unternehmen. Beim Segmentationsansatz kann allerdings kritisiert werden, dass sich die Analyse der Segmentierung des Arbeitsmarktes zumeist auf die Beschreibung des Ergebnisses der Arbeitsmarktstrukturierung bezieht und nicht auf deren Ursachen. Nicht zuletzt wird an diesem Ansatz kritisiert, dass dieser einseitig von der betrieblichen Beschäftigungstheorie ausgeht und ein passendes Konzept der Angebotsseite fehlt.[84]

Darüber hinaus sind Frauen durch das gestiegene und angeglichene Ausbildungsniveau nicht ausschließlich in dem sekundären Segment vertreten. Eine Arbeitsmarktspaltung besteht nicht mehr allein zwischen Männern und Frauen, sondern zunehmend auch zwischen den Frauen untereinander, die zum einen dem fachspezifischen Teilarbeitsmarkt angehören und zum anderen in den Dienstleistungsbereich integriert sind.

Dies macht zugleich eine Präzisierung des Rationalkalküls der Familien als Ursache der Arbeitsmarktsegregation notwendig. Die Erwerbssituation der Frauen sollte nicht

84 Vgl. Pfau-Effinger, B., 1993: „Macht des Patriarchats oder Geschlechterkontrakt?", in: *Prokla*: *Zeitschrift für kritische Sozialwissenschaft*, S. 633-663.

nur von der Nachfrageseite her berücksichtigt werden, sondern muss in Wechselwirkung zum Angebotsverhalten der Frauen mit ihrer familiären Situation gesehen werden. Solange in der Familie traditionelle Rollenvorstellungen vorherrschen, ist z.B. das Interesse der Frauen an Teilzeitarbeit sehr groß, so dass hier betriebliches Interesse und Erwerbswünsche übereinstimmen. Im nächsten Abschnitt folgt die Analyse eines Ansatzes, der diesen familienzyklischen Zusammenhang aufgreift.

5. Theorie des weiblichen Arbeitsvermögens

Eine Theorie, die im deutschsprachigen Raum weit verbreitet ist, ist die Theorie des weiblichen Arbeitsvermögens von Beck-Gernsheim und Ostner,[85] die sich mit den strukturellen Unterschieden von Hausarbeit und Berufsarbeit befasst und sozialisationstheoretische Ansätze mit gesellschaftlichen Arbeitsteilungsstrukturen verbindet.

5.1 Erläuterung der Theorie

Diese Theorie bringt die Arbeitsanforderungen an bestimmte Frauenberufe mit dem Charakter des Arbeitsvermögens von Frauen in Verbindung. Sie ist angebotsorientiert, da sie von einem Zusammenhang zwischen dem Verhalten der Frauen bei der Berufswahl und ihrer Berufspraxis ausgeht.

Beck-Gernsheim und Ostner versuchen, die Benachteiligung der Frauen auf dem Arbeitsmarkt durch die unterschiedlichen Bedingungen und Ziele von Frauen und Männern im Sozialisationsprozess und durch die Reproduktionsbezogenheit des weiblichen Arbeitsvermögens zu erklären. „Diese Perspektive bietet sich an, weil im Konzept des weiblichen Arbeitsvermögens ein zweifacher Bezug enthalten ist: näm-

---

85 Vgl. Beck-Gernsheim, E., 1976: *Der geschlechtsspezifische Arbeitsmarkt. Zur Ideologie und Realität von Frauenberufen*; Beck-Gernsheim, E.,/ Ostner, I., 1978: "Frauen verändern - Berufe nicht?" in: *Soziale Welt, Jg. 29*, S. 257-287; Beck-Gernsheim, E., 1980: *Das halbierte Leben. Männerwelt Beruf, Frauenwelt Familie*; Ostner, I., 1983: "Kapitalismus, Patriarchat und Konstruktion der Besonderheit Frau", in: R. Kreckel (Hg.), *Soziale Ungleichheit. Sonderheft der Zeitschrift Soziale Welt;* Ostner, I., 1993: „Zum letzten Male: Anmerkungen zum weiblichen Arbeitsvermögen“, in: Krell, G./Osterloh, M.(Hg.): *Personalpolitik aus der Sicht von Frauen - Frauen aus der Sicht der Personalpolitik: Was kann die Personalforschung von der Frauenforschung lernen?*, S. 107-121.

lich einerseits zu den Bedingungen und Zielen der Sozialisation, aus denen heraus dieses Arbeitsvermögen realgesellschaftlich entsteht, erworben und reproduziert wird – und andererseits zu den spezifischen betrieblichen Verwertungs- und Nutzungsinteressen, die zu der besonderen beruflichen Einordnung der Frauen führen."[86]

Wegen der Arbeitsteilung von Mann und Frau entwickeln Frauen ein Arbeitsvermögen, das ihrer gesellschaftlichen Rolle angepasst ist. Das weibliche Arbeitsvermögen ist nach dieser Theorie stärker arbeitsinhaltlich orientiert, während das männliche Arbeitsvermögen status- und karriereorientiert ist.

„Die spezifische Stellung der Frau im Beruf (zum Beispiel Konzentration auf relativ wenige Berufsfelder, Konzentration in den unteren Bereichen der betrieblichen Hierarchie) ergibt sich (...) *nicht nur*, wie meist angenommen, *aus betrieblich-ökonomischen Interessen und Einsatzbedingungen, sondern auch aus der grundlegenden geschlechtsspezifischen Arbeitsteilung und den damit gegebenen Besonderheiten des weiblichen Arbeitsvermögens:* Konflikte und Widersprüche, die aus dem Unterschied von beruflichem und familiär-hauswirtschaftlichem Arbeitsvermögen resultieren, haben zur Konsequenz, dass Frauen bestimmte geschlechtsspezifische \`Grundqualifikationen´, bestimmte \`nicht-berufliche´ Dispositionen in die berufliche Situation einbringen. Diese Dispositionen werden in betrieblichen Strategien aufgegriffen und für betriebliche Zwecke genutzt, so dass es innerhalb und zwischen verschiedenen Berufen zu geschlechtsspezifischer Differenzierung und Benachteiligung kommt. "[87]

So werden die „familiär-hauswirtschaftlichen Dispositionen und Orientierungen"[88] von Frauen auf dem Arbeitsmarkt als Defizit an Durchsetzungsvermögen, Ambition, Konkurrenzfähigkeit etc. angesehen, worin aber nach Beck-Gernsheim ein wichtiger Grund für die berufliche Sonderstellung der Frau liegt. *„Gerade die Bereitschaft und Fähigkeit der Frauen, andere Personen und ihre Bedürfnisse wahrzunehmen und ihre Arbeit daran auszurichten, führt –über ihre betriebliche Nutzung und berufliche Einpassung –zu den zahlreichen Formen ihrer beruflichen Unterprivilegierung.* Hier

86 Vgl. Beck-Gernsheim, E., 1976, S. 7
87 Vgl. Beck-Gernsheim, E., 1976, S. 10-11.
88 Vgl. Beck-Gernsheim, E., 1976, S. 11.

wird deutlich, wie die besonderen Interessen, Ansprüche und Orientierungen, die Frauen in die Berufe einbringen, zu ihrem eigenen Nachteil ausgenutzt und gegen sie selbst gewandt werden, indem sie als *Mangel* (an Durchsetzungsfähigkeit, Ehrgeiz, Konkurrenzverhalten, Karrierestreben usw.) und nicht als Vorhandensein inhaltlich besonderer Qualitäten und gesellschaftlich notwendiger Fähigkeiten interpretiert und bewertet werden."[89]

So verlangt die private Hausarbeit Fähigkeiten wie Fürsorglichkeit, Empathie, Solidarität und ständige Disponibilität, während die Berufsarbeit auf spezialisiertem Expertenwissen basiert. Aufgrund der unterschiedlichen Persönlichkeitsentwicklung von Männern und Frauen im Sozialisationsprozess, die durch die gesellschaftliche Arbeitsteilung in Berufsarbeit und private Hausarbeit sowie die traditionelle Zuteilung der Hausarbeit an die Frauen geprägt wird, verfügen Frauen über bestimmte Eigenschaften und Fähigkeiten.

„Die der Hausarbeit entsprechenden Qualitäten des weiblichen Arbeitsvermögens werden durch bestimmte gesellschaftliche, vor allem durch auf das Mädchen gerichtete erzieherische Arrangements hergestellt."[90]

Dieses generell eher durch reproduktionsbezogene Fähigkeiten und Handlungsweisen gekennzeichnete Arbeitsvermögen wird charakterisiert durch Erfahrungswissen, Intuition, Fürsorglichkeit und Geduld. Es wird in der Berufswelt häufig als zweitrangige Qualifikation betrachtet, abgesehen von den familiennahen Berufen, in denen genau diese Fähigkeiten gefordert sind. Das „weibliche Arbeitsvermögen" ist oft diskrepant zu den im Berufssystem erwarteten Fähigkeiten wie Leistungs- und Konkurrenzfähigkeit.

Der Einklang von Arbeitsvermögen und Arbeitsanforderung ist ein Grund dafür, warum Frauen am ehesten an Berufen interessiert sind, die dem „weiblichen Arbeitsvermögen" entsprechen, die eine gewisse Nähe zur Reproduktionsbezogenheit aufzeigen und in denen Helfen, Pflegen und soziale Kontakte eine Rolle spielen. „Indem die auf die Inhalte und Anforderungen der Hausarbeit bezogenen Fähigkeiten den Lebensentwurf von Frauen strukturieren, können sie auch dann nicht einfach abge-

89 Vgl. Beck-Gernsheim, E., 1976, S. 11-12.
90 Vgl. Ostner, I., 1978, S. 191.

schüttelt und abgeschnitten werden, wenn die Frauen im Berufsbereich tätig werden. Vielmehr bringen Frauen nicht nur ihre objektive Situation, sondern typischerweise auch bestimmte dieser „anderen", dieser „nicht-beruflichen" Verhaltensweisen in die berufliche Arbeit ein, wodurch sie anders als Männer berufliche Anforderungen wahrnehmen und auf sie reagieren. Umgekehrt bilden diese Besonderheiten des weiblichen Arbeitsvermögens den Ansatzpunkt für betrieblich-ökonomische Einsatzinteressen: Sie werden aufgenommen in der Herausbildung von speziellen „Frauenberufen", die einerseits durch eine bestimmte inhaltliche Ausrichtung, andererseits durch eine niedrige hierarchische Ausstattung charakterisiert werden. Vermittelt über betriebliche Nutzungsformen und -strategien, die der inneren Logik der Mehrwertproduktion folgen, schlagen sich die subjektiven Äußerungen des „weiblichen Lebenszusammenhangs" – nämlich die von der Eigenart der Hausarbeit geprägten Fähigkeiten und Verhaltensweisen von Frauen – in objektiven Merkmalen der Berufsstruktur nieder."[91] Die geschlechtsspezifische Persönlichkeitsentwicklung durch Sozialisations- und Qualifizierungsprozesse ist sowohl Ausgangspunkt als auch Resultat der geschlechtsspezifischen Segregation im Beschäftigungssystem.
Nach Beck-Gernsheim erklärt sich die geschlechtsspezifische Segregation auf dem Arbeitsmarkt aus dem „weiblichen Arbeitsvermögen", das für das Berufswahlverhalten und die Berufslaufbahn von Frauen eine große Rolle spielt und seitens der Arbeitgeber entsprechend ausgenutzt wird. Die Theorie liefert Erklärungsansätze für die strukturelle Verbindung zwischen Berufsarbeit und Hausarbeit.

5.2 Aussagekraft der Theorie des weiblichen Arbeitsvermögens für Südkorea

Lässt sich die Ursache für die berufliche Situation der Frauen also in der Sozialisation und der daraus resultierenden Ausrichtung der Betroffenen selbst suchen, wie es die Theorie des weiblichen Arbeitsvermögens annimmt?

91 Vgl. Beck-Gernsheim, E./ Ostner, I., 1978, S. 274-275.

Tatsächlich können auf dem südkoreanischen Arbeitsmarkt typische Frauenberufe identifiziert werden, die im Vergleich zur männlichen Erwerbsarbeit durch eine geringere Qualifikation, niedrigere Entlohnung sowie begrenzte Aufstiegschancen charakterisiert werden können.
Die geschlechtsspezifische Persönlichkeitsentwicklung im Sozialisationsprozess und die Art der Qualifizierung sind sowohl Basis als auch Ergebnis der geschlechtsspezifischen Segregation im Beschäftigungssystem des südkoreanischen Arbeitsmarktes.

Allerdings existieren in Südkorea auch „Frauenberufe", die nicht unmittelbar in Bezug zum familiennahen weiblichen Arbeitsvermögen gesetzt werden können. Eine monokausale, auf das weibliche Arbeitsvermögen rekurrierende Erklärung der geschlechtsspezifischen Arbeitsmarktsegregation verbietet sich demnach, wie in den folgenden Abschnitten ausgeführt wird.

5.3 Kritik

Der Begriff „weibliches Arbeitsvermögen" ist zwar ein Schlüsselbegriff der Frauenforschung geworden, er stößt aber zugleich auf theoretische und empirische Kritik.[92]
Der Ansatz des „weiblichen Arbeitsvermögens" ist zwar in der Lage, die Entscheidung für familiennahe Frauenberufe zu erklären, aber sie ist nicht auf andere Frauenberufe wie z.B. Bürotätigkeiten anwendbar. Es gibt viele frauentypische Berufe, die keine Beziehung zum familiennahen weiblichen Arbeitsvermögen haben.[93] Darüber hinaus kann die Etikettierung eines Berufes als „typisch weiblich" bzw. „typisch männlich" Wandlungsprozessen unterworfen sein, was insbesondere an den Berufsbildern „Lehrer/Lehrerin" oder auch „Verkäufer/Verkäuferin" sichtbar wird. [94]

---

92 Vgl. Knapp, G. A., 1988: „Die Vergessene Differenz", in: *Feministische Studien*, Jg. 6, S. 12-31; Gottschall, K., 1995: „Geschlechtsverhältnis und Arbeitsmarktsegregation", in: Becker-Schmidt, R./ Knapp, G.-A. (Hg.): *Das Geschlechterverhältnis als Gegenstand der Sozialwissenschaften*, S. 125-162.

93 Vgl. Heintz, B./ Nadai, E., / Fischer, R./ Ummel, H. 1997, S. 27.

94 Vgl. Willms-Herget, A., 1985: *Frauenarbeit. Zur Integration der Frauen in den Arbeitsmarkt*.

„Theoretisch wurde Beck-Gernsheim und Ostner vor allem eine Essentialisierung der Geschlechterdifferenz vorgeworfen. Anstatt die Brüche im weiblichen Lebenszusammenhang zu sehen und den Differenzen zwischen den Frauen Rechnung zu tragen, wurden diese als eine homogene Gruppe behandelt und im Rückgriff auf klassische Weiblichkeitsstereotypen beschrieben. Das „weibliche Arbeitsvermögen" sei nichts anderes als eine modernisierte Form der Geschlechterideologie des 19. Jahrhunderts. Ebenso problematisch sei es, den Unterschied zwischen Hausarbeit und Berufsarbeit als Modernisierungsdifferenz zu interpretieren, bei dem die Hausarbeit den „naturwüchsigen" traditionalen, die Berufsarbeit dagegen den versachlichten modernen Bereich zu repräsentieren habe... Ilona Ostner hat auf diese Kritik mit dem Vorschlag reagiert, das Arbeitsvermögen in den Plural zu setzen und von einer Vielfalt von – aber immer noch weiblichen– Arbeitsvermögen auszugehen (vgl. u.a. Ostner 1991). Das ist zwar eine Liberalisierung, aber das Grundproblem – die Unterscheidung zwischen einem weiblichen und einem männlichen Arbeitsvermögen, d.h. die Annahme einer grundsätzlichen geschlechtsspezifischen Differenz – ist damit immer noch nicht gelöst."[95] So mag der Vorschlag von Ostner zwar zur begrifflichen Schärfung beitragen, greift aber zu kurz, wenn es um die Auflösung der grundlegenden Dichotomie einer geschlechtsspezifischen Differenz zwischen männlichen und weiblichen Arbeitsvermögen geht.

Der Ansatz von Beck-Gernsheim übersieht den gesamtgesellschaftlichen Kontext der Strukturmechanismen des Arbeitsmarktes. „Eine durchgängige Gemeinsamkeit der Arbeitsinhalte von Frauenarbeitsplätzen und –berufen, die sich mit Rekurs auf das ‚weibliche Arbeitsvermögen' erklären ließe, ist jedoch - abgesehen von den frauentypischen Semiprofessionen - weder historisch noch aktuell nachweisbar (vgl. u.a. Willms-Herget 1985, Rabe-Kleberg 1993, Teubner 1989)"[96]

Als Fazit lässt sich zu den besprochenen Theorien sagen: Die oben genannten Erklärungsansätze führen die Benachteiligung der Frau im Berufssystem auf individuelle

95 Vgl. Heintz, B., / Nadai, E./ Fischer, R./ Ummel, H., 1997, S. 28.
96 Vgl. Gottschall, K., 1995, S. 138

Merkmale und vorberufliche Situationen zurück, sprich auf Arbeitsmarktstrukturen und betriebliche Organisationen sowie den Vermittlungsprozess von Arbeitskräften und Berufspositionen.

6. Fazit

Zusammenfassend kann gesagt werden, dass die oben analysierten Theorien zwar jeweils ihren Beitrag zur Erklärung geschlechtsspezifischer Arbeitsmarktsegregation leisten, aber entweder zu allgemein und oberflächlich oder in ihrer Erklärungsreichweite zu begrenzt bleiben, um, zusammen genommen, eine hinreichende Erklärung zu bieten. Sie reichen auf jeden Fall nicht aus, um explizite Gründe für die immer noch andauernde, extrem stabil bleibende Benachteiligung der südkoreanischen Frauen im Beschäftigungssystem zu liefern.

Wie aber ist das besonders deutliche Einkommensgefälle zwischen Männern und Frauen auf dem südkoreanischen Arbeitsmarkt im internationalen Vergleich zu erklären? Warum haben sie besonders geringe Karrierechancen im Vergleich zu Frauen in anderen Ländern? Warum belegen südkoreanische Frauen die untersten Ränge der beruflichen Hierarchie? Warum konzentrieren sie sich besonders auf die weiblichen Berufsfelder?
Um einen diese Fragestellungen einschließenden, plausiblen Erklärungsansatz entwickeln zu können, muss geklärt werden, welche soziokulturellen Bedingungen zur Herausbildung der Sonderstellung der Frau im Erwerbssystem Südkoreas beigetragen haben. Ferner ist es unerlässlich, die weibliche Sonderstellung innerhalb der hierarchischen Struktur des südkoreanischen Beschäftigungssystems zu charakterisieren. Die Persistenz geschlechtsspezifischer Einkommensunterschiede trotz der sich seit Jahrzehnten verbessernden Ausbildungschancen südkoreanischer Frauen verbietet die Erklärung anhand divergierender Qualifikationsniveaus. Die Gründe dafür müssen in den speziellen politischen, wirtschaftlichen und sozialen Rahmenbedingungen Südkoreas gesucht werden, da geschlechtsspezifische Erwerbstätigkeit im-

mer auch den länderspezifischen Kontext und die besonderen ökonomischen, sozialen und politischen Probleme, von denen Männer und Frauen betroffen sind, berücksichtigen muss.
Auch wenn eine Tendenz zur Vergeschlechtlichung und Hierarchisierung von Erwerbsarbeit in allen Industriegesellschaften zu beobachten ist, so variieren doch Charakter und Dynamik von Segregationsprozessen zwischen verschiedenen Gesellschaftssystemen. Die geschlechtsspezifische Arbeitsmarktstruktur kann als ein Ergebnis der tiefgreifenden gesellschaftlichen Arbeitsteilung zwischen Männern und Frauen angesehen werden.

Aus diesem Grund wende ich mich unter Berücksichtigung historischer Bedingungen und Organisationen den kulturellen Leitideen Südkoreas zu, um die heutige Sonderstellung von Frauen zu verstehen. Im folgenden soll keine neue Theorie für die Segregation am Arbeitsmarkt entwickelt werden. Vielmehr sollen spezifische kulturelle und politische Bedingungen und gesellschaftliche Werthaltungen Südkoreas aufgezeigt werden, die von zusätzlicher Erklärungskraft sind. Die geschlechtsspezifische Segregation auf dem Arbeitsmarkt, so die These dieser Arbeit, kann nur unter Berücksichtigung des Verhältnisses zwischen den verschiedenen Elementen des politischen, sozialen, wirtschaftlichen und kulturellen Systems verstanden werden.

IV. Der vernachlässigte Faktor: Koreanische Kultur und Konfuzianismus

Seit der Entstehung der Soziologie gehört die Analyse von Modernisierungsprozessen zu den zentralen Aufgaben dieser Disziplin. Einer der wichtigsten Beiträge, der auf die Bedeutung kultureller und religiöser Vorbedingungen der Modernisierung aufmerksam macht, findet sich bei Max Weber. Sein Augenmerk lag auf dem Wirkungszusammenhang von religiösen und kulturellen Wertideen einerseits und der gesellschaftlichen Ordnungsstruktur andererseits. Das Phänomen des okzidentalen Rationalismus ist, so Weber, durch die Vorherrschaft zweckrationaler Handlungsorientierungen charakterisiert. „Modernisierung" stellt in diesem Sinne für ihn die Tendenz zur „Entzauberung der Welt" dar. Weber fügt seiner These über den Zusammenhang von Protestantismus und okzidentalem Rationalismus vergleichende religionssoziologische Studien bei. Er begreift seine „vergleichende Religionssoziologie" als einen „Beitrag zu einer Soziologie und Typologie des Rationalismus"[97], welcher das Verhältnis von Religion und Rationalismus in Hinsicht auf die daraus entstehende Wirtschaftsethik aufzeigen kann. Vor diesem Hintergrund unternimmt Weber in seinen Konfuzianismus-Studien den Versuch, die Unterschiede zwischen dem konfuzianistischen Rationalismus und einem dem puritanischen Protestantismus entstammenden Rationalismus herauszuarbeiten.

Der von Max Weber analysierte zentrale Unterschied zwischen Puritanismus und Konfuzianismus lässt sich, nach Schluchter, anhand dreier Merkmale darstellen: „1. auf den Charakter der »irrationalen Verankerung« der Ethiken, 2. auf den Charakter der Trägerschichten dieser Ethiken und 3. auf den Charakter der Ordnungskonfiguration, in die diese Ethiken letztlich eingebettet sind."[98] Obgleich Weber weitreichende Gemeinsamkeiten zwischen protestantisch-puritanischem und konfuzianistischem

97 Vgl.Schluchter, W. (Hg.), 1983: *Max Webers Studie über Konfuzianismus und Taoismus. Interpretation und Kritik,* S. 27.
98 Vgl. Schluchter, W., 1983, S. 16.

Rationalismus anerkennt, benennt er zugleich grundlegende Unterschiede: „Der konfuzianische Rationalismus bedeutete rationale Anpassung an die Welt. Der puritanische Rationalismus: rationale *Beherrschung* der Welt.“[99] Weber macht in konfuzianistisch geprägten Gesellschaften Strukturmerkmale aus, die Rationalisierungsprozessen okzidentaler Prägung hemmend entgegen stehen.

„Zentral für Webers »Erklärung« der ausgebliebenen endogenen Entwicklung zum modernen Rationalismus in China ist die These vom Fehlen der starken, auf eigenen Füßen stehenden Mächte, die ökonomisch, politisch und geistig die Klammer zwischen dem patrimonialstaatlichen und dem primordialen Mechanismus hätten dauerhaft aufbrechen können“.[100]

Webers These wird bis heute viel diskutiert.[101] Seine Konfuzianismus-Interpretation wird durch eine Erklärung ergänzt, die dem wirtschaftsfeindlichen „intellektuellen Konfuzianismus“ einen wirtschaftsförderlichen „volkstümlichen Konfuzianismus“ gegenüberstellt.[102] Webers zweite These betrifft „nicht die Entstehung des rationalen Kapitalismus, sondern die Verbreitung des im Okzident entstandenen rationalen Kapitalismus“.[103] In seiner Konfuzianismus - Studie führt Weber diesbezüglich aus:

„Der Chinese würde, aller Voraussicht nach, ebenso fähig, vermutlich noch fähiger sein als der Japaner, sich den technisch und ökonomisch im neuzeitlichen Kulturgebiet zur Vollentwicklung gelangten Kapitalismus *anzueignen*. Es ist offenbar gar nicht daran zu denken, dass er für dessen Anforderungen etwa von Natur aus »nicht begabt« wäre. Aber trotz der mannigfachsten, im Verhältnis zum Okzident das Entstehen des Kapitalismus äußerlich begünstigenden Umstände ist dieser hier ebenso wenig geschaffen worden wie in der okzidentalen und orientalischen Antike oder in

99 Vgl. Weber, M., 1920/1988: *Gesammelte Aufsätze zur Religionssoziologie I,* S. 534.
100 Vgl. Schluchter, W., 1983, S. 38.
101 Vgl. Franke, H., 1966: „Max Webers Soziologie der ostasiatischen Religionen“, in: Engisch, K./ Pfister, B./ Winkelmann, J.(Hg.), 1966: *Max Weber,* S. 115-130; Schluchter, W., 1983; Eberhard, W.,1983: „Die institutionelle Analyse des vormodernen China. Eine Einschätzung von Max Webers Ansatz“, in: Schluchter, W. (Hg.), 1983: *Max Webers Studie über Konfuzianismus und Taoismus. Interpretation und Kritik*, S. 55-113 ; Roth, G. 1987: *Politische Herrschaft und persönliche Freiheit*.
102 Vgl. Berger, P. L., 1987: *The Capitalist Revolution.*
103 Vgl. Schluchter, W., 2002: „Grußwort“, in: Hans G. N. (Hg.), 2002: *Religion, Werte und Wirtschaft. China und der Transformationsprozess in Asien*, S. 8.

Indien und im Bereich des Islam, obwohl in jedem von diesen Gebieten andere, aber ebenfalls begünstigende Umstände seiner Entstehung entgegenzukommen schienen."[104]

Pohlmann[105] unterstreicht die Relevanz der Anerkennung zweier Varianten der „Konfuzianismusthese". Die erste Variante bezeichnet er als „historisch-genetische These bzw. Theorie von Max Weber". Sie geht davon aus, dass der Konfuzianismus – neben anderen Faktoren – die Entstehung des Kapitalismus in China kaum förderte. Diese erste Variante beruht auf der Bestimmung der Rolle des in den vergangenen Jahrhunderten in der gesellschaftlichen Struktur Chinas eingebetteten „intellektuellen Konfuzianismus". Dieser „historische Konfuzianismus" muss eindeutig von der zweiten Variante der These getrennt werden: „Diese handelt von den aktuellen Auswirkungen des »volkstümlichen Konfuzianismus« auf die Wirtschaftsentwicklung, also nachdem der moderne rationale Kapitalismus bereits entstanden und nach Ostasien diffundiert ist."[106] Die Begrifflichkeit von Pohlmann aufgreifend, wird sie im Folgenden als „neue Konfuzianismusthese" bezeichnet.

Die Diskussion über Rolle und Einfluss des Konfuzianismus hat seit den achtziger und neunziger Jahren des vorigen Jahrhunderts, insbesondere im Zuge der rasanten und erfolgreichen wirtschaftlichen Entwicklung in den ostasiatischen Ländern, in zunehmendem Maße an Interesse gewonnen. Viele Experten bringen die gemeinsame konfuzianische Tradition in diesen Ländern mit deren wirtschaftlichen Erfolgen in Verbindung.[107] Auf der politischen Ebene werden konfuzianische Werte betont und instrumentalisiert. Während sich Tu[108] darauf beschränkt, den Konfuzianismus Ostasiens als funktionales Äquivalent der protestantischen Ethik zu bezeichnen, geht

---

104 Vgl. Weber, M., 1920/1988: *Gesammelte Aufsätze zur Religionssoziologie* I, S. 535.

105 Vgl. Pohlmann, M., 2002: *Der Kapitalismus in Ostasien. Südkoreas und Taiwans Wege ins Zentrum der Weltwirtschaft.*

106 Vgl. Pohlmann, M., 2002, S. 29.

107 Vgl. Vogel, E. E., 1979: *Japan as Number One: Lesson for America;* Berger, P. L., 1987; Weggel, O., 1990: Zwischen Marxismus und Metakonfuzianismus: China auf dem Weg zur „Renormalisierung". in: Krieger, S. /Trauzettel, R.(Hg), 1990: *Konfuzianismus und die Modernisierung Chinas,* S. 490-505

108 Vgl. Tu, W., 1990: „Der industrielle Aufstieg Ostasiens aus Konfuzianischer Sicht", in: Krieger, S./ Trauzettel, R.(Hg.), 1990: *Konfuzianismus und die Modernisierung Chinas,* S. 41-56.

Oskar Weggel[109] noch einen Schritt weiter, wenn er ausführt: „Die Europäer sollten auf der Hut sein: Es könnte sich nämlich eines Tages herausstellen, dass das metakonfuzianische Wertesystem trotz all seiner Mängel bei der Bewältigung industrieller und postindustrieller Herausforderungen der »protestantischen Ethik« des »Westens« ebenbürtig, wenn nicht gar überlegen ist.“[110]

Die Konfuzianismus-Diskussion wurde in den neunziger Jahren von Autoren wie Redding[111] und Fukuyama[112] weitergeführt. Sie läuft, nach Pohlmann[113], Gefahr, mit der Formulierung einer „Konfuzianismusthese“ zu einer Fehlinterpretation der weberschen Konfuzianismustheorie zu führen. Sie behaupten, dass Webers Annahme darauf beruhe, dass verschiedene Kulturen bestimmte Formen des wirtschaftlichen Verhaltens hervorbrächten. Weber geht, nach Pohlmann, vielmehr von der Einzigartigkeit der protestantischen Ethik aus. Danach, so Pohlmann, muss mit Weber jeder einfachen Analogie von „Protestantismusthese“ und „Konfuzianismusthese“ widersprochen werden. „Im Zentrum steht die Aussage, dass unter genau bestimmten historischen Voraussetzungen die protestantische Ethik als ein später, zeitlich begrenzter Push-Faktor für die weitere Entwicklung des modernen rationalen Kapitalismus ins Spiel kam, die Entwicklung des kapitalistischen Geistes beförderte, die zusammen mit anderen Bedingungen der Ausdifferenzierung der Wirtschaft notwendig war, um den modernen rationalen Kapitalismus zu etablieren – und dann wegfiel.“[114]

Pohlmann[115] zufolge ist die neue Konfuzianismusthese „für einen Nachweis als bestimmende Kraft der Lebensführung“ unzureichend handlungstheoretisch fundiert, da zumeist nur von äußeren Merkmalen auf das Wirken konfuzianischer Elemente gefolgert wird. Dabei werden jedoch nicht genau die Mechanismen benannt, die die-

109 Vgl. Weggel, O., 1990.
110 Vgl. Weggel, O., 1990, S. 504-505.
111 Vgl. Redding, G. S., 1990: *The Sprit of Chinese Capitalism*; Redding, G. S., 1996: „Weak Organisations and Strong Linkages. Managerial Ideology and Chinese Family Business Network“, in: Hamilton, G. G. (Hg.): *Asian business networks.*
112 Vgl. Fukuyama, F., 1995: *Konfuzius und Marktwirtschaft. Der Konflikt der Kulturen.*
113 Vgl. Pohlmann, M, 2004: „Die Entwicklung des Kapitalismus in Ostasien und die Lehren aus der asiatischen Finanzkrise“, in: *Leviathan, Zeitschrift für Sozialwissenschaft.* 32. Jg. Heft 3, S. 360-381.
114 Vgl. Pohlmann, M, 2004, S. 374.
115 Vgl. Pohlmann, M, 2004, S. 373.

se Strukturen, Organisationen usw. bewahren. Pohlmann[116] macht den Vorschlag, diesem Defizit dadurch zu begegnen, dass man den volkstümlichen Konfuzianismus im Sinne von Berger/Luckmann[117] als „unhinterfragten Hintergrund lebensweltlicher Selbstverständlichkeit" modelliert. Der volkstümliche Konfuzianismus sorge für die kulturelle Einbettung wirtschaftlichen Verhaltens. Er forme damit Strukturen und Organisationen mit.[118]

Pohlmann[119] plädiert in diesem Zusammenhang jedoch lediglich für einen kulturbezogenen Erklärungsansatz. Er distanziert sich damit explizit von kulturalistischen, wie z.B. der US-amerikanischen Kulturtheorie, da die Verwendung des Begriffs „Kultur" in monokausaler Weise die Gefahr eines Kurzschlusses zwischen Religion und wirtschaftlicher Steuerung in sich trage.
Hier setzen auch die folgenden Überlegungen an. Sie distanzieren sich zum einen von kulturalistischen Vorurteilen und Engführungen nach dem Motto, Kultur schlägt alles mit Ähnlichkeit, die in Vorstellungen von einem konfuzianischen Kapitalismus münden, wollen zum anderen aber nicht „das Kind mit dem Bade ausschütten" und die Perspektive einer historisch-konkreten, differenzierten kulturbezogenen Erklärung aufzeigen. Ziel ist es, die zusätzliche Erklärungskraft einer kulturbezogenen Perspektive auszuloten und aufzuzeigen, welche kulturelle Prägungen zur Aufrechterhaltung einer starken geschlechtsspezifischen Arbeitsmarktsegregation führen. Dabei rücken vor allem Werte und Normen in den Vordergrund, und die kulturelle Prägekraft des Konfuzianismus tritt in das Zentrum der Erklärung. Bei den kulturellen Faktoren, die für die Stellung der Frau eine Rolle spielen, ist der Einfluss des Konfuzianismus nicht unerheblich. Ich möchte vielmehr zeigen, dass er für das politische und soziale Leben des Individuums insgesamt eine große Bedeutung hat.

In diesem Kapitel wird daher eine Untersuchung der Beziehung zwischen der konfuzianischen Tradition und der geschlechtsspezifischen Segregation vorgenommen,

---

116 Vgl. Pohlmann, M, 2004.
117 Vgl. Schütz, A../Luckmann, T. , 1979/94: *Strukturen der Lebenswelt.* Bd. 1.
118 Vgl. Pohlmann, M, 2004, S. 375.
119 Vgl. Pohlmann, M., 2005: „Die neue Kulturtheorie und der Streit um Werte", in: *Soziologische Revue,* Jg. 28, S. 3-14.

ohne dass von einer bruchlosen Übersetzung konfuzianischer Werte in Alltagshandeln ausgegangen oder das theoretische Zwischenstück der notwendigen gesellschaftlichen Strukturbildung vernachlässigt wird. Es handelt sich also um den Versuch einer kulturbezogenen, aber nicht kulturalistischen Erklärung. Ich beginne diesen Versuch mit einer längeren historischen Herleitung, der in die Tradition des Konfuzianismus in Südkorea einführt, ohne welche das Fundament einer kulturbezogenen Erklärung fehlen würde. Danach soll auf die Bedeutung kultureller Werte während der Industrialisierung Südkoreas eingegangen werden. Entsprechend einer kulturbezogenen Erklärung sollen dann Strukturformen thematisiert werden, welche kulturelle Werte in Handlungsorientierungen übersetzen und so um das in einer kulturalistischen Erklärung oft fehlende "theoretische Zwischenstück" ergänzt werden. Dabei konzentriert sich die Arbeit vor allem auf drei gesellschaftlich-institutionelle Strukturierungsformen: auf die Familienform, die Unternehmensform, insbesondere die koreanischen Unternehmenskulturen, sowie auf die staatlichen Institutionen der Wohlfahrts- und Sozialpolitik, soweit diese konfuzianische Werte spiegeln. Ein abschließendes Fazit soll kritisch würdigen, welche Erklärungsreichweite man mit der Einführung eines solchen zusätzlichen Faktors erreicht.

1. Historische Herleitung: Konfuzianische Werte in der vormodernen Gesellschaft

Um zu verstehen, wie konfuzianische Traditionen im Bewusstsein der Koreaner verankert sein und sich in zentralen Institutionen der Gesellschaft widerspiegeln können, ist eine Betrachtung der Werte und Normen des gelehrten Konfuzianismus insbesondere in Bezug auf die Stellung der Frau notwendig. Dies soll im Folgenden geleistet werden.

1.1 Einführung des Konfuzianismus in Korea

Der Konfuzianismus[120] wurde in China vor 2500 Jahren durch die Lehre des Konfuzius (geb. 551 v. Chr.) als ein von einigen Intellektuellen angenommenes moralisches Prinzip begründet. In Korea wurde der Konfuzianismus zur Zeit des *Vereinigten Shilla - Reichs* als eine Verwaltungsethik verstanden, die mit ihrem Konzept hierarchisch organisierter Sozialbeziehungen der Legitimation aristokratischer Herrschaft diente.[121] Der Religionsgedanke stand eher im Hintergrund.

Schamanismus und Buddhismus blieben bis zum folgenden *Koryo-Reich* (918-1392) die vorherrschenden Lehren. Der Buddhismus war Staatsreligion sowohl im *Vereinigten Shilla-Reich* als auch im *Koryo–Reich.*[122] Die Intellektuellen des *Koryo-Reichs* nahmen den Konfuzianismus als eine Form der literarischen Bildung an und sahen ihn als ein politisches Prinzip bzw. als moralisches System.[123] Die bedeutende Stellung des Buddhismus als Staatsreligion verhinderte, dass sich der Konfuzianismus in dieser Zeit zu einer Religion entwickeln konnte. „Der Konfuzianismus koexistierte mit dem Buddhismus und dem Volksglauben auf eine spezifische Weise. Für das Alltagsleben der Bevölkerung hatte er im begrenzten Sinn nur eine moralisch-

---

120 Ein grundsätzliches Interesse von Konfuzius galt „dem chinesischen Altertum, dessen Gebräuche er studierte, um später die großen Gestalten der Vergangenheit seinem Volk als Vorbilder vor Augen zu stellen. Er trug in sich das lebendige Bewusstsein der Auserwähltheit und der Berufung zu praktischem Handeln, um die zerfallene chinesische Welt wieder in Ordnung zu bringen. Sein Grundgedanke war, dass in der Zeit des Zerfalls des Reiches, der Friedlosigkeit und Zerrüttung, der Mensch allein durch die `Erneuerung des Altertums´ gerettet werden könne. Er war vor allem bemüht um die innere Verfassung jedes einzelnen Menschen als Glied des Ganzen. Hinter seiner Lehre stand aber keine religiöse (orgiastische oder auf Orakeln beruhende) Urerfahrung, und er kannte auch keine Offenbarung irgendeines Gottes. ...... Zwar hat Konfuzius seine Anschauungen nicht zu einem übersichtlich gegliederten, in sich geschlossenen System geordnet. Trotzdem kann man seine Lehre ein moralphilosophisches System nennen und die einzelnen Aussagen so gruppieren, dass sie ein logisch zusammenhängendes Ganzes bilden, das auf einen einheitlichen Ausgangs- und Endpunkt hinzielt". (Vgl. Cha, S. H., 1989: *Demokratie ohne öffentliche Ethik?, Zur Soziologie der religiösen Denkstruktur der Intellektuellen in Korea,* S. 73-74).

121 Vgl. Jetzkowitz, J. / König, M., 1998: „Religion und gesellschaftliche Entwicklung in Südkorea. Überlegungen zu einer soziologischen Analyse von Modernisierung im ostasiatischen Kontext", in: Keil, S./ Jetzkowitz, J./ König, M.(Hg.), 1998: *Modernisierung und Religion in Südkorea,* S. 30.

122 Einige Könige der *Koryo*-Zeit haben den Konfuzianismus gefördert zur Verhinderung der politischen Einmischung der buddhistischen Priester.

123 Vgl. Cha, S. H., 1998: „Die neukonfuzianischen Werte und die Industrialisierung in Korea", in: Keil, S./ Jetzkowitz, J./ König, M.(Hg.), 1998: *Modernisierung und Religion in Südkorea,* S. 79.

politische, keine religiöse Bedeutung. Dies wird auch daran deutlich, dass die offizielle Bezeichnung für den Konfuzianismus in Korea wie in China die „Lehre der Literaten" (koreanisch *Yugyo* oder *Yuhak*, chinesisch *Ju kiao*) war und ist. Der spezifische Charakter des koreanischen Konfuzianismus hat sich vor allem im Zusammenhang mit dem besonderen Interesse seiner Träger, der Intellektuellen, und deren Begünstigung und Unterstützung durch die Regierung entwickelt. Mit anderen Worten: Sein Charakter wurde wesentlich von der Denkstruktur der entsprechenden Intellektuellen geprägt."[124]

Nach der Blüte des Buddhismus wurde der Konfuzianismus während der *Yi-Dynastie* (1392-1910)[125] in Form des Neokonfuzianismus zur dominierenden Lehre. Die Vertreter des Neokonfuzianismus[126] gewannen mehr und mehr an politischem Einfluss und etablierten ihre Lehre als politisch-ethisches System und zum Gesamtkonzept einer Sozialordnung. Der Neokonfuzianismus wurde von der Schicht der Intellektuellen als Legitimationsinstrument in der koreanischen Gesellschaft institutionalisiert. Die konfuzianische Lehre, „die im Gegensatz zum Taoismus weniger auf das Innere und damit auf die Gestaltung der Persönlichkeit als vielmehr auf den interpersonalen Bereich und in Konsequenz auf die moralische Basis für eine friedfertige Gesellschaft gerichtet ist"[127], war bis zum Aufkommen des Christentums im 19. Jahrhundert die maßgebliche Denkrichtung in Korea. Weil sich die Trägerschicht des Konfuzianismus hauptsächlich aus Beamten rekrutierte, wurde der Konfuzianismus völlig in das Herrschaftssystem der Regierung integriert.[128]

124 Vgl. Cha, S. H., 1998, S. 79-80.

125 Man nennt sie auch Choson-Dynastie und Lee-Dynastie.

126 Der Neokonfuzianismus (*Seong Ri Hak*) wurden Ende des 13. Jahrhunderts aus China eingeführt. Er diente bis Ende des 14. Jahrhunderts hauptsächlich zur neuen Interpretation der konfuzianischen Philosophie. „Das Seong Ri Hak behandelte die innere Natur des Menschen und war jener Zweig des Konfuzianismus, der Ethik und Philosophie im Rahmen der konfuzianischen Lehre als besonders betrachtet, während der orthodoxe Konfuzianismus die wörtliche Interpretation der konfuzianischen Lehre zum Hauptthema bestimmte. Seong Ri Hak interpretierte nicht wörtlich-philologisch, sondern versuchte, die Ideen von Konfuzius, Menzius und anderer konfuzianischer Denker direkt zu verstehen." (Shin, Y., 1995: *Politische und ideengeschichtliche Entstehungsbedingungen des Sozialstaates: Ein Vergleich zwischen Deutschland und (Süd-) Korea*, S. 160).

127 Vgl. Scharnweber, D., 1997: *Die politische Opposition in Südkorea: im Spannungsfeld von tradierter politischer Kultur und sozioökonomischer Entwicklung*, S. 72.

128 Vgl. Cha, S. H., 1998, S. 51.

Männer und Frauen waren in Korea vor der Verbreitung des Konfuzianismus relativ gleichgestellt. Die Frauen arbeiteten gleichermaßen wie die Männer in der Landwirtschaft und gestalteten das allgemeine kulturelle Leben in den Dörfern maßgeblich mit.[129] In *Alt-Shilla* (57 v. Chr. – 668 n. Chr.) regierten drei Königinnen, und zwar aus eigenem Erbrecht, nicht als weiterregierende Witwen eines verstorbenen Herrschers.[130] In dieser Zeit gab es auch weibliche Offiziere beim Militär.[131] Männer und Frauen besaßen bis zu Beginn der *Yi-Dynastie* die gleichen Erbrechte,[132] was die wirtschaftliche Unabhängigkeit der Frau von ihrem Ehemann sicherte. Bis zum Ende des 17. Jahrhunderts wohnten junge Ehepaare nach der Heirat ca. 3 bis 5 Jahre im Elternhaus der Frau,[133] und die Sippenregister registrierten Töchter wie Söhne in der Reihenfolge ihrer Geburt. So waren Männer und Frauen aufgrund von Abstammungsprinzipien in der Erbfolge gleichgestellt.[134] Hatte eine Familie keine männlichen Nachkommen, war es nicht notwendig, Söhne zu adoptieren.[135]

1.2 Konfuzianische Kultur im Umfeld koreanischer Zivilreligion

Der *Schamanismus*, der Geister und Natur verehrt, war die ursprüngliche Religion der archaischen, nach Abstammungslinien strukturierten koreanischen Gesellschaft, die ab dem 4. vorchristlichen Jahrtausend in Korea nachzuweisen ist.[136] Bis in die Zeit der „Drei Reiche" (57 v. Chr. – 668 n. Chr.) hatte der Schamanismus[137] in Korea

129 Vgl. Kim, H. S., 1989: „Frauenbewegung in Südkorea", in: *Frauenbewegungen in der Welt 1989*, Bd.2 Dritte Welt, S. 191.

130 Vgl. Schoenfeld, E., 1996, S. 310-311.

131 Vgl. Kim, S. Ch., 1993: *Notwehrrecht und Rechttsstruktur. Eine Studie zur Rechtsentwicklung in Korea,* S. 45.

132 Vgl. Zaborowski, H.- J., 1994: Lebensaltersstufen und Rollenverhalten in Ostasien, in: Imhof, A. E./ Weinknecht, R.(Hg.), 1994: *Erfüllt leben - in Gelassenheit sterben. Geschichte und Gegenwart: Beiträge eines interdisziplinären Symposiums vom 23.-25. November 1993 an der Freien Universität Berlin,* S. 307- 326.

133 Vgl. Kim, S. Ch., 1993, S. 45-46.

134 Vgl. Peterson, M. A. , 1996: *Korean Adoption and Inheritance. Case Studies in the Creation of a Classic Confucian Society*, S. 4.

135 Vgl. Pak, J. S., 1990, *Familie und Frauen in Korea. Die feministische Herausforderung. Konfuzianische patriachale kapitalistische Gesellschaftsform*, S. 18.

136 Vgl. Jetzkowitz, J. / König, M., 1998, S. 27.

137 Im Schamanismus vollzieht sich nun „eine gesellschaftliche Binnendifferenzierung, die über die biologischen Kriterien Geschlecht und Alter hinausgeht, denn die Pflege des religiösen Wissens und die Ausübung von Ritualen machen mit zunehmender Komplexität die Rolle eines religiösen Spezia-

eine große Bedeutung. Mit der allmählichen Spezialisierung religiöser und anderer Funktionen, etwa im politisch-militärischen oder im merkantilen Bereich,[138] ging die Ausbildung von sozialer Schichtung einher, die letztlich aber erst während der Zeit der „Drei Reiche" *Koguryo, Paekche und Sillah,* ab dem 3. Jahrhundert n. Chr. vollständig institutionalisiert wurde.

Im Alltagsleben der Frauen in Korea ist der Schamanismus, eine koreanische Volksreligion, bis heute fest verwurzelt. Zahlreiche Frauen waren und sind Schamaninnen. Der Schamanismus hatte durchaus positive Seiten für die Stellung der Frau.

„Hier sind zu nennen:

- Familienzentrierung als gesellschaftlicher Wert, entsprechende positive Bewertung der Frauenrolle innerhalb der Familie,
- Elemente matriarchalischer Wertvorstellungen im Alltagsleben der Familie (z.B. die Möglichkeit der Frauen, durch religiöses Tun Einfluss auf das Wohlergehen der Familie zu nehmen) und
- ein Potenzial der Akzeptanz von Frauen, das in der Familie latent stets vorhanden ist und im Widerspruch zu der patriarchalischen Struktur der Gesellschaft steht."[139]

Der Schamanismus ist in mehrfacher Hinsicht als eine Frauenreligion zu betrachten.[140] Frauen sind seine wichtigste gesellschaftliche Trägergruppe und die mit dem

listen und einer religiösen Spezialistin erforderlich (Chung, Ch.S., 1982, S. 609). Die Schamanen wurden entweder „durch einen Geist berufen," oder aber sie erlangten ihr Amt durch Vererbung oder Erlernung. Sie versuchen als religiöse Spezialisten, Wahrsager, Priester und Heiler in Form einer Zeremonie zwischen den sich physisch oder psychisch bedroht fühlenden Menschen und den Geistern eine positive Verbindung herzustellen und Unheil von den Menschen abzuwenden (Vgl. Scharnweber, D., 1997, S. 63). Schamaninnen werden in Korea *„Mu-dang"* und die männlichen Schamanen *„Pak-su"* genannt. Im Schamanismus kommt der Zeremonie, bei der Anhänger, Schamanen und Götter miteinander zusammentreffen, die entscheidende Bedeutung zu (Lee, J. J., 1998, S. 112). „Während einer solchen Zeremonie rufen die Schamanen die Götter herbei, erfreuen sie mit Tanz, Gesang und Opfern, teilen den Anhängern deren Gottesworte mit und schicken sie dann zurück."(Cho, H.Y., 1982: *Koreanischer Schamanismus. Eine Einführung,* S. 8).

138 „It is believed that in the earlier stages of the historical process in Korea religious and political functions were combined as one, and that the two became distinct as more formidable political power developed. This is because ruling political elites were now content with secular power alone and entrusted religious ceremonies to masters of ritual." (Lee, K. B. 1985: *A New History of Korea*, S. 32).

139 Vgl. Chang, J. S., 1993: *Die koreanische Familie in Korea - im Spiegel von Frauen- und Familienleben in der Mittelschicht: Eine empirische Untersuchung,* S. 22.

140 Heute wird der Schamanismus hauptsächlich über Schamaninnen repräsentiert.

Schamanismus verbundenen Elemente des Matriarchats beeinflussen die koreanische Familie stark. Der Konfuzianismus drängte den Schamanismus zwar in den Hintergrund, das schamanistische Denken blieb in der koreanischen Gesellschaft jedoch erhalten und ermöglichte die Entwicklung Koreas zu einer multireligiösen Gesellschaft.

Der Buddhismus[141] verhielt sich nach seiner Einführung im Jahre 372 n. Chr. kooperativ gegenüber dem Schamanismus. Zahlreiche Formen von schamanistischen Ritualen wurden in das buddhistische Zeremoniell integriert. Der Buddhismus verbreitete sich zunächst in den Oberschichten. Er fand große Verbreitung nach der Vereinigung der „Drei Reiche“ *(Sam-Kuk)* durch das *Shilla-Reich* im Jahre 668 n. Chr. und wurde zur Staatsreligion. Noch heute ist Südkoreas Kultur nachhaltig von ihm geprägt. In der Tradition des *Mahayana-Buddhismus* wendet sich der Mensch aufgrund der individuellen Befreiungsvorstellungen nach innen. So nimmt diese Religion vor allem Einfluss auf die kulturelle Ebene[142] und weniger auf staatliche, politische Strukturen. Eine unterschiedliche Bewertung der Rechte von Männern und Frauen gab und gibt es im Buddhismus nicht. Nicht der buddhistische Einfluss, sondern die patriarchische Sozialstruktur war die Ursache für die untergeordnete Stellung der Frau. Die universalistischen Auffassungen des Buddhismus wurden mit der Verbreitung der konfuzianischen Ethik in der *Yi-Dynastie* unterdrückt.

1.3 Grundprinzipien des Konfuzianismus

Die Lage der Frauen verschlechterte sich deutlich mit der Übernahme des Neokonfuzianismus als Verwaltungsethik und herrschende Legitimationsideologie der hierarchisch gegliederten gesellschaftlichen Ordnung sowie mit dem auf der ständischen Struktur basierenden politischen System in der *Yi-Dynastie*. Die Lehren des Konfuzi-

141 Der Buddhismus wurde im Lauf des 4. Jahrhunderts über China nach Korea eingeführt: zuerst in den nördlichen Staat *Koguryo,* danach in den südwestlichen Staat *Paeckchae* und dann in das südöstliche *Shilla-Reich.*

142 Vgl. Jetzkowitz, J. / König, M., 1998, S. 27.

anismus, welche die ideologische Grundlage der *Yi-Dynastie* bildeten und innerhalb der Herrschaftsverhältnisse (König- und zentralisiertes Beamtentum) „eine strikt hierarchische ständische Sozialstruktur auf der Grundlage der landwirtschaftlichen Produktionsweise und des patriarchalischen Familiensystems“[143] aufbauten, besitzen nur einen geringen religiösen Charakter. Sie bilden vielmehr die ethische Grundlage für das alltägliche Leben und das Regelwerk des gesellschaftlichen Umgangs.

Neben Pflichtbewusstsein und Solidarität werden Wertekonzepte wie persönliche Pietät und hierarchisches, patriarchalisches Familienverständnis gefördert. „Alle Sozialethik war hier lediglich eine Übertragung organisierter Pietätsbeziehungen auf andere, die ihnen gleichartig gedacht wurden. Die Pflichten innerhalb der fünf natürlichen sozialen Beziehungen: zum Herrn, Vater, Ehemann, älteren Bruder (einschließlich des Lehrers) und Freund, enthielten den Inbegriff aller unbedingt bindenden Ethik.“[144]

Die Grundprinzipien des Konfuzianismus sind die besondere Betonung der „drei Handlungsanweisungen (*Samgang*)“ und der „fünf ethischen Grundsätze für die Gliederung der Gesellschaft (*Oryun*)“ zwischen Herrscher und Untertan, Ehemann und Ehefrau, Vater und Sohn, zwischen Älteren und Jüngeren und zwischen Freunden.

Die „drei Handlungsanweisungen (*Samgang*)“ sind:

1. Der König ist das Vorbild für seine Untertanen.
2. Der Vater ist das Vorbild für seinen Sohn.
3. Der Ehemann ist das Vorbild für seine Frau.

Die „fünf ethischen Grundsätze für die Gliederung der Gesellschaft (*Oryun*)“ können als Kernordnung und gegenseitige Verpflichtungsform wie folgt dargestellt werden:

143 Vgl. Park, J. S., 1999: *Netzwerkgesellschaft im Wandel. Die Rolle des sozialen Kapitals zur primären kumulativen Kapitalbildung am Beispiel Südkoreas,* S. 32.
144 Vgl. Weber, M., 1920/88, S. 494.

1. In der Beziehung zwischen Vater und Sohn soll Liebe und Vertraulichkeit herrschen.
2. In der Beziehung zwischen Ehemann und Ehefrau soll eine Asymmetrie bestehen.
3. In der Beziehung zwischen Älteren und Jüngeren soll es die Ehrfurcht des Jüngeren geben.
4. In der Beziehung zwischen Freunden soll gegenseitige Treue herrschen.
5. In der Beziehung zwischen König und Untertanen soll Gerechtigkeit walten.

Nach *Samgang-Oryun* ist das Kind gegenüber dem Vater zum Gehorsam verpflichtet, der Jüngere gegenüber dem Älteren zu Gehorsam und Respekt, der Freund gegenüber dem Freund zu Treue und Zuverlässigkeit und der Untertan gegenüber dem Herrscher zu Loyalität. Außerdem soll es eine klare Rollenverteilung zwischen Ehemann und Ehefrau geben.

In der konfuzianischen Gesellschaft bestimmte sich der Rang zuerst nach dem Stand, danach nach dem Alter und schließlich nach dem Geschlecht.[145] Der König führt das Volk. *Yangban*[146] waren höherrangig als *Chungin,*[147] *Sangmin*[148] und *Nobi,*[149] unabhängig von Alter und Geschlecht. Im gleichen sozialen Stand waren die Jüngeren den Älteren, die Frauen den Männern untergeordnet. In der *Yi-Dynastie* herrschten, je nach Klassenzugehörigkeit, strenge Denk- und Verhaltensweisen. Diese bildeten die Basis einer gesellschaftlichen Statusakzeptanz der Klassenstruktur.

Die Rechtfertigung der Unterordnung der Frau wird im Konfuzianismus wie folgt begründet: „Konfuzius nannte den Mann auch den Führer, der über Himmel und Erde herrschen soll."[150]

145 Vgl. Kim, S. Ch., 1993, S. 45.
146 Die Bezeichnug *„Yangban"* umfasst die tätigen Beamten, die Zivil- oder Militärbeamte waren.
147 Zu dieser Standeszugehörigkeit waren Gruppen wie technische Beamte, außereheliche Kinder von *Yangban*, untere Verwaltungsfunktionäre und Armeeoffiziere zu zählen.
148 Zu *Sangmin* gehörten Bauern, Handwerker und Händler.
149 Die staatlichen und privaten Sklaven (*Nobi*) nahmen in der Gesellschaft die unterste Stellung ein.
150 Vgl. Lee (Son), D. S., 1986: *Armut und Sexismus in Korea. Zur Lebens- und Arbeitssituation von*

Der Begriff „Mann" meint den „Verantwortlichen", und „Sohn" steht für „Nachwuchs"[151]. Gehorsamkeit, Duldsamkeit und Opferbereitschaft werden in der konfuzianischen Gesellschaft als Tugenden einer idealen Frau verherrlicht, während Herrschertum, Stärke und Intelligenz als männliches Ideal verstanden werden.[152] Damit waren im gelehrten Konfuzianismus die Grundlagen für eine wachsende Diskriminierung der Frauen geschaffen. Die Diskriminierung der Frau in Korea begann nach Pak u.a. mit dem Einzug des Konfuzianismus.[153]

1.4 Das Familiensystem als geschlechtshierarchie-konstituierender Faktor

Im Konfuzianismus stehen Familie und soziales Verhalten im Vordergrund. Die Harmonie des familiären Zusammenlebens als Basis für die soziale Ordnung und die Gestaltung der verschiedenen Beziehungen ist wichtiger als die individuelle Selbstverwirklichung. Die Grundprinzipien des konfuzianischen Familiensystems sind Rangordnung und Kollektivismus. Die Beziehungen zu Familienmitgliedern, Verwandten und Nachbarn sind hochwertiger als das Interesse des Individuums, das erst im Zusammenhang mit der Familie Bedeutung erhält.

Autorität, kindliche Ergebenheit und Loyalität gegenüber den Familienmitgliedern werden als wichtige Werte der Familie betont. Das Verhältnis zwischen den Familienmitgliedern wird von den Hierarchien nach Alter und Geschlecht geprägt, was sich unter anderem in der koreanischen Sprache mit ihren verschiedenen Höflichkeits- und Anredeformen widerspiegelt.

Sowohl in der Gesellschaft als auch in der Familie wurden die hierarchischen Beziehungsregeln verinnerlicht. Der Mensch wird nicht als ein autonomes Individuum

---

Slumfrauen, S. 11.
151 Vgl. Stopczyk, A., 1979: *Muse, Mutter, Megäre. Was Philosophen über Frauen denken?*
152 Vgl. Lee (Son), D. S., 1986, S. 11-12.
153 Vgl. Pak, J. S., 1990, S. 17.

betrachtet, sondern ist „lediglich Glied einer zwischenmenschlichen Beziehungskette und insofern der Gruppe (Familie, Klan oder Dorfgemeinschaft) untergeordnet.“[154] Die Verhältnisse zwischen den Familienangehörigen waren über Jahrhunderte hinweg von dieser hierarchischen Struktur geprägt. Nach der konfuzianischen Verhaltensethik wurde die Ordnung im Haus durch den Gehorsam gegenüber den Älteren, der Kinder gegenüber den Eltern und der Frau gegenüber dem Ehemann aufrecht erhalten.

Die Großfamilie lebte unter einem Dach und arbeitete im eigenen Rahmen oder zusammen mit Nachbarn, die in der Regel Angehörige der gleichen Großfamilie, der gleichen Sippe waren. Das Oberhaupt der Familie konnte nur ein Mann sein, dessen Würde als Patriarch besondere Bedeutung hatte. Er hatte die alleinige Entscheidungsgewalt zu allen Fragen, während alle anderen Familienmitglieder ohne Widerspruch zu folgen hatten und ihm zum Gehorsam verpflichtet waren. Im Erbgang gab es ein Privileg des ältesten Sohnes.

Die Frauen hingegen waren gesellschaftlich sehr niedrig gestellt und sowohl dem Ehemann als auch ihren Söhnen untergeordnet. Die Beziehung zwischen Mann und Frau innerhalb der Familie war eine hierarchische, die durch die konfuzianische Ethik festgeschrieben wurde. So waren die Frauen durch den Prozess der Konstruktion von Hierarchie zwischen den Geschlechtern mehrfachen Belastungen ausgesetzt.

Die Familie wurde nicht nur als gesellschaftliche Gruppe und wirtschaftliche Einheit verstanden, sondern auch als eine Kultureinheit: Das älteste männliche Familienmitglied übernahm die Funktion des Familienoberhauptes und war verantwortlich für die Ahnenopfer. Die Kernfamilie bestand aus jüngeren, unverheirateten Geschwistern, dem ältesten Sohn mit Frau und Kindern sowie den Großeltern. Die Beziehungen zwischen Eltern und Kindern waren vom kindlichen Gehorsam bestimmt.[155]

In den Familien der höheren sozialen Kreise, die zunächst die stärksten Träger-

154 Vgl. Scharnweber, D., 1997, S. 73.
155 Vgl. Zaborowski, H.-J., 1994, S. 316-317.

schichten des Konfuzianismus bildeten, waren die Handlungs- und Lebensbereiche von Männern und Frauen räumlich getrennt. Vom 7. Lebensjahr an durften Jungen und Mädchen nicht mehr zusammensitzen, nicht einmal mehr zusammen spielen.[156] Die räumliche Trennung nach dem Geschlecht, die eher in den höheren sozialen Schichten galt, aber bewusst oder unbewusst bis in die Moderne hinein auch das Familienleben beeinflusste, führte zu einer extremen Rollenverteilung zwischen beiden Geschlechtern, die bis heute für die starke horizontale Segregation zwischen Männern und Frauen auf dem Arbeitsmarkt verantwortlich ist.[157]

1.5 Geschlechtsdifferenzierung und Geschlechtshierarchie

Die räumliche Trennung der Geschlechter dient der Konstruktion der Geschlechterhierarchisierung und der Geschlechtsdifferenz. Sowohl die Reproduktion einer geschlechtsspezifischen Hierarchie als auch der Prozess der Statuszuteilung sind die Folge einer strikt geschlechtsspezifischen Sozialisation, welche durch die horizontale Polarität zwischen Jungen und Mädchen unterstrichen wird. Die soziale Konstruktion der Geschlechter konvergiert mit der Zuweisung bestimmter Tätigkeiten. In der konfuzianischen Gesellschaft hat sich eine besondere Form der geschlechtsspezifischen Arbeitsteilung in der Privatsphäre und dem öffentlichen Leben herausgebildet. Die geschlechtsspezifische Sozialisation führt zur Reproduktion spezifisch männlicher bzw. weiblicher Rollenerwartungen, die wiederum in sozial akzeptierte Verhaltensweisen übersetzt werden. Die Persistenz dieser geschlechtsspezifischen Rollenmuster generiert eine soziale Hierarchie, die die Männer tendenziell über die Frauen positioniert. Diese Arbeitsteilung bewirkt in vertikaler Trennung eine Über- und Unterordnung der Geschlechter.

156 Die Bevölkerung der unteren Schichten hatte diese Regeln nicht zu befolgen. Frauen der Unterschicht waren aktiv an der Arbeit beteiligt. Diese wirtschaftliche Aktivität gab Frauen der unteren Schichten größere Freiheit.

157 Vgl. Lee (Son), D. S., 1986, S. 6-20.

Die Söhne der höheren sozialen Schichten, herausragend in den Trägerschichten des Konfuzianismus, lernten im männlichen Bereich des Hauses oder in Bildungsinstituten chinesische Texte mit konfuzianischen Inhalten zur Vorbereitung auf die Staatsprüfungen, deren erfolgreicher Abschluss die Tür zum öffentlichen Leben und zu den Ämtern öffnete. Hingegen hatten die Mädchen und die unteren Bevölkerungsschichten keine Gelegenheit, eine formale Bildung zu erwerben. Mädchen erhielten im Inneren, im Frauenteil des Hauses, eine informelle Erziehung, die nicht die individuelle und soziale Entwicklung der jungen Frauen zum Ziel hatte, sondern sich hauptsächlich auf die konfuzianische Wertevermittlung, wie z.B. Gehorsamkeit gegenüber dem Patriarchen und die Sorge um das Haus und die Familie bezog. Viele Mädchen sahen ihre Lebensaufgabe allein in der Familienarbeit, Kindererziehung und Fortpflanzung des männlichen Geschlechts (besser: dem Gebären männlicher Nachkommen).

Der Konfuzianismus verfügte insbesondere im Hinblick auf die Sozialisation der Kinder über eine ernorme Prägekraft. Vermittelt über sozial hochgestellte Trägerschichten, fand primär über die Institution Familie und, daran anknüpfend, des Staates eine gesellschaftliche Verallgemeinerung konfuzianistischer Werte statt. Die Familie war und ist dabei die entscheidende Institution für die Vermittlung der geschlechtsspezifischen sozialisatorischen Werte. In der konfuzianisch orientierten Familie werden Handlungsanforderungen wie geschlechtstypische Verhaltensnormen, geschlechtliche Arbeitsteilung, geschlechtsspezifische Asymmetrien und die damit verbundene gesellschaftlich unterschiedliche Bewertung von Männlichkeit und Weiblichkeit an die Kinder vermittelt. Durch geschlechtsspezifische Sozialisationsprozesse, die nicht auf die Kindheit als Phase der Primärsozialisation beschränkt sind, sondern sich vielmehr im gesamten Lebensverlauf finden lassen, werden Minderwertigkeit und die untergeordnete Rolle der Frau gerechtfertigt. Auch die traditionelle Frauenbildung, in der Werte wie Pietät, Treue, Gehorsam, Opfergeist als Verhaltensweisen einen zentralen Platz einnehmen, trägt zur Aufrechterhaltung der tradierten Geschlechterhierarchie bei.

Mit der Geschlechtsdifferenz geht nicht nur eine spezifische Teilung von Zuständigkeiten, sondern meist auch von Wertigkeiten einher: So hatte der Mann den Status des Familienoberhauptes inne, während die Frau mit der Hausarbeit die dienende und helfende Funktion übernahm. Äußere Angelegenheiten, die den Männern zustanden, wurden als legitime öffentliche Arbeiten anerkannt. Die Zuständigkeit der Frau für den inneren, privaten, nichtöffentlichen Bereich wurde als selbstverständlich angesehen und damit als kultureller Wert verinnerlicht. Diese geschlechtsspezifische Rollenverteilung impliziert auch eine hierarchische Verteilung sozialer Bewertungen. Die konfuzianische Ethik schreibt dem Mann Macht und Verantwortung im öffentlichen Leben zu, während die Frau auf den privaten Bereich verwiesen und primär als erziehende Mutter gesehen wird.[158]

Die geschlechtsspezifische Rollenzuweisung beschränkt die Freiheit der Frau und ihre Partizipationschancen in der Gesellschaft. Eine Schlüsselrolle hinsichtlich der begrenzten Partizipation der Frauen kommt deren nicht vorhandenen Zugang zum Beamtenstatus zu, da die Beamten in der konfuzianisch geprägten Gesellschaft die herrschende Schicht darstellen. Beamte, welche die höchsten Positionen der politischen und militärischen Institutionen innehatten, wurden durch staatliche Prüfungen ausgewählt, in denen Kenntnisse auf dem Gebiet des Konfuzianismus überprüft wurden. Die Vergabe vieler wichtiger Ämter konzentrierte sich auf Literaten und Staatsbeamte. Die Bürokraten übernahmen nicht nur eine Funktion in der Regierung, sondern bildeten auch die politische Elite sowie die Intellektuellen. Unteren Schichten und der weiblichen Bevölkerung wurde der Zugang zu formaler Bildung als Voraussetzung für die Teilnahme an den Examina verwehrt. Sie hatten dadurch keine Chancen, in den Beamtenstatus aufzusteigen, da der Zugang über staatliche Prüfungen, in denen Kenntnisse auf dem Gebiet des Konfuzianismus entscheidend waren, reglementiert war. Da die Beamtenschaft traditionell die herrschende Schicht in den konfuzianisch geprägten Gesellschaften darstellte und sowohl in politischen wie militärischen Institutionen die Spitzenämter bekleidete, erhielt und verstärkte die geschlechtsspezifische Ungleichheit im Bereich der Bildung die soziale Hierarchisierung der Geschlechter. Durch die Konfiguration von familialen Institutionen mit entsprechenden Rollenbildern und staatlichen Institutionen mit entsprechenden Zulas-

158 Vgl. Pak, J. S., 1990, S. 18.

sungsbeschränkungen verhärteten sich die Prozesse sozialer Schließung gegenüber den Frauen ebenso wie sich die Werthaltungen etablierten und reproduzierten, welche die Exklusion der Frauen abstützten und rechtfertigten. Als Trägerschicht diente die herrschende Schicht oder Kaste der Verwaltungsbeamten, die jenen Wertewandel in kulturellbedeutsamer Weise vorantrieb. An ihnen orientierten sich die niedrigeren sozialen Schichten, da der zugeschriebene Status mit erheblicher Entscheidungsmacht und Verfügungsgewalt über wichtige gesellschaftliche Ressourcen einherging. Erst im Zusammenspiel von gesellschaftlich relevanten Trägerschichten, die den „Geist" des Konfuzianismus verbreiteten, und Institutionenkonfigurationen, die ihn zum allgemeinen Orientierungs- und Ordnungsprinzip erhoben, gewannen Wertorientierungen an Wirkmächtigkeit, die – zum Teil als unbeabsichtigte Folge – eine spezifische Form von geschlechtsspezifischer Diskriminierung zur lebensweltlichen Selbstverständlichkeit in der koreanischen Kultur werden ließ.

Für die Frauen galten im Konfuzianismus die sozialen Grundpflichten der Pietät und der Unterdrückung der Leidenschaft. Im koreanischen Konfuzianismus sind drei Regeln für Frauen (*Sam-zong-zi-do*) verfestigt:

1) Gehorsam gegenüber dem Vater vor der Eheschließung,

2) Gehorsam gegenüber dem Ehemann in der Ehe,

3) Gehorsam gegenüber dem Sohn nach dem Tod des Ehemanns.[159]

Die verheiratete Frau hatte die niedrigste Stellung in der Familie, nachdem sie bereits ohne ihre Zustimmung verheiratet worden war. Darüber hinaus durfte sie nicht zu ihrer eigenen Familie zurückkehren, wenn sie schlecht behandelt wurde. Eine Wiederheirat der Witwen und der geschiedenen Frauen war nicht erlaubt.[160] Heiratete eine Frau trotzdem erneut, wurden ihre Kinder von allen offiziellen Ämtern ausgeschlossen.[161]

---

159 Nach diesen Regeln hätten Frauen ihrem Sohn gehorchen müssen, aber in der Regel gehorchte der Sohn seiner Mutter und respektierte sie.

160 „1485 wurde die Wiederverheiratung für Witwen aus der Adelschicht generell verboten." (Vgl. Koch, D., 1996, S. 33).

161 Vgl. Lee (Son), D. S., 1986, S. 28.

„Das ganze Ausmaß der Abhängigkeit der Frau in der traditionellen Familie wird aber erst deutlich, wenn man neben den drei Richtlinien, die ihr Leben bestimmen sollten, noch die so genannte *Tschil-Geo-Zi-Ak* sieht, die sieben bösen Gründe, die zur Trennung von der Ehefrau führen.[162] Der Verstoß gegen folgende Regeln galt als Scheidungsgrund:

1) wenn eine Frau ihre Schwiegereltern nicht ehrt,

2) das Ausbleiben eines männlichen Nachkommen,

3) wenn eine Frau die Treue zum Ehemann bricht,

4) Eifersucht,

5) wenn eine Frau für die Familie ein Schandfleck ist,

6) wenn sie geschwätzig ist und andere beleidigt,

7) Diebstahl.

Im Einzelnen bedeutetedies: 1) Die Schwiegertochter war den Schwiegereltern absolut untergeordnet und hatte, entsprechend der Hierarchisierung nach dem Alter der Familienangehörigen, keine Möglichkeit, diesen zu widersprechen. 2) Die wichtigste Pflicht einer Ehefrau bestand in der Sicherung der männlichen Nachfolge. Die Geburt eines männlichen Stammhalters lag in der Verantwortung der Frau. Das Ausbleiben kam einem schuldhaften Verhalten ihrerseits gleich und berechtigte den Ehemann, eine weitere Frau zu ehelichen. 3) Das Gebot der Treue bedeutete für die Ehefrau völligen Gehorsam gegenüber ihrem Ehemann. 4) Nicht eifersüchtig zu sein galt sogar für den Fall, dass der Ehemann neben der Ehefrau eine Nebenfrau oder eine Konkubine hatte. 5) Um ein „Schandfleck" für die Familie zu sein, genügten körperliche Beeinträchtigungen, wie z.B. chronische (Erb-)Krankheiten. 6) Mit den Familienmitgliedern und Verwandten musste die Frau in absoluter Harmonie leben.

Diese Regeln wurden über Jahrhunderte hinweg zum Bestandteil eines familialen Arrangements, welches über positive wie negative Sanktionen bei den weiblichen

162 Vgl. Lee, O. B., 1981: *Industrialisierung, Bildungsform und Erwachsenenbildung in Korea (Süd): Geschichtliche Voraussetzung der Erwachsenenbildung in Korea,* S. 42.

Familienmitgliedern diejenigen Wertorientierungen produzierte, zu deren Entfaltung es einer konfuzianisch inspirierten Ordnung bedurfte. Die diskriminierende Wirkung der Institutionenkonfiguration auf Formen geschlechtsspezifischer Diskriminierung des Konfuzianismus wurde von weiteren, anschließenden Orientierungen, wie z.B. das konfuzianische Berufsverständnis, verstärkt.

1.6 Konfuzianisches Berufsverständnis

In dieser hierarchisch-patriarchalischen Herrschaftsstruktur war Bildung die beste Möglichkeit für den sozialen Aufstieg. Die gesellschaftliche Elite war konfuzianisch-literarisch gebildet. Das Examenssystem war entscheidend für die öffentliche Karriere der privilegierten Statusgruppe der *Yi-Dynastie*.

Untere Schichten und Frauen hatten keinen Zugang zum Examenssystem. Wie Max Weber in „Die Wirtschaftsethik der Weltreligionen" analysiert, bestimmte in Korea und in China „die durch Bildung, insbesondere durch Prüfung, festgestellte Amtsqualifikation den sozialen Rang."[163] „Die literarische Bildung"[164] wurde „zum Maßstab sozialer Schätzung"[165]. Der Konfuzianismus war für Weber ausschließlich eine „innerweltliche Laiensittlichkeit"[166] und die „Anpassung an die Welt, ihre Ordnung und Konventionen, ja letztlich eigentlich nur ein ungeheurer Kodex von politischen Maximen und gesellschaftlichen Anstandsregeln für gebildete Weltmänner."[167]

Mit der Entwicklung einer herrschenden Klasse von literarisch gebildeten Bürokraten nahmen die wirtschaftlichen Aktivitäten die niedrigste Wertstufe ein. „Der Fachmensch aber war für den Konfuzianer auch durch seinen sozialutilitaristischen Wert nicht wirklich zu positiver Würde zu erheben. Denn – dies war das Entscheidende – ‚der vornehme Mann' (Gentleman) war ‚kein Werkzeug', d.h. er war in seiner weltangepassten Selbstvervollkommnung ein letzter Selbstzweck, nicht aber Mittel für

163 Vgl. Weber, M., 1920/88, S. 395.
164 Vgl. Weber, M., 1920/88, S. 395.
165 Vgl. Weber, M., 1920/88, S. 395.
166 Vgl. Weber, M., 1920/88, S. 441.
167 Vgl. Weber, M., 1920/88, S. 441.

sachliche Zwecke, welcher Art auch immer. Dieser Kernsatz der konfuzianischen Ethik lehnte die Fachspezialisierung, die moderne Fachbürokratie und die Fachschulung, vor allem aber die ökonomische Schulung für den Erwerb ab."[168]

Geistige Arbeit, wie z.B. der Umgang mit klassischer Literatur und mit Gedichten, wurde nach der konfuzianischen Lehre hoch geschätzt, körperliche Arbeit niedrig bewertet. Am Ende der *Yi-Dynastie* gab es folgende vierstufige Berufsrangfolgen: *Sa* (Beamte und den Literatenstand), *Nong* (Bauer), *Gong* (Handwerker) und *Sang* (Händler). Die herrschende *Yangban (Sa)*-Schicht verachtete eine fachliche Spezialisierung, wie Handwerk und Handel, und jede körperliche Arbeit, wie die Versorgung des Viehs, Ackerbau, Hausarbeit u.s.w. Die unteren Schichten der Bevölkerung und die Frauen übernahmen körperliche Arbeiten und Schmutzarbeit. Die Tätigkeiten, die von Frauen übernommen wurden, z.B. Kinderbetreuung, Kochen, Nähen und Stoffherstellung, gehörten zur körperlichen Arbeit mit niedriger sozialer Bewertung. Damit war der Rang der Frau auch durch die spezifischen Formen beruflicher Statusdifferenzierung in diskriminierender Weise festgelegt und institutionalisiert.

1.7 Gesellschaftliche Transformation und Frauenemanzipation

Seit dem 17. Jahrhundert mehrten sich die Zeichen für einen allmählichen Niedergang der bis dahin mächtigen neokonfuzianischen Herrschaftsstrukturen. Die große Wende setzte Ende des 19. Jahrhunderts mit der Reformbewegung unter den Intellektuellen und aufgeklärten Beamten ein, dem Vordringen des Christentums[169] und der *Donghak*-Bauernbewegung[170], die den politischen Widerstand gegen die nach

168 Vgl. Weber, M., 1920/88, S. 532.

169 Gegen Ende des 16. Jahrhunderts begann der Katholizismus in Korea Fuß zu fassen, der als *Sho-Hak* bezeichnet wurde. Seine Anhänger wurden in Korea bis in die 80er Jahre des 19. Jahrhunderts verfolgt, weil sie von der konfuzianisch orientierten Gesellschaftsordnung als revolutionär angesehen wurde. Es gab mehr als 10.000 „Märtyrer" in der Yi-Dynastie. Erst nach der Öffnung des Landes, Ende des 19. Jahrhunderts, durfte der christliche Glaube verkündet werden.

170 Dong-Hak" bedeutet Lehre des Ostens. „Sie wurde 1860 vom Mittelständler Tschoe Dsche-U als eine politisch motivierte Religion im Gegensatz zum Christentum begründet. In dieser Zeit nannten die Koreaner die christliche Religion *Sho Hak*. Tschoe Dsche-U war überzeugt, dass man zur Abwehr der Imperialisten das Christentum als deren geistige Grundlage zurückdrängen müsste. Er kam zu dem Schluss: Eine neue Ordnung der Gerechtigkeit kann nur durch eine neue Religion geschaffen

dem Stand bestimmende Gesellschaftsordnung zum Ausdruck brachte. Sie setzte sich für die Gleichberechtigung der Menschen ein und forderte die Aufhebung der Klassen, eine Wiederheirat der Witwen, die Vernichtung der Sklavenregister, Entlassung der korrupten Beamten und Konfuzianer, die Einstellung der Beamten nicht nach dem Familienstamm, sondern aus jeder Klasse nach ihren Fähigkeiten, die gleichmäßige Aufteilung des Ackerlandes usw.[171]

Obwohl ihr von der konfuzianischen Regierung ein Verbot auferlegt und eine strenge Bestrafung angedroht wurde, konnte die *Donghak*-Bauernbewegung überall im Land zahlreiche Anhänger gewinnen. Die brutale Niederschlagung der Wiederstandsbewegung im Februar 1894 war der Ausgangspunkt für eine umfassende Bauernbewaffnung und die Verbreitung des Aufstandes bis in den tiefen Süden des Landes. Die Provinzvorsteher wurden verhaftet und bestraft, die Verwaltung unter die Kontrolle der Bauern gebracht. Die bewaffnete Bauernarmee beherrschte den gesamten Süden, und zahlreiche Frauen schlossen sich dieser Bewegung an.[172]

Die *Donghak*-Bauernbewegung bot den Frauen damit die Möglichkeit, aktiv und gestaltend am politischen Geschehen teilzuhaben.
Der Bauernaufstand wurde zwar im Oktober 1894 niedergeschlagen, aber viele Fachleute sind der Meinung, „dass die politische Reform des Jahres 1894 der Wendepunkt zur Modernisierung war. Mit ihr tauchten politische Bewegungen zur Gründung des modernen Nationalstaates auf. Und mit ihr verbreiteten sich die Ideen der sozialen Gleichberechtigung und der Freiheit des Denkens“[173]. So wurden nach dem *Donghak*-Bauernaufstand die Klassenunterschiede aufgehoben, und die modernen Institutionen im Rahmen des konfuzianisch geprägten Herrschaftssystems etablierten sich.

---

werden.“ (Vgl. Kim, S.-Ch., 1993, S. 95).

171 Vgl. Pak, J. S., 1990, S. 24.

172 Vgl. Kim, H. S., 1989, S. 192.

173 Vgl. Cho, K., 2001: „Konfuzianisches Erbe im Modernisierungsprozess Koreas“, in: Hans-Seidel-Stiftung e.V., Akademie für Politik und Zeitgeschehen (Hg.), *Gesellschaftliche Herausforderungen aus westlicher und östlicher Perspektive. Ein deutsch-koreanischer Dialog,* S. 17.

Bis zum Ende des 19. Jahrhunderts blieb den Frauen der Zugang zur formalen Schulbildung verwehrt. Die Ausbildung der Mädchen war auf das Haus beschränkt, bezog sich auf die Familie und den künftigen Ehemann, nicht aber auf die Person des Mädchens oder auf die Förderung seiner Interessen und Fähigkeiten. Etwa zur gleichen Zeit öffnete sich Korea dem internationalen Handel, was zur Folge hatte, dass es durch Einflüsse aus dem Westen Anzeichen einer Veränderung gab. So wurde 1889 in Korea eine der ersten Mädchenschulen von einer amerikanischen Missionarin eingerichtet. Mit bescheidenen Anfängen, mit nur zwei Schülern, gelang es ihr, gegen den Widerstand der herrschenden Meinung, den Kreis ihrer Schülerinnen innerhalb von 20 Jahren auf 70 zu vergrößern.
Die Knabenschule, die zur gleichen Zeit gegründet wurde, erreichte diese Zahl in nur zwei Jahren. Neben der Haushaltsführung und den Bibelstunden wurden auch Literatur, Geschichte, Geographie, Mathematik, Musik, Gymnastik, Hygiene und Englisch unterrichtet, und die Studentinnen wurden nach ihrem Abschluss Lehrerinnen, Krankenschwestern und Ärztinnen.

Eine der ersten koreanischen Frauenbewegungen ging aus einer Versammlung von 400 Frauen hervor, die im Jahr 1898 Forderungen nach Mädchenschulen bzw. höheren Schulen für Frauen erhob. Die sich verbessernde Bildungssituation der Frauen hatte in zunehmendem Maße auch Einfluss auf ihr gesellschaftliches Engagement. Nicht zuletzt das gesteigerte Selbstbewusstsein gebildeter Koreanerinnen erklärt ihre aktive Beteilung an der nationalen Befreiungsbewegung gegen die japanische Kolonialherrschaft in den Jahren 1919-1945. Die autoritäre japanische Besatzungszeit bedeutete einerseits einen Rückschlag für die Frauenbewegung in Korea, andererseits begann mit ihr die Industrialisierung und die Entwicklung hin zur Moderne.[174] Ein

174 Cho (Cho, K., 2001, S. 21-24) schreibt, dass der Modernisierungsprozess Koreas von koreanischen Experten in vier Phasen eingeteilt wird. Die erste Phase entspricht historisch dem 18. Jahrhundert, in welchem innerhalb der koreanischen Gesellschaft erste neue soziale, kulturelle und religiöse Veränderungen auftraten: neue Entwicklungen in der Industrie und dem Handel, Aufkommen von Reformgedanken und die Einführung der katholischen Religion. Die zweite Phase bildet die Reform im Jahre 1894. Diese Phase wird als Wendepunkt im koreanischen Modernisierungsprozess betrachtet, da im Jahre 1876, durch die Öffnung des Landes, eine neue historische Epoche für Korea begann. Seit diesem Zeitpunkt wurde der Kontakt mit der westlichen Kultur intensiviert. In dieser Zeit gab es innerhalb einer kleinen Gruppe des traditionellen Konfuzianismus Bestrebungen zu Selbstreformen

Zeitsprung in die zweite Hälfte des 20. Jahrhunderts soll im Folgenden ermöglichen, die rasante Entwicklung Südkoreas zu einem modernen Industrieland nachzuvollziehen und im Anschluss daran zu fragen, was sich dadurch an den konfuzianischen Wertorientierungen in Bezug auf den familialen, beruflichen und politischen Status der Frauen in Südkorea geändert hat.

2. *Demokratisierung, Industrialisierung und Bildungsrevolution: Zur Modernisierung konfuzianischer Ordnungen*

Die Entwicklung zu einer modernen Gesellschaft ist im Anschluss an Parsons[175] im Hinblick auf drei wichtige Transformationsprozesse zu analysieren: den demokratischen und den industriellen Transformationsprozess und den der Bildungsrevolution. Im Folgenden sollen nach diesen Kriterien zunächst der Demokratisierungs- und Industrialisierungsprozess Südkoreas in seinem Verhältnis zu den konfuzianischen Traditionen des Landes und anschließend seine Auswirkungen auf die Stellung der Frau dargestellt werden. Die Entwicklung des Bildungswesens wurde bereits in Kapitel II.2 behandelt.

2.1 Demokratische Entwicklung

Nach der Unabhängigkeit des Landes von der japanischen Kolonialzeit im Jahre 1945 wurde das Land in eine sowjetische und eine amerikanische Besatzungszone geteilt. Südkorea stand nach dem Zweiten Weltkrieg drei Jahre lang (1945-1948) unter der Kontrolle der US-Militärregierung. „So entstanden unter dem Einfluss des beginnenden Kalten Krieges ein sozialistisches System im Norden und ein kapitalis-

und Anpassungen an die neue Lage - jedoch ohne Erfolg. Die dritte Phase bildet die japanische Kolonialzeit von 1910-1945. In dieser Zeit wurde das Nationalbewusstsein der Koreaner geweckt und die Notwendigkeit zur Modernisierung offensichtlich. Modernisierung und Unabhängigkeitsbewegung waren zu dieser Zeit für die meisten Koreaner eng miteinander verbunden. Die vierte Phase des koreanischen Modernisierungsprozesses begann nach der Befreiung Koreas von der japanischer Kolonialherrschaft im Jahre 1945 – vor allem in den 60er Jahren, in der die Industrialisierung in vollem Maße einsetzte.

175 Parsons, T., 1986.

tisches im Süden. Seitdem herrscht auf der koreanischen Halbinsel ein „Kalter Krieg". Die politische Führung beider Staaten versuchte seither ständig, in allen Lebensbereichen, insbesondere in der Wirtschaft, die Überlegenheit ihres eigenen Systems unter Beweis zu stellen. Damit gewann die wirtschaftliche Entwicklung Koreas eine zusätzlich ideologische Funktion, nämlich die der Legitimation des jeweiligen Wirtschafts- und des dazugehörigen politischen Systems."[176]
1948 wurde im Süden die Republik Korea gegründet. So erlangte Südkorea im Jahre 1948 mit dem Amtsantritt der demokratisch gewählten konservativen Regierungspartei von Präsident Rhee Syng-Man die Gründung einer unabhängigen Republik, während im Norden die kommunistische Arbeiterpartei unter der Führung von Kim Il Sung an die Macht kam. In den folgenden Jahren wurden politische und administrative Institutionen wieder aufgebaut, die bereits in der Kolonialzeit etabliert worden waren.[177] Der durch die Besetzung der USA im Süden und der UdSSR im Norden herbeigeführte ideologische Konflikt im Lande führte zum Koreakrieg (1950-1953), der die Teilung Koreas zementierte.

Die Teilung war ein großes Hindernis für die demokratische Entwicklung in Korea. Nach dem Koreakrieg versuchte Präsident Rhee Syng-Mann, sein Regime ideologisch zu legitimieren. Als Elemente seiner Herrschaftsideologie betonte er den Nationalismus, die Wiedervereinigung Koreas und den Antikommunismus.[178] Die Regierung versuchte, vor allem mittels antikommunistischer Ideologien, die Legitimität des autoritären Herrschaftssystems zu begründen und die Teilung des Landes als Mittel zur Unterdrückung demokratischer und oppositioneller Bewegungen zu nutzen.

Korruption, politischer Terror gegenüber Kritikern und politischen Gegnern, autoritäre Anwendung des Nationalen Sicherheitsgesetzes, überflüssiger Einsatz der Polizeikräfte – unter dem Vorwand der Bekämpfung angeblich kommunistischer Agitati-

176 Vgl. Lee, E. J., 1994: *Der soziale Rechtsstaat als Alternative zur autoritären Herrschaft*, S. 125.
177 Vgl. Lee, E. J., 1994, S. 125.
178 Vgl. Croissant, A., 1998: *Politischer Systemwechsel in Südkorea (1985-1997)*, S. 47.

on – und Verstöße gegen die verfassungsmäßig garantierten politischen und zivilen Rechte führten zunehmend zu Konflikten und politischen Unruhen. Nach Bekanntwerden zahlreicher Manipulationen bei der Präsidentschaftswahl im März 1960 erschütterten heftige Massenproteste, vor allem massive Studentendemonstrationen, das Land, die später als *Sa-Il-Gu (19. April)-Revolution* bezeichnet wurden. Dies zwang Präsident Rhee zum Rücktritt und im April 1960 zu seiner Flucht ins Ausland.

Am 19. August 1960 begann mit dem Amtsantritt des nach einer neuen Verfassung demokratisch gewählten Präsidenten Chang Myeuns der so genannte Seouler Frühling. Diese kurze Phase war allerdings durch zahlreiche politische Konfrontationen, innerparteiliche Kämpfe und Studentenunruhen gekennzeichnet. Das Ende der demokratischen Hoffnungen markierte ein nur zehn Monate später durchgeführter Militärputsch. An der Spitze der Putschisten von 1961 stand der junge Offizier Park Chung-Hee. Nach einer Phase der Machtkonsolidierung und einer erneuten Verfassungsreform wurde er im Dezember 1963 zum neuen Präsidenten gewählt. Im Unterschied zu seinem Amtsvorgänger sah die neue Verfassung eine deutlich dominantere Stellung des Staatsoberhauptes vor.

Kennzeichnend für das Park-Regime waren Patriotismus, Antikommunismus, die absolute Priorität der vom Staat geleiteten Industrialisierung sowie eine radikale Unterdrückung der Demokratisierungs- und Liberalisierungsforderungen der Bevölkerung. Das Park-Regime versuchte, durch eine exportorientierte Wirtschafts- und Industrialisierungspolitik ein rasches Wirtschaftswachstum zu erreichen.
Die intensive Industrialisierung ging mit ebenso tiefgreifenden Urbanisierungsprozessen einher. Grundlagen dieser exportorientierten und auf rasches Wachstum abzielenden Wirtschaftspolitik waren eine strikte Niedriglohnpolitik sowie eine gesetzlich kaum Beschränkungen unterworfene Arbeitszeitregelung.[179] Da man beim Aufbau der Wirtschaft vor allem auf den Export setzte, wurden exportorientierte Unternehmen durch staatliche Vergünstigungen besonders gefördert.

---

179 Vgl. Sun, H. S., 1990: *Verbände und Staat in Südkorea*, S. 158-163.

In den Jahren von 1969 bis 1971 begann Parks Macht zu schwinden. Nach dem überraschenden großen Erfolg der Opposition bei den Parlaments- und Präsidentschaftswahlen verhängte Park am 17. Oktober 1972 das Kriegsrecht über das Land. Das Park-Regime versuchte, durch die *Yu-Shin-Verfassung* (Neue Verfassung), die ohne die Opposition entworfen worden war, die politische Machtzentralisierung von Park zu institutionalisieren, seine politische Herrschaft lebenslang abzusichern und die oppositionellen Kräfte unter Kontrolle zu halten. Durch die Verhärtung des autoritären Regimes häuften sich die sozialen und politischen Konflikte in verschiedenen Bereichen. Die Verschärfung der Unterdrückung der Arbeiterschaft, Studenten und Opposition durch die Yu-Shin-Verfassung und die damit verbundenen massiven Menschenrechtsverletzungen führten nach dem Amtsantritt von US-Präsident Carter außenpolitisch zu Spannungen zwischen dem Park-Regime und den Vereinigten Staaten, die die Menschenrechtsverletzungen in Südkorea heftig kritisierten. Innenpolitisch kam es zu schweren Protesten seitens der parlamentarischen Opposition und der demokratischen Bewegungen, wie der Studentenbewegung, der christlichen Dissidentenbewegung und der Arbeiterbewegung. Dies führte zu einer Legitimitätskrise des Park-Regimes.

Die Arbeiterbewegung erreichte durch den Arbeitskampf von Arbeiterinnen der „Y.H. Trading Co." ihren Höhepunkt, die sich am 9. August 1979 im Hauptquartier der oppositionellen „Neuen Demokratische Partei" (NDP) versammelten. Insbesondere der von Willkür und Brutalität gekennzeichnete Polizeieinsatz gegen Arbeiterinnen, Parteimitglieder, Abgeordnete der NDP und Journalisten am 11. August 1979 im Hauptquartier der NDP führte zu einer Ausweitung und Intensivierung des politischen Kampfes gegen das Park Regime.[180] Die Legitimationskrise des alten Regimes gipfelte am 26.10.1979 in der Ermordung Parks durch den Geheimdienstchef. Sollte das Ende des 18 Jahre währenden Park Regimes Hoffnungen auf eine weitreichende und anhaltende Demokratisierung Südkoreas geweckt haben, so wurden diese bereits 1980 durch den Militärputsch Chon Dow-Hans wieder enttäuscht. Die 1980er Jahre waren für Südkorea eine Zeit der Krisen, in der verschiedene autoritäre Regime

180 Vgl. Sun, H. S., 1990, S. 152-153.

dem wachsenden Einfluss einer sich für die Demokratisierung des Landes einsetzenden Studentenbewegung gegenüberstanden.
Nachdem massive Proteste im Juni 1987 (*Yu-weol-hang-jaeng*) das Land erschüttert hatten, die u.a. einen demokratischen Wandel und eine direkte Präsidentschaftswahl zum Inhalt hatten, trat Präsident Chon zurück. Mit der Verfassung von 1987 wurden staatliche Institutionen liberalisiert, die Macht des Präsidenten begrenzt und die lokale Autonomie gestärkt.[181] Trotz dieser positiven Entwicklung kam bei der Präsidentenwahl 1988 - aufgrund der Spaltung der Opposition - der Kandidat der Regierungspartei, Roh Tae-Woo, verfassungsgemäß an die Macht.
Bei der Präsidentschaftswahl 1992 wurde der Oppositionspolitiker Kim Young-Sam, der in den 1970er und 1980er Jahren gegen die Miltärregime gekämpft hatte, zum Präsidenten gewählt. Damit machte Südkorea einen wichtigen Schritt in Richtung einer demokratischen Entwicklung. 1998, nach der Machtübernahme durch die Oppositionspartei unter Führung von Kim Dae-Jung, wurden zahlreiche Reformprozesse durchgeführt und eine „Sonnenschein-Politik“ mit Nordkorea betrieben. Die Regierungsübernahme der Liberalen Partei durch den ehemaligen Menschenrechtsanwalt Roh Moo-Hyon im Jahre 2002 signalisierte eine weitere Liberalisierung und Demokratisierung des Landes.

2.2 Industrielle Revolution

Die industrielle Revolution Südkoreas ist auf drei strukturelle Faktoren zurückzuführen: Als erstes ist der von modernisierungsorientierten Eliten durchgeführte Aufbau des Staates zu nennen. Zweitens ist bezüglich der wirtschaftlichen Entwicklung auf die enge Zusammenarbeit des Staates mit den großen Industrieunternehmen *(Chaebol)* hinzuweisen. Drittens lässt sich die industrielle Entwicklung auf den erfolgreichen Ausbau des Bildungssystems zurückführen, welches die notwendigen qualifizierten Arbeitskräfte hervorbrachte. [182]

---

181 Vgl. Jetzkowitz, J./ König, M., S. 34.
182 Vgl. Jetzkowitz, J. / König, M., 1998, S. 34.

Die aktive Wirtschaftspolitik der südkoreanischen Regierung spielte sowohl bei der Industrialisierung als auch der Urbanisierung[183] des Landes eine entscheidende Rolle. Der Industrialisierungsprozess begann 1961, nach der Machtübernahme durch das Militär unter der Führung von General Park Chung-Hee. Die neue Regierung Park (1961-1979) begann, in enger Zusammenarbeit mit den unter ihrem Schutz stehenden Großunternehmen (Chaebol), die Industrialisierung im Rahmen der langfristigen staatlichen Entwicklungspläne (so genannte „Fünfjahresplan") voranzutreiben.[184] „Basierend auf den Kostenvorteilen Koreas gegenüber entwickelten Industriestaaten, aber auch gegenüber vergleichbaren Entwicklungsländern, wurde eine Strategie der Weltmarktorientierung verfolgt. Der Staat ergriff für die Durchsetzung dieser Strategie verschiedene Interventionen unter dem Motto ‚erst Wachstum und dann Verteilung':

– Mobilisierung von Arbeitskräften,
– Absicherung eines niedrigen Lohnniveaus,
– Planung und Lenkung der Investitionsströme.

Bei den Industrialisierungsprozessen seit 1961 spielte der Staat nicht nur eine entscheidende Rolle für die Bereitstellung der notwendigen Kapitalien zur Schaffung und Verbesserung der ökonomischen Rahmenbedingungen, wozu u.a. die Infrastruktur gehört. Die Regierung suchte in der ökonomischen Take-off-Phase, die volkswirtschaftlichen Prozesse durch planerische Eingriffe zu kontrollieren und branchenspezifische Produktionsziele, soweit sie den Export betrafen, zu bestimmen (vgl. Chang, H.-J. 1993, S. 141-143). Es wurde eine auf privater Großunternehmung ba-

183 Im Zuge der Industrialisierung stieg der Anteil der städtischen Bevölkerung um 1990 auf 74,0% (Scharnweber, D., 1997, S. 127-128). Seit 1981 haben jährlich mehr als 8 Millionen Menschen ihren Wohnsitz gewechselt (Park, J. S., 1999, S. 63-65). Busan hat 3,8 Millionen Einwohner, Taegu 2,2, Inchon 1,8, Kwangju 1,1, Taejon 1,1. In Seoul und den oben genannten fünf Städten wohnen mehr als 26 Millionen Menschen, das sind rund 60 % der Gesamtbevölkerung (Scharnweber, D., 1997, S. 127-128). Die Urbanisierungsprozesse verursachen einen Netzwerkverlust sowie funktionale Differenzierung und Pluralisierung der individuellen Lebensführungen. Eine extrem hohe geografische Mobilität und das dadurch entstandene Ungleichgewicht in der Bevölkerungsverteilung haben einen Verlust von Dorfgemeinschaften und ein geringeres Wachstum in den ländlichen Gebieten, verbunden mit einem Arbeitskräftemangel im Agrarsektor, zur Folge. Die Urbanisierung führt zur Mobilisierung der Schichten und damit zu einer soziostrukturellen Transformation. Die bedeutsamsten Veränderungen sind „das Anwachsen der urbanen Mittelschichten und der Industriearbeiterschaft sowie der damit einhergehende Rückgang der ländlichen Arbeitskraft." (Croissant, A., 1998, S. 70).

184 Vgl. Park, J. S., 1999, S. 59.

sierende Industriestruktur geschaffen, wodurch man sich die schnellste wirtschaftliche Entwicklung des Landes versprach."[185]

Die Wirtschaftspolitik war einerseits patriarchal-autoritär und andererseits weltwirtschaftlich orientiert. Sie konzentrierte sich aufgrund des Mangels an Rohstoffen und eines großen Reservoirs preisgünstiger Arbeitskräfte[186] auf eine arbeitsintensive und exportorientiert produzierende Leichtindustrie, die einen schnellen Exporterfolg versprach.[187]

Die wirtschaftspolitische Neuorientierung, Rationalisierungsprozesse durch exportorientiertes Wachstum zu verwirklichen, erwies sich nach kurzer Zeit als eine richtige Entscheidung. Sowohl die Binnenproduktion als auch der Export stiegen spürbar an. Die günstigen wirtschaftlichen Bedingungen, die in den folgenden 30 Jahren anhielten, führten auch auf der individuellen Ebene zu einer kontinuierlichen Verbesserung der Einkommenslage der Haushalte. Das Bruttosozialprodukt des Landes stieg ab 1962 im Schnitt um 8 bis 9 % jährlich: von 2,3 Mrd. US-Dollar auf 480,4 Mrd. US-Dollar im Jahre 1996. Im selben Zeitraum verbesserte sich das Pro-Kopf-Einkommen von 87 auf 10.543 US-Dollar.[188]

Damit waren binnen kurzer Zeit die Voraussetzungen geschaffen, um den rasanten gesellschaftlichen Modernisierungsprozess in Südkorea einschätzen zu können und zu fragen, ob sich konfuzianische Wertorientierungen, bezogen auf die Stellung der Frau, erhalten und reproduziert haben oder ob diese im gesellschaftlichen Wandlungsprozess mit allem Ständischem „verdampft" sind – um ein Bild von Karl Marx zu verwenden.

185 Vgl. Park, J. S., 1999, S. 59-60.
186 Vgl. Croissant, A., 1998, S. 60.
187 Vgl. Scharnweber, D., 1997, S. 148.
188 Vgl. Lim, Y.T., 2000: *Korea in the 21st Century*, S. 14-26.

3. *Werte und Strukturbildung: Gesellschaftliche Vermittlungsformen des Konfuzianismus*

Vor dem Hintergrund des bisher Gesagten stellt sich nun die zentrale Frage, wie sich die auf den Konfuzianismus zurückzuführenden kulturellen Werte heute in gesellschaftliche Strukturen und Institutionen übersetzen lassen und wie diese wiederum Handlungsorientierungen für Akteure schaffen und so für die Handlungsrelevanz von Wertorientierungen sorgen. Zur Beantwortung dieser Frage bedarf es einiger grundlegender Vorbemerkungen. Um kulturelle Werte als Erklärungsfaktor einzuführen, muss man zeigen, wie sie gesellschaftlich an Handlungsrelevanz gewinnen, und dies gelingt nur, wenn man ihren Einfluss auf gesellschaftliche Strukturbildung oder die Prägung situativer Handlungskontexte nachweist. Daher rücken gesellschaftliche Vermittlungsformen kultureller Werte in den Mittelpunkt, wie sie zum Beispiel Familien, Unternehmen oder staatliche Institutionen darstellen. Wenn die durch sie geschaffenen Handlungsorientierungen spezifische kulturelle Werthaltungen reflektieren, kann von einer gesellschaftlichen Relevanz dieser Werte ausgegangen und ihre institutionell vermittelte, kulturelle Reproduktion unterstellt werden. Erst dann haben wir es mit einem Erklärungsfaktor zu tun, der einen nachhaltigen Einfluss auf die geschlechtsspezifische Arbeitsmarktsegregation und geschlechtsspezifische Diskriminierungsformen entfalten kann. Dies nachzuzeichnen, ist Aufgabe der folgenden Ausführungen.

3.1 Die institutionelle Vermittlung konfuzianischer Werte durch die Geschlechterarrangements in der Familie

Die bisherigen Theorien zur Erklärung der internationalen Differenzen in den Erwerbsmustern von Frauen in Westeuropa stellen die staatliche Wohlfahrtspolitik in ihren Mittelpunkt. Nach den gängigen Theorien sind die wohlfahrtsstaatlichen Rahmenbedingungen von großer Bedeutung für Anteile und Formen der Frauen-Erwerbstätigkeit. Esping-Andersen differenziert, idealtypisch zwischen drei unter-

schiedlichen Wohlfahrtsregime[189] (Vgl. Esping-Andersen, G., 1990: *Three Worlds of Welfare Capitalism).* Das sozialdemokratische Modell, das in den skandinavischen Ländern realisiert ist, geht davon aus, dass Frauen und Männer gleichermaßen an die Berufsarbeit beteiligt sind. In diesem Modell bietet der Wohlfahrtsstaat ein umfangreiches Angebot an sozialen Dienstleistungen an und spielt damit als ein bedeutsamer Arbeitgeber für die Erwerbstätigkeit von Frauen eine entscheidende Rolle. Beim liberalen Wohlfahrtsstaatsmodell, das nach Esping-Andersen vor allem in den angloamerikanischen Ländern ausgeprägt ist, wird dagegen die Regulation der Erwerbsbeteiligung auch von Frauen tendenziell dem Markt überlassen. Beim konservativ-korporatistischen Modell wird vorrangig die Erwerbstätigkeit von Männern gefördert. Eine wichtige Rolle zur Typisierung spielt der Grad der „decommodification": der Grad, zu dem es Individuen möglich ist, einen bestimmten Lebensstandard – auch ohne den Zwang zum Verkauf der eigenen Arbeitskraft – aufrechtzuerhalten.
Diese Theorie wurde von Frauenforscherinnen kritisiert, da sie die Bedeutung der geschlechtsspezifischen Strukturen nicht hinreichend berücksichtigt.[190] Es gab Überlegungen, die Wohlfahrtsstaaten anhand des Grades ihrer Ausrichtung auf die männliche Versorgerehe zu differenzieren. So unterscheiden Lewis und Ostner[191] zwischen schwach, moderat und stark an der männlichen Versorgerehe ausgerichteten Wohlfahrtsstaaten.

Bei dem Konzept des Geschlechtervertrags von Patemann[192] und Pfau-Effinger[193] und des Geschlechter-Arrangements von Pfau-Effinger[194] spielen die institutionellen und kulturelle Bedingungen für die Erklärung des Erwerbsverhaltens eine entscheidende Rolle. Nach Pfau-Effinger existieren auf kultureller Ebene in jeder Gesellschaft "ge-

189 Vgl. Esping-Andersen, G., 1990: *Three Worlds of Welfare Capitalism*

190 Vgl. Langan, M./Ostner, I., 1991: „Geschlechterpolitik im Wohlfahrtsstaat", in: *Kritische Justiz*, Vol. 24. S.302-317; Leira, A., 1992: *Welfare States and Working Mothers: The Scandinavian Experience*; Siim, B., 1993: : „The Gendered Scandinavian Welfare States", in: Lewis J. (Hg.): *Women and Social Polices in Europe: Work, Family and the State*, S. 25-48.

191 Vgl. Lewis, J./ Ostner, I., 1994: *Gender and the Evolution of European Social Policy.* Arbeitspapier des Zentrums für Sozialpolitik der Universität Bremen, Nr. 4.

192 Vgl. Patemann, C., 1988: The sexual contract.

193 Vgl. Pfau-Effinger, B., 1993: „Macht des Patriarchats oder Geschlechterkontrakt?", in: *Prokla: Zeitschrift für kritische Sozialwissenschaft*, S. 633-663.

194 Vgl.Pfau-Effinger, B., 1996: „Analysen internationaler Differenzen in der Erwerbsbeteiligung von Frauen: Theoretischer Rahmen und empirische Ergebnisse", in: *Kölner Zeitschrift für Soziologie und Sozialpsychologie*, Jg. 48, S. 462-492.

schlechterkulturelle Leitbilder" oder "Familienmodelle".[195] Auf der institutionellen Ebene sind die zentralen Bedingungen des Wohlfahrtsstaats, die Unternehmen, die industriellen Beziehungen und die Familie.[196]
Gerade bei diesem Modell spielen für die Geschlechter-Arrangements kulturelle Leitbilder eine entscheidende Rolle. In dieser Arbeit wird das Geschlechter-Arrangement in Südkorea unter Einbezug der von Pfau-Effinger gewonnenen Kenntnisse analysiert, weil die Partizipation der Frauen auf dem Arbeitsmarkt abhängig ist von den auf die Kultur zurückführbaren Handlungsorientierungen und -strukturen. Hier wird deutlich, dass der Ansatz des Geschlechter-Arrangements von Pfau-Effinger in Bezug auf Westeuropa meinen kulturbezogenen Erklärungsversuch unterstützt.

In den letzten Jahrzehnten hat das politische Interesse der Frauen im Zuge des südkoreanischen Modernisierungsprozesses deutlich zugenommen. Bei der Gründung der Republik Korea im Jahre 1948 fand eine verfassungsrechtliche Verankerung des Rechts auf zwischengeschlechtliche Chancengleichheit im Hinblick auf Ausbildung, Erwerbstätigkeit und Partizipation am öffentlichen Leben statt. Gewerkschaften und Studentenorganisationen, in denen sich viele Frauen engagierten, haben einen wichtigen Beitrag zur Demokratisierung geleistet. Wandlungsprozesse, die im letzten Drittel des 20. Jahrhunderts die familiären Lebensformen in Südkorea erfasst haben, sind vor diesem Hintergrund insbesondere auf die wachsende wirtschaftliche Partizipation sowie eine zunehmende politische Mobilisierung der Frauen zurückzuführen.

---

195 Vgl. Pfau-Effinger, B., 1998[b]: „Arbeitsmarkt- und Familiendynamik in Europa: Theoretische Grundlagen der vergleichenden Analyse", in: Geissler, B./Maier, F./Pfau-Effinger, B. (Hg.): *Frauenarbeitsmarkt. Der Beitrag der Frauenforschung zur sozioökonomischen Theorieentwicklung*, Berlin, S. 183.

196 Pfau-Effinger unterscheidet diese Geschlechter-Arrangements auf der Basis von dominierenden kulturellen Leitbildern in Bezug auf die Frage nach den wichtigen integrierten Bereichen von Frauen und Männern für eine Gesellschaft, nach den identischen und den komplementären Lebensbereichen von Frauen und Männern und nach den gesellschaftlichen Vorstellungen über die Kindererziehung. Für Westeuropa identifiziert sie auf der Basis der dominierenden kulturellen Leitbilder fünf unterschiedliche geschlechterkulturelle Modelle: das familienökonomische Modell, das Hausfrauenmodell der Versorgerehe, das Vereinbarkeitsmodell der Versorgerehe, das Doppelversorgermodell mit staatlicher Kinderbetreuung und das Doppelversorgermodell mit partnerschaftlicher Kinderbetreuung (Vgl.Pfau-Effinger, B., 1998[b.] S. 185).

Die Verbesserung der Qualifikation, die zunehmende Vernetzung mit anderen Kulturen und die daraus resultierende Neudefinition der Lebensstile führten zu einem Wandel traditioneller Normen und Werte und zu Konflikten innerhalb der Individuen. Widerstreit von traditionellen und modernen Werten und Normen betrifft die verschiedenen Generationen und beeinflusst das Verhalten des Individuums. Vor allem berufstätige Frauen müssen sich mit den oft widersprüchlichen Herausforderungen von zunehmender beruflicher Tätigkeit und traditioneller Hausfrauenrolle auseinandersetzen, weil die Vereinbarkeit von Familie und Beruf fast ausschließlich zur weiblichen Lebensführung gehört. Dieser Konflikt besteht auch im Zeichen der veränderten Stellung der Frau und der Änderungen im Familienleben weiter. Die Rollenkonformität der Frauen wird dabei von deren Einstellung zur Familie und zur Frauenerwerbstätigkeit beeinflusst.

3.1.1 Entwicklung der Familienform im Zuge der Modernisierung

Noch bis in die 1960er Jahre wurde die Familienstruktur primär durch die vorherrschende landwirtschaftliche Arbeit bestimmt. Die Sozialstruktur der bäuerlichen Gesellschaft ist durch enge Netzwerke der Verwandtschaft und Nachbarschaft gekennzeichnet. Der älteste Sohn, seine Frau und deren Kinder lebten mit dessen Eltern und den jüngeren, unverheirateten Geschwistern zusammen unter einem Dach, und er war verantwortlich für die Ahnenverehrung. Kinder, die in diesem Modell ebenfalls selbstverständlich waren, hatten die Funktion der Absicherung der Alten.

Die prinzipielle Unverzichtbarkeit der weiblichen wie der männlichen Arbeitskraft und der damit einhergehenden funktional – geschlechtsspezifischen Arbeitsteilung darf aber nicht mit einer gleichmäßigen gesellschaftlichen Wertschätzung der Arbeitsbereiche verwechselt werden.

Die Herstellung von Kleidung und Stoffen, Kleinviehhaltung, Gartenarbeiten, Gemüseanbau und sonstige im Haus anfallende Tätigkeiten wie Kochen, Waschen, Putzen, Nähen etc. wurden von den Frauen erledigt und sozial geringgeschätzt, obwohl die Arbeitsbereiche der Frau besondere Qualifikationen erforderten und ihre Tätigkeit die Basis für die familiäre Hauswirtschaft bildete.

Obwohl die bäuerliche Lebensform die volle Beteiligung von Männern und Frauen in der Landwirtschaft vorsah, halfen Männer im Haushalt nicht mit und betrachteten die Hausarbeit als Frauensache, unabhängig davon, ob die Frau in der Landwirtschaft mitarbeitete oder nicht. Die noch immer dominante konfuzianische Ideologie und das daraus resultierende Ordnungsprinzip erhielten eine geschlechtsspezifische Hierarchie aufrecht.

Im Verlauf der konfuzianischen Ausdeutung des Modernisierungsprozesses stützten sich Staat und Unternehmen auf konfuzianische Werte, was sich in der Neugestaltung des Arbeitsmarktes niederschlug. Die Berufstätigkeit der Frau war meist nur von kurzer Dauer. In der Phase der Industrialisierung wurde weibliche Erwerbstätigkeit zumeist als Durch- bzw. Übergangsstadium betrachtet. In der Tat beendeten viele Frauen ihre Erwerbstätigkeit mit der Eheschließung und kehrten auch nicht in das Erwerbsleben zurück, wenn das vom Ehemann erzielte Einkommen ausreichend war. Dieser Umstand ist auf die allgemeine Wohlstandsentwicklung in Südkorea zurückzuführen, spiegelt aber auch die Tendenz wider, die Frauen nach der Heirat, spätestens aber nach der Geburt des ersten Kindes, zu entlassen.

Ein großer Teil der Bevölkerung partizipierte an den Wohlstandssteigerungen, so dass es einem großen Anteil an Müttern möglich war, die Rolle der Hausfrau und Mutter einzunehmen. „Die `Nur-Hausfrau´ ist nach wie vor ein Symbol für einen wohlhabenden Ehemann in Korea.“[197] Nach einer südkoreanischen Studie[198] waren im Jahre 1980 z.B. 85,6% der Arbeiterinnen unverheiratet, während nur ein Drittel der Männer ledig war.

Ein weiteres entscheidendes Moment, welches die Integration weiblicher Arbeitskräfte erschwerte, war der Mangel an Teilzeitstellen. „Die Berufsrolle hat sich in der koreanischen Gesellschaft in eine Richtung entwickelt, die vom Berufstätigen eine ununterbrochene Vollzeitarbeit vom Abschluss der vorbereitenden Berufsausbildung an bis zur Pensionierung verlangt, vollen Einsatz der Kräfte erfordert und die Unter-

197 Vgl. Lee (Son), D. S., 1986, S. 34.
198 Vgl. Shin, I. R., 1988: *Frauen, Arbeit und Gesetz*, S. 29.

ordnung aller übrigen Lebenszusammenhänge impliziert. Damit ist die Berufsrolle von vornherein als männliche definiert, zu deren Erfüllung eine im Hintergrund bereitstehende Frau gebraucht wird, die dem berufstätigen Mann den lebensnotwendigen Haushalt führt."[199]

Die Zunahme der Erwerbstätigkeit von Frauen wurde durch die Reform der Bildungsinstitutionen und des Rechts entscheidend vorangetrieben. Das im Jahre 1991 geänderte Familienrecht hat zu einer Beschleunigung des Modernisierungsprozesses beigetragen. Frauen besitzen nun die gleichen Rechte am Eigentum und haben zum ersten Mal nach einer Scheidung freie Hand bezüglich Eigentum und Sorgerecht. Gleichzeitig fand der Ausbau der staatlichen Kinderbetreuung, insbesondere die Verfügbarkeit von Kindergartenplätzen und der Anteil von Ganztagsschulen, statt.[200]

Diese Entwicklung ist vor allem dem Engagement der südkoreanischen Frauenbewegung zu verdanken, die ihren Forderungen, nicht zuletzt durch ihren hohen Organisationsgrad Nachdruck, verleihen konnte. Dies ist sicherlich auf mehrere Faktoren zurückzuführen. Als erstes ist die hohe Beteiligung der Frauen am Demokratisierungsprozess zu nennen. Als ein zweiter Faktor kommt ein veränderter Stellenwert der Frauen in der Gesellschaft durch starke Bildungs- und Berufsorientierung hinzu: So trug ihre wachsende Bildungs- und Karriereorientierung zu einem Wandel des gesellschaftlichen Stellenwertes bei. Die Frauenbewegung Südkoreas war somit in der Lage, sich als politischer Akteur im spezifisch koreanischen, primär wirtschaftlich induzierten Modernisierungsprozess zu konstituieren, dessen primäres Ziel darin bestand, die Idee der Nichtdiskriminierung von Frauen als politische Forderung in den Modernisierungsprozess zu integrieren. Angesichts der (damals) nach wie vor undemokratischen, konfuzianisch orientierten, autoritären Strukturen der südkoreanischen Gesellschaft war dies kein leichtes Unterfangen.

---

199 Vgl. Pak, J. S., 1990, S. 35.

200 Ein großer Teil der Bevölkerung sieht die ganztägige qualifizierte Betreuung von Kindern als positiv an.

3.1.2 Frauenerwerbstätigkeit und Strukturwandel in der Familie

In den folgenden Abschnitten steht die Betrachtung des familiaren Wandels im Mittelpunkt. Die Erwerbstätigkeit von Frauen wird neben ihrer Ausbildung maßgeblich von familiären Faktoren wie der Anzahl und dem Alter der Kinder bestimmt, ist damit stark von der jeweiligen Phase im Lebensverlauf abhängig. Es gibt zahlreiche Faktoren, die den Lebenslauf von Frauen geschlechtsspezifisch bestimmen. In zunehmendem Maße steht dabei die Erwerbstätigkeit im Mittelpunkt von Veränderungen. Jüngere Jahrgänge unterbrechen ihre Berufstätigkeit seltener als ältere. Ältere Frauen hingegen versuchen, nach einer längeren Unterbrechung wieder ins Berufsleben zurückzukehren.

Bei der Erklärung dieses Phänomens kommt dem „Drei-Phasen-Modell“ eine zusätzliche Bedeutung zu (Aufnahme einer Berufstätigkeit, Unterbrechung aus familiären Gründen und Rückkehr in den Beruf).[201] Da die Fluktuationsrate bei ihnen höher ist, ergeben sich für Frauen allgemein schlechtere Arbeitsmarktchancen als für Männer.

Die Strukturveränderung zu Gunsten der Kernfamilie stellt einen funktional unersetzlichen Bestandteil für die moderne Gesellschaft dar. Dies erläutert die strukturfunktionalistische Familientheorie in der Tradition von Talcott Parsons, in der man von einer makrosoziologischen Perspektive ausgeht, insbesondere die Prozesse der Entstehung von Institutionen betont und sich mit der gesellschaftlichen Verknüpfung von Arbeits- und Familienwelt auseinandersetzt. Diese Theorie fragt danach, welche Funktionen die Familie für den Bestand und die Entwicklung einer modernen Industriegesellschaft erfüllt. Die Kernfamilie ist „das Ergebnis gesellschaftlicher Differenzierungs- und Modernisierungsprozesse“:[202] Die Transformation von der Großfamilie

201 Vgl. Englbach, G., 1987: „Zukunftsperspektiven für Mädchen und Frauen im Erwerbsleben“, in: *Soziale Welt; Jg. 38*, S. 57-73.

202 Vgl. Hill, P.B./ Kopp, J., 1995: *Familiensoziologie: Grundlagen und theoretische Perspektiven*, S. 233.

zur Kernfamilie ist funktionaler Bestandteil von Differenzierungsprozessen in modernen Gesellschaften.[203]
Nach der strukturfunktionalistischen Familientheorie ist die geschlechtsspezifische Arbeitsteilung in Familie und Beruf – Hausarbeitsorientierung der Frauen, Berufsorientierung des Mannes – determinierend für die moderne Gesellschaft.[204] Mit dieser geschlechtsspezifischen Arbeitsteilung geht nicht nur eine spezifische Teilung von Zuständigkeiten, sondern auch von Wertigkeiten der Beschäftigung einher.

In der Familienstruktur kam es in den letzten 30 Jahren zu einem drastischen Wandel, in dessen Verlauf sich die Gesellschaft von einer Agrar- zu einer Industrie- und dann zu einer Dienstleistungsgesellschaft transformierte. Im Zuge der Urbanisierung und Individualisierung wurde die Großfamilie zur Kleinfamilie. Während im Jahr 1965 in ca. 25% der Haushalte drei Generationen zusammen lebten, sank diese Zahl im Jahr 1980 auf 16,5%; im Jahr 2002 waren es nur noch 7,9%.[205] Außerdem ist eine Abnahme der durchschnittlichen Haushaltsgröße zu beobachten: Während im Jahre 1960 in Südkorea die durchschnittliche Haushaltgröße 5,5 Personen betrug, umfasste sie 2000 nur noch 3,1 Personen.[206]
Im Zusammenhang mit dem Wandel der Familienstruktur ist ferner eine Zunahme der Ein-Personen-Haushalte zu erwähnen; während der Anteil der Ein-Personen-Haushalte 1975 bei 4,2% lag, betrug er 2002 schon 16,1%.[207] Als Ursache für diese Zunahme werden in den koreanischen sozialwissenschaftlichen Studien zum einen die Zunahme der jüngeren Bevölkerung in den Städten aufgrund der Ausbildung und der Erwerbsarbeit und zum anderen die Zunahme der allein lebenden älteren Bevöl-

203 Vgl. Pfau-Effinger, B., 1998[a]: „Der soziologische Mythos von der Hausfrauenehe: sozio-historische Entwicklungspfade der Familie", in: *Soziale Welt*, Heft 2, S. 167-181.
204 Doch schon in der vormodernen traditionellen koreanischen Gesellschaft ist geschlechtsspezifische Arbeitsteilung zu beobachten (Kapitel IV.1.1.5 ff.).
205 NSO(Hg.), 1996, 2000-2005: *in-gu dong-tae tong gye yeon-bo* [Annual Report in the Vital Statistics].
206 Vgl. NSO(Hg.), 2005: *han-guk-ui sa-hoe ji-pyo* [Social Indicators in Korea], S. 185.
207 NSO(Hg.), 1996, 2000-2005: *in-gu dong-tae tong gye yeon-bo* [Annual Report in the Vital Statistics].

kerung in den Dörfern als Folge der Abwanderung der ländlichen Bevölkerung in die Städte, genannt.[208]

Im familiären Bereich haben sich seit den 80er Jahren große strukturelle Veränderungen vollzogen. Diese beziehen sich auf das Heiratsalter, auf die Zeit, die für die Betreuung von Kleinkindern bereitgestellt wird, und auf die Stabilität der Ehe.

Tabelle 29: Durchschnittliches Heiratsalter bei der ersten Eheschließung

	Frauen	Männer
1960	21.6	25.4
1966	22.8	26.7
1970	23.3	27.1
1975	23.6	27.4
1980	24.1	27.3
1985	24.8	27.8
1990	24.9	27.9
1995	25.4	28.4
2000	26.5	29.3
2001	26.8	29.6
2002	27	29.8
2003	27.3	30.1
2004	27.5	30.6

Quelle: Eigene Zusammenstellung auf der Grundlage von Daten des NSO(Hg.), 1993, 1996, 2000-2005: *in-gu dong-tae tong gye yeon-bo* [Annual Report in the Vital Statistics].

Die familienstrukturellen Veränderungen finden vor dem Hintergrund einer ökonomischen, technischen und gesellschaftlichen Entwicklung statt, die einem großen Teil der Bevölkerung Wohlstand gebracht hat. Bei der ersten Eheschließung von Frauen und Männern ist ein immer späteres Alter zu beobachten[209], bedingt durch eine längere Schulausbildung und Orientierung an höher qualifizierten Berufen. Während das durchschnittliche Heiratsalter der Frauen 1960 noch bei 22 Jahren lag, ist es bis 2004 auf 27,5 Jahre angestiegen.[210]

---

208 Kwan, T. H./Choi, J. H., 1995: *Bevölkerung und Familie in Korea.* S. 250ff.; Shin, Y. H. /Chang, K. S., 1996: *Koreanische Gesellschaft und Gemeinschaftskultur im 21. Jahrhundert.*

209 Vgl. KWDI, 2005, S. 83.

210 Vgl. NSO(Hg.), 1996, 2000-2005: *in-gu dong-tae tong gye yeon-bo* [Annual Report in the Vital Statisics].

Die Zahl der Ehescheidungen nahm von 23.663 im Jahr 1980 auf 169,096 im Jahre 2003 zu. Die Scheidungsrate der 20 bis 40-jährigen Frauen betrug im Jahre 1988 nur 2.7%, sie stieg bis zum Jahr 2003 auf 8.6% an.[211] Neben den steigenden Scheidungsquoten gehören ein höheres Alter bei der Geburt des ersten Kindes und weniger Geburten[212] zum Wandel der Familienstruktur. Der Familienstand, das Alter sowie die Zahl der Kinder sind nach wie vor entscheidende Determinanten der Frauenerwerbstätigkeit sowie der weiblichen Berufskarriere. Für den Strukturwandel in der Familie (kürzer gewordene Elternphase bei der Betreuung der Kinder, wachsende Bedeutung Alleinerziehender und der Stiefeltern) spielen das Qualifikationsniveau und die berufliche Tätigkeit eine bedeutende Rolle.

Tabelle 30: Eheschließungen und Scheidungen

Jahr	Eheschließungen	Scheidungen
1980	403.031	23.662
1985	376.847	38.838
1990	399.312	45.694
1991	416.872	49.205
1992	419.774	53.539
1993	402.593	59.313
1994	383.121	65.015
1995	398.484	68.79
1996	434.911	79.895
1997	388.591	91.159
1998	375.616	116.727
1999	362.673	118.014
2000	334.030	119.982
2001	320.063	135.014
2002	306.573	145.324
2003	304.932	169.096

NSO(Hg.), 1993, 1996, 2000-2005: *in-gu dong-tae tong gye yeon-bo* [Annual Report in the Vital Statistics].

Frauen begreifen die Familie immer seltener als primäre oder gar einzige Lebensaufgabe und reinterpretieren ihre Rolle innerhalb der Familie. Dieser Bedeutungswandel lässt sich als Folge einer Modernisierung sozialer und rechtlicher Normen begreifen. Lebensverläufe sind durch eine wachsende Zahl an Entscheidungsmöglichkeiten gekennzeichnet, was den Spielraum zur individuellen Gestaltung desselben erhöht.

211 Vgl. NSO(Hg.), 1995-2005: *han-guk tong-gye yeon-gam* [Korea Statistical Yearbook].

212 Vgl. NSO(Hg.), 1996, 2000-2005: *in-gu dong-tae tong gye yeon-bo* [Annual Report in the Vital Statisics].

Der Modernisierungsprozess trägt somit zur Destabilisierung tradierter familiärer Lebensformen bei und generiert über die Eröffnung neuer Möglichkeiten eine Heterogenität sozialer Beziehungen.

Die Ursache für familienstrukturelle Veränderungen wird oft in der schlechten Vereinbarkeit von Familie und Beruf gesehen. Eine der wichtigsten Ursachen für die Mehrfachbelastung der erwerbstätigen Frauen ist das Fortbestehen der konfuzianisch orientierten gesellschaftlichen Wertvorstellungen über die Arbeitsteilung der Geschlechter und der damit verbundene Führungsanspruch des Mannes in der Familie. Der Mann gilt heute immer noch als der Familienernährer und die Frau als für den Haushalt zuständig, obwohl viele verheiratete Frauen berufstätig sind.

Nach Huinink[213] ist der Bildungsabschluss bei Frauen eine zentrale Variable bei der Familienbildung. Bei den koreanischen Frauen mit abgeschlossener Ausbildung ist eine spätere Familiengründung zu beobachten, während bei den weniger ausgebildeten Frauen das Muster einer relativ frühen Familiengründung beibehalten wird.

Ein höheres Bildungs- und Ausbildungsniveau führt zu einem längeren Verbleib im Bildungssystem. Dies betrifft Männer und Frauen gleichermaßen. Sie schieben folglich den Zeitpunkt ihres Übergangs vom abhängigen Status eines Jugendlichen zum unabhängigen Status eines Erwachsenen hinaus. Das durchschnittliche Alter bei Aufnahme der ersten Erwerbstätigkeit steigt: Während im Jahre 1980 34,4 % der 15- bis 19-jährigen Frauen und 27,3 % der 15- bis 19-jährigen Männer erwerbstätig waren, beträgt dieser Anteil 2004 nur noch 8,5 % bei den Männern und 11,0 % bei den Frauen.[214]

Folgende, in der Familiensoziologie allgemein beschriebenen Tendenzen lassen sich auch in Korea beobachten: Das Heiratsalter der Frauen und Männer und das Alter der Frauen bei der Geburt ihres ersten Kindes nehmen seit den 80er Jahren ständig zu,[215] bedingt durch eine verlängerte Ausbildung und durch höhere Berufsmotivation.

213 Vgl. Huinink, J., 1989: *Ausbildung, Erwerbsbeteiligung von Frauen und Familienbildung im Kohortenvergleich.*

214 Vgl. NSO(Hg.),1994-2004: *ji-nan 30 nyeon-gan go-yong sa-jeong ui byeon hwa* [Comprehensive Time Series Report on the Economically Active Population Survey]; NSO (Hg.), 1985,1990-2005: *gyeong-je hwal-dong in-gu yeon-bo* [Annual Report on the Economically Active Population Survey].

215 Vgl. KWDI, 2002, S. 55-66.

Aufgrund zunehmender Individualisierungstendenzen lösen sich die Frauen immer weiter aus der Familie heraus, weg vom „Dasein für andere" zu einem Stück „eigenes Leben".[216] Das „erzeugt bei den Frauen eine Ambivalenz. Da Erwerbs- und Familienarbeit selten vereinbar sind, müssen sich Frauen entscheiden: Familienleben und keine bzw. verringerte Erwerbsbeteiligung mit allen materiellen und ideellen Folgen oder Erwerbsleben und damit einhergehend ein partieller bzw. totaler Verzicht auf die Familie."[217]

„Heirat" und „Kinder" verlieren für Frauen in dem Maße an Bedeutung, in dem sie durch höhere Bildung und verbesserte Karrierechancen ihre Arbeitsmarktorientierung verändern. Zwischen den langfristigen Berufsperspektiven der Frauen und ihrer Entscheidung, wenige Kinder zu haben, besteht ein Zusammenhang. Diese Frauen haben eine hohe Berufsmotivation, beabsichtigen, langfristig erwerbstätig zu sein, sind finanziell unabhängig und möchten ihren Lebensunterhalt durch ein eigenes Einkommen finanzieren. Das Vorhandensein von Kindern im eigenen Haushalt führt zu Konflikten zwischen beruflichen Ansprüchen und der Elternrolle. Das „Umsorgen" der Kinder ist zu einem vorübergehenden Lebensabschnitt geworden.

Die steigende Frauenerwerbstätigkeit ist sowohl als Folge der gestiegenen Instabilität von Ehen, als auch als Ursache der gestiegenen Scheidungshäufigkeit – wegen der Vereinbarkeitskonflikte zwischen Familie und Beruf einerseits und der besseren materiellen Absicherung andererseits – zu interpretieren. Die Erwerbstätigkeit der Frau ist eine wichtige Absicherung gegen ökonomische Risiken, wie etwa eine Ehescheidung. Diese führt wiederum für alleinstehende Frauen dazu, berufstätig zu sein. Für sie ist es eine Notwendigkeit geworden, sich ökonomisch abzusichern. Die Erwerbstätigkeit bietet eine Basis für die ökonomische und soziale Unabhängigkeit und die Selbstverwirklichung.

---

216 Vgl. Beck-Gernsheim, E., 1983: Vom „Dasein für andere" zum Anspruch auf ein Stück „eigenes Leben". Individualisierungsprozesse im weiblichen Lebenszusammenhang, in: *Soziale Welt*, Jg. 34, S. 307-309.

217 Vgl. Blättel-Mink, B. / Kramer, C. / Mischau, A., 1998: *Lebensalltag von Frauen zwischen Tradition und Moderne. Soziale Lage und Lebensführung von Frauen in zwei Landkreisen Baden- Württembergs*, S. 13.

3.1.3 Innerfamiliäre Arbeitsteilung zwischen den Geschlechtern sowie deren Folgen

Trotz zunehmender Frauenerwerbstätigkeit ist weiterhin die geschlechtsspezifische Aufgabenteilung und Rollenzuweisung in der Familie zu beobachten. Die Familie, die nicht nur eine soziale Gruppe, sondern eine wirtschaftliche und kulturelle Einheit darstellte, war in der traditionellen konfuzianischen Gesellschaft der Kern der sozialen Institutionen. Das patriarchalisch ausgerichtete Ordnungsprinzip zwischen den Geschlechtern war ein Bestandteil des Konfuzianismus. Da dieser weniger als eine Religion zu betrachten ist, sondern vielmehr zur kulturellen Basis für das alltägliche Leben geworden ist, stützt er die Autorität des Mannes auch im familiären Leben.
Zum Leitbild der konfuzianischen Familie gehört die Polarisierung der Geschlechterrolle. Folgende Tabelle zeigt die Einstellung zur Dauer der Erwerbstätigkeit der Frauen. Diese spiegelt die gesellschaftliche Rollenzuweisung der Frauen wider. 1988 waren nur 10,8% der Südkoreaner der Meinung, dass Frauen ihren Beruf unabhängig vom Familienstand ausüben sollten. Obwohl im Jahr 2002 jeder dritte Koreaner diese Auffassung teilte (35,4%), war der bei weitem größere Teil noch immer anderer Meinung.[218]

Tabelle 31: Einstellung zur Dauer der Frauenerwerbstätigkeit (in %)

	1988			1995			1998			2002		
	Total	W	M	Total	W	M	Total	W	M	Total	W	M
Beschäftigung nur im Haushalt	21,2	17,5	25,4	15,8	12,1	19,6	10,0	8,5	11,6	8,1	6,0	10,3
Erwerbstätigkeit nur bis zur Heirat	26,3	17,8	28,7	13,2	11,3	15,1	11,6	10,3	13,1	5,2	4,4	6,1
Erwerbstätigkeit vor der Geburt des ersten Kinds	-	-	-	-	-	-	7,5		8,4	6,8	5,5	8,1
Erwerbstätigkeit nach der Kindererziehung	21,0	23,9	19,3	16,1	16,1	16,1	14,5	14,0	15,0	13,8	13,4	14,3
Erwerbstätigkeit vor der Heirat und nach der Kindererziehung	20,7	24,6	18,2	34,1	35,8	32,3	26,4	27,6	25,2	25,4	26,2	24,6
Erwerbstätigkeit unabhängig vom Familienstand	10,8	16,7	8,4	20,9	24,7	16,8	26,8	30,4	23,1	35,4	40,2	30,2
Keine Angabe	-	-	-	-	-	-	3,1	2,6	3,7	5,2	4,2	6,3
Total	100	100	100	100	100	100	100	100	100	100	100	100

Quelle: NSO(Hg.), 2002: *han-guk-ui sa-hoe ji-pyo* [Social Indicators in Korea]; KWDI, *han-guk yeo-seong tong-gye yeon-bo* [Statistic Yearbook on Women], S. 318.

218 Vgl. KWDI, 2004, S. 324.

Der Familismus und der Gruppenkollektivismus sind aufgrund der mit ihnen einhergehenden Verpflichtungen gegenüber Familienangehörigen ein potentielles Hindernis für die Frauenerwerbstätigkeit. Die Erfüllung der Aufgaben der Frauen innerhalb der Familie ist mit einem großen Arbeitsaufwand verbunden. Mit der Zunahme weiblicher Erwerbstätigkeit sind Frauen auch häufiger von einer Mehrfachbelastung betroffen. „In einer Befragung von Ok, S.W. (1982, zitiert nach Yang, 1990) zur praktizierten Rollenaufteilung in der Partnerschaft von 653 berufstätigen, verheirateten Frauen gaben 80% der Befragten an, Haushaltstätigkeiten wie Kochen, Waschen und Aufräumen in der Partnerschaft alleine zu erledigen. In den befragten Familien waren zu 70,6% die Männer die Hauptverdiener, das Regeln von Geldangelegenheiten sahen jedoch 61,6% der Frauen als ihre Aufgabe an."[219]

Viele Männer betrachten Hausarbeit als Frauensache, unabhängig davon, ob die Frau erwerbstätig ist oder nicht. Nach einer südkoreanischen Statistik gaben 2002 70,9% der Männer an, dass die Frau allein oder hauptsächlich für die Hausarbeit zuständig ist.[220] Die Aufgaben wie Kochen, Geschirrspülen und Putzen wurden zu 75,2% bis 99,2% überwiegend von Frauen erledigt, unabhängig davon, ob die Frau berufstätig war oder nicht.[221] Der südkoreanische Ehemann ist auch durch die Erwerbstätigkeit seiner Frau kaum zu einer Mithilfe in Hausarbeit zu bewegen.

So geht die Berufstätigkeit der Frau sehr häufig zu Lasten anderer weiblicher Familienangehöriger. Das größere Arbeitspensum wird auf mehrere weibliche Schultern verteilt, ohne dass ein emanzipatorischer Prozess in Gang käme, bei dem die Rolle des Mannes im Haus in Frage gestellt würde. Besonders betroffen hiervon sind die unteren Schichten, während sich die Frauen der mittleren und höheren sozialen Schichten bezahlte Hilfe für den Haushalt leisten können. Für südkoreanische Frauen ist es besonders schwer, Erwerbstätigkeit und Kindererziehung miteinander zu verbinden. 2004 brachten Frauen am Tag 3 Stunden und 18 Minuten mit Hausarbeit zu,

219 Vgl. Quiser-Pohl, C., 1996, *Übergang zur Elternschaft und Familienentwicklung in Deutschland und Südkorea. Eine interkulturelle Untersuchung*, S. 45.
220 Vgl. KWDI, 2004, S.101.
221 Vgl. KWDI, 2005, S.61.

Männer nur 26 Minuten[222] - unabhängig davon, ob die Frau berufstätig war oder nicht.
Die Zunahme der Frauenerwerbstätigkeit, die fortbestehende geschlechtsspezifische Aufgabenverteilung, die Rollenzuweisung in der Familie sowie die damit zusammenhängende Doppelbelastung der Frauen führen u.a. dazu, dass viele junge Koreanerinnen sich der ihnen zugewiesene Rolle entziehen. In Südkorea ging die Zahl der Neugeborenen in den letzten Jahrzehnten drastisch zurück: Koreanerinnen im gebärfähigen Alter (zwischen 15- und 49- Jährigen) bekamen im Jahre 1970 durchschnittlich 4.53 Kinder, die Geburtsrate fiel auf 2,83 im Jahr 1980, auf 1,59 im Jahr 1990 und sank bis auf 1,47 im Jahr 2000. Im Jahr 2004 betrug sie nur noch 1,16[223] Damit kommen in Südkorea weltweit die wenigsten Kinder zur Welt.[224]

Die geschlechtsspezifische Diskriminierung, die tendenziell schon immer eine Bevorzugung männlicher Nachkommen erkennen ließ, führt heute bisweilen sogar zu einer gezielten Abtreibung weiblicher Embryos - eine Praxis, die nicht nur moralische Fragen aufwirft, sondern, streng genommen, eine Menschenrechtsverletzung darstellt. Die Bevorzugung des Sohnes ist eine von der sozialen Schicht unabhängige, in Südkorea allgemein gültige Tendenz, deren Ursprung in der konfuzianischen Ungleichstellung der Geschlechter zu suchen ist. Es ist Ärzten gesetzlich streng verboten, der werdenden Mutter das Geschlecht des Fötus mitzuteilen. Obgleich Zuwiderhandlung mit empfindlichen Strafen bedroht wird, liegt die Abtreibungsrate weiblicher Embryos unvermindert hoch bei etwa 22.000 pro Jahr. Es ist daher keine Übertreibung, dass die geschlechtsspezifische Diskriminierung bereits vor der Geburt beginnt.
Einen Sohn zu gebären, ist immer noch eine wichtige Aufgabe der Frau. Keinen Sohn zu haben, gilt in der konfuzianisch geprägten koreanischen Gesellschaft als untugendhaft, weil die „Kindespietät" vor allem in der weiteren Vererbung des Familiennamens und in der Ahnenverehrungszeremonie besteht. Die Geschlechtsrelation

222 Vgl. KWDI, 2005, S. 97.
223 Vgl. KWDI, 2005, S. 62.
224 Vgl. NSO (Hg.), 2005: *han-guk-ui sa-hoe ji-pyo* [Social Indicators in Korea], S. 167.

„Söhne/Töchter" der Neugeborenen belief sich auf 116,5 zu 100 im Jahr 1990, auf 113,2 zu 100 im Jahr 1995 und auf 110,2 zu 100 im Jahre 2000.[225] Ein gewisses Umdenken in der koreanischen Gesellschaft und das Verbot, werdenden Müttern das Geschlecht des Fötus mitzuteilen (was häufig zur Abtreibung eines weibliche Embryos führte), zeigt langsam Wirkung. Die Geschlechtsrelation „Söhne/Töchter" von Neugeborenen ging bis zum Jahr 2004 auf 108,2 zu 100 zurück. Trotz dieser positiven Entwicklung ist das Missverhältnis der Geschlechter bei Familien mit mehreren Kindern immer noch ausgeprägt. Im Jahre 1994 kamen unter den Drittgeborenen auf 100 Mädchen 202,2 Jungen, unter den Viertgeborenen waren es 100:224,2. Und im Jahr 2004 betrug das Verhältnis unter den Drittgeborenen immer noch 100 Mädchen zu 132 Jungen, unter den Viertgeborenen 100 Mädchen zu 138,4.[226]
Viele Koreaner lassen Ultraschalluntersuchungen zur Bestimmung des Geschlechts illegal oder im Ausland durchführen. Die höhere Einschätzung von männlichen Nachkommen und die damit verbundene hohe Abtreibungsrate von weiblichen Embryonen bewirkt, dass Mädchen schon in den Grundschulen in der Minderzahl sind.

Insgesamt zeigt sich, dass sich in den institutionell verfestigten Geschlechterarrangements in der koreanischen Familie kulturelle Werthaltungen reproduzieren, die sich wenigstens zum Teil auf konfuzianische Traditionen zurückführen lassen. Dies macht sich in der geschlechtspezifischen Arbeitsteilung, in den Abtreibungsquoten weiblicher Föten oder in der familialen Bevorzugung der Söhne bemerkbar. Konfuzianische Werte sind hier in Alltagskulturen aufgegangen, die sich in den institutionellen *Settings* der Familie gesellschaftlich reproduzieren und damit Akteuren – Männern wie Frauen – nach wie vor Handlungsorientierung geben. Nicht nur, dass die Prämien in Form sozialer Anerkennung nach wie vor hoch, vielleicht sogar im Zuge der nachlassenden Geburtenhäufigkeit noch gestiegen sind und der Entzug von Anerkennung aufgrund des Gruppenkollektivismus von den Akteuren vielfach höher bewertet wird, nicht nur, dass die „Trägerschichten" dieser familialen Werte zu den gesellschaftlichen Eliten gehören und aufgrund der geschlossenen Elitestruktur einen

225 Vgl. KWDI, 2005, S. 60.
226 Vgl. KWDI, 2005, S. 60.

besonders hohen sozialen Status genießen, sondern auch, dass sich bei aller Säkularisierung und Modernisierung Sinnhorizonte damit verbinden lassen, die unhinterfragte, für den einzelnen Akteur nicht immer bewusste Handlungsparameter darstellen, die lebensweltliche Entscheidungen prägen. Sie reproduzieren sich auch durch nicht immer zum Thema werdende gesellschaftliche Erwartungen an Formen der Lebensführung, welche – einmal verinnerlicht – zur Bestimmung individuellen Glücks oder Unglücks beitragen, ob man will oder nicht.

3.2 Konfuzianische Werte in Unternehmen: Zu einigen Aspekten der koreanischen Unternehmenskulturen

Neben und in Verbindung mit den familialen Institutionen entfalten auch wirtschaftliche Institutionen eine spezifische kulturelle Prägekraft auf die Handlungsorientierungen der Akteure und tragen auf diese Weise zur Reproduktion der geschlechtsspezifischen Arbeitsmarktsegregation bei. Ins Zentrum der Argumentation rückt hier der Einfluss kultureller Wertprägungen auf die Unternehmenskulturen. Sowohl die wirtschaftliche als auch die politische Entwicklung Südkoreas vollzieht sich innerhalb eines spezifischen kulturellen Musters. Die konfuzianische Tradition bildet eine eigene Diversitätsform des ursprünglich chinesischen Konfuzianismus. „In der Entwicklungssoziologie gewinnt (...) die These einer sozio-strukturell und kulturell begründeten Verschiedenheit grundverschiedener, aber gleich erfolgreicher kapitalistischer Entwicklungspfade an Plausibilität. In diesem Zusammenhang hat in den letzten Jahrzehnten auch das Schlagwort vom `konfuzianischen Kapitalismus´ an Bedeutung gewonnen. Mit ihm ist die Vorstellung verbunden, dass der Konfuzianismus dem Kapitalismus in Ostasien seine Konturen verleiht, Strukturen und Institutionen in der Region maßgeblich prägt. Die starken Familienbindungen, eine starke Betonung von Bildung, die Wertschätzung der Autorität von Verwaltungs- und Regierungseliten, starke Senioritäts- und Gemeinschaftsorientierungen sowie weltlich orientierte Prinzipien der Kultivierung des Selbst – dieses konfuzianische Erbe hat zentrale Institutionen der Gesellschaft und damit auch die kapitalistische Entwicklung in

der Nachkriegszeit mit geprägt."[227] Die politische Entwicklung im modernen Südkorea ist tief in der konfuzianischen Tradition verwurzelt. Elemente wie Harmonie, Familismus, politischer Konservatismus und eine Tendenz zur Hierarchisierung stehen im Vordergrund.
So gibt es einen engen Zusammenhang zwischen der hierarchischen Struktur der Unternehmen und der politischen Kultur eines autoritären Staates, der von einem machtvollen Präsidenten geführt wird. Die Ethik des Konfuzianismus stützt die Beziehungsmuster „persönliche Pietät" und „familiäre Solidarität", welche die Basis für die Zusammenarbeit von Großunternehmen (*Chaebol*) und Staat darstellt.[228] Die Hierarchisierung der zwischenmenschlichen Beziehungen wurde über die Familie hinaus auf die Unternehmenskultur übertragen. Daraus resultierende Autoritätsverhältnisse sind Merkmale der südkoreanischen Wirtschaft. In diesem Kontext wurde das einzelne Unternehmen zu einer großen Familie.

Dass sowohl das wirtschaftlich reformierte Militärregime als auch die Verwaltungs- und Regierungseliten zu Protagonisten der Industrialisierung wurden, lässt sich historisch begründen. Während der Lee-Dynastie verhinderten Regierende und Intellektuelle erfolgreich die Entwicklung anderer Organisationen außer dem Beamtentum. Darüber hinaus wurde unter der japanischen Herrschaft die Entwicklung aller selbständigen Organisationen blockiert. So gab es nach der Befreiung Koreas von der japanischen Kolonialherrschaft außer der Militärgruppe und der Beamtenschicht keine nennenswerten Organisationen. Die koreanische Industrialisierung wurde durch die bürokratische Organisation des Beamtentums vorangetrieben.[229]
Ein besonderes Wirtschaftsplanungsamt, das die Entwicklungspläne zur Industrialisierung entwarf, wurde in den 60er Jahren als wichtigstes und mächtigstes Ministerium[230] für die Wirtschaftsentwicklung der Nation neu etabliert. Für die exportorientierten Unternehmen gab es zahlreiche Vergünstigungen, während die Arbeiterbewegung von Seiten der Regierung streng kontrolliert wurde, was wiederum ein niedri-

227 Vgl. Pohlmann, 2002, S. 23-24.
228 Vgl. Jetzkowitz, J./ König, M., 1998, S. 34-35.
229 Vgl. Cha, S. H., 1998, S. 58.
230 Vgl. Cha, S. H., 1998, S. 58.

ges Lohnniveau sicherstellte. Unter solchen Bedingungen konnten kapitalistische Großunternehmen (*Chaebol*), die aus Familienunternehmen hervorgegangen sind,[231] entstehen. Der Anteil der *Chaebol* an der Produktion nahm von 39% im Jahre 1967 auf 55% im Jahre 1979 zu, der Beschäftigungsanteil von 27% auf 43%.[232] Die *Chaebol* wurden von der Regierung gefördert und standen mit der Regierung in einer Beziehung konfuzianischer Pietät.
Eine solche Pietätsbeziehung ist auch innerhalb der modernen bürokratischen Organisation eines Großbetriebs und in der hierarchischen Struktur zwischen den großen Unternehmen und den davon abhängigen mittleren und kleinen Betrieben zu beobachten. „Die Amtshierarchie in Korea bezieht sich immer auf die Hierarchie eines sozialen, gesellschaftlichen ‚Standes'. Daher fordert der Arbeitgeber in Korea von dem Arbeiter nicht nur die entsprechenden Fachkenntnisse, sondern auch eine persönliche Pietät, die die Erfüllung der wichtigsten Verpflichtungen in der heutigen Gesellschaft beweise und garantiere."[233]

So waren in Südkorea konfuzianische Werte an der Ausformung einer *corporate culture* beteiligt: „Während ‚corporate identity' als Ziel der Herausarbeitung eines unverwechselbaren Profils verstanden werden kann, bei dem es darum geht, nach außen positive Signale und Assoziationen mit dem Firmennamen und Firmenlogo auszulösen und nach innen die Identifizierung aller Mitarbeiter mit dem Unternehmen und Unternehmensziel zu bewirken, lässt sich ‚corporate culture' eher auf das gesamte kulturelle Umfeld anwenden, in dem ein Unternehmen tätig ist; dabei kann

231 „*Chaebols* are multi-company business groups operating in a wide range of markets under common entrepreneurial and financial control. Although holding companies are prohibited and each company is legally independent, *Chaebols* are, nonetheless, characterized by centralized planning and coordination. These business groups have been a driving force behind Korea´s successful export-led growth and rapid industrialization. Given the scarcity of entrepreneurial talent in the early stages of development, economic resources became concentrated around the founders of these groups. The success of the *Chaebols* also reflects their ability to overcome the imperfections of factor markets such as those for capital, labour and technology, and to benefit from the synergies and economies of scope that are possible in large organizations."(Vgl. Lim, T. L., 2000, S. 109).
232 Vgl. Lee-Peuker, M. Y., 2004, *Wirtschaftliches Handeln in Südkorea* S. 172.
233 Vgl. Cha, S. H., 1998, S. 60.

ein solches Unternehmen z.B. durch gezieltes Mäzenatentum unmittelbar an der Gestaltung dieses kulturellen Umfeldes mitwirken“[234]
Die Zentralwerte des traditionellen Konfuzianismus wie Familismus, Rangordnung, Kollektivismus und soziale Statusakzeptanz üben auf die Gestaltung der Unternehmenskultur einen Einfluss in der heutigen koreanischen Gesellschaft aus.

3.2.1 Familismus

Der Familismus, der sowohl ein zentraler Wert des Konfuzianismus als auch des Schamanismus ist, beeinflusst nicht nur die Unternehmensstruktur, sondern auch den Führungsstil. Die Familie galt als Kerngruppe der Gesellschaft. Der Familismus, also „die überspannten Verpflichtungs- und Gehorsamsbindungen in der Großfamilie, ließ sich als Begründung für die sich entwickelnden Wirtschafts- und Unternehmenskulturen anführen.“[235] Die Verpflichtungs- und Gehorsamsbindungen sowie das Vorhandensein von persönlichem Vertrauen[236] innerhalb der Unternehmenskultur waren eine gute Voraussetzung für das Wachstum der familiären Großunternehmen, die meistens in der Industrialisierungsphase durch den Zusammenschluss von Kleinbetrieben innerhalb des leicht verarbeitenden Gewerbes bis hin zur Schwerindustrie entstanden sind.[237] „The Fair Trade Commission is required by law to identify each year the 30 largest business groups, which are subject to special regulations. In 1996,

234 Vgl. Pohl, M., 1996, S. 162.
235 Vgl. Pohl, M., 1996, S. 165.
236 „Die personalistische Schranke der Versachlichung hat auch für die Wirtschaftsgesinnung ohne allen Zweifel, als eine Schranke der objektivierenden Rationalisierung, erhebliche Bedeutung gehabt, indem sie den Einzelnen immer erneut innerlich an seine Sippen- und sippenartig mit ihm verbundenen Genossen, jedenfalls an >Personen<, statt an sachliche Aufgaben (>Betriebe<) zu binden die Tendenz hatte. Gerade sie war, wie die ganze Darstellung ergab, auf das Intimste verknüpft mit der Art der chinesischen Religiosität, mit jener Schranke der Rationalisierung der religiösen Ethik, welche die maßgebende Bildungsschicht im Interesse der Erhaltung der eigenen Stellung festhielt. Es ist von sehr erheblicher ökonomischer Bedeutung, wenn alles *Vertrauen*, die Grundlage aller Geschäftsbeziehungen, immer auf Verwandtschaft oder verwandtschaftsartige rein persönliche Beziehungen gegründet blieb, wie dies in China sehr stark geschah. Die große Leistung der ethischen Religionen, vor allem der ethischen und asketischen Sekten des Protestantismus, war die *Durchbrechung* des Sippenbandes, die Konstituierung der Überlegenheit der Glaubens- und *ethischen* Lebensführungsgemeinschaft gegenüber der *Bluts*gemeinschaft, in starkem Maße selbst gegenüber der Familie.“ (Vgl. Weber, M., 1988, S. 523).
237 Vgl. Lee, S. J, 1996, S. 221.

this group accounted for about two-fifths of the capital stock in the mining and manufacturing sector and almost a fifth of employment. In terms of shipments, the *chaebols'* share has fluctuated between 35% and 40% since late 1970s. In general, their share declined during periods of rapid expansion, as new firms entered the markets and increased during periods of slower growth. There is a considerable gap, though, between the largest *chaebols* and the other business groups. In particular, the top five have steadily increased their share of shipment over the past twenty years and, at present, account for about a quarter of the total in the mining and manufacturing sector. The business groups, however, are less important in the service sector."[238]

Die Gründer südkoreanischer Großunternehmen bzw. ihre Nachfolger sind Oberhäupter der *Chaebol*-Familien. Als solche besetzen sie die zentralen Positionen auf der Führungsebene häufig mit *Chaebol*-Familienangehörigen.[239] Eine 1978 durchgeführte Untersuchung zeigt, dass von 2.797 Managern in südkoreanischen Großunternehmen 12% durch Blutsbande oder durch Einheirat mit dem Unternehmensgründer verwandt waren, dabei wurden die 76 Unternehmensgründer nicht mitgezählt.[240] Einige Studien aus den 80er Jahre ergaben, dass bei den größten *Chaebol*-Unternehmen zwischen 31% und 45% der Topmanager Angehörige der Gründerfamilie waren.[241] „Nimmt man wiederum die zehn größten *Chaebol* als Beispiel, so bestätigt sich die durch den Familienbesitz zementierte Konstanz in der Führungskräftestruktur in der südkoreanischen Wirtschaft eindrucksvoll: Neun von zehn Präsidenten bzw. Vorstandsvorsitzenden der größten südkoreanischen Unternehmensgruppen sind Gründer oder der Gründerfamilie angehörig. Zwar hat in der langen letzten Dekade des 20. Jahrhunderts in fünf von zehn Fällen ein Wechsel stattgefunden, aber nur in einem Fall ist dabei ein außerfamilial rekrutierter, professioneller Manager zum Zuge gekommen“.[242]

238 Vgl. Lim, Y. T., 2000, S. 110.
239 Vgl. Park, J. S.,1999, S. 164.
240 Vgl. Fukuyama, F., 1995: Konfuzius und Marktwirtschaft. Der Konflikt der Kulturen, S. 166.
241 Vgl. Shin, Y. K., 1985: *Structure and Problems in Korean Enterprises*; Yoo, S. J. et. al, 1987; „Management Style and Practice of Korean Chaebols“, in: *California Management Review*, Summer; Steers R. M. et. al, 1989: *The Chaebol: Koreas New Industrial Might.*
242 Vgl. Pohlmann, M., 2002, S. 239.

Allen vergleichenden Managementstudien zufolge sind koreanische Unternehmen hierarchisch, autoritär und zentralistisch organisiert. Das ist insbesondere bei *Chaebols* unter der Führung der Gründungsväter augenfällig.[243] Die südkoreanischen Großunternehmen passen sich „nur langsam und widerwillig an Erfordernissen wie professionelles Management, breite Streuung des Aktienbesitzes, Trennung von Leistung und Eigenschaft und eine unpersönliche hierarchische Unternehmenskultur“[244] an.

In der südkoreanischen Gesellschaft und „in chinesischen Gesellschaften ist die Neigung sehr stark ausgeprägt, nur Verwandten zu vertrauen, entsprechend groß ist das Misstrauen, welches Menschen außerhalb der eigenen Familie oder des eigenen Klans entgegen gebracht wird (...) Dieser Mangel an Vertrauen außerhalb der Grenzen der eigenen Familie macht es nicht miteinander verwandten Menschen sehr schwer, Gruppen und Organisationen einschließlich großer Wirtschaftsunternehmen zu bilden.“[245]

3.2.2 Kollektivismus

Nach dem konfuzianisch geförderten rollenspezifischen Verhaltensmuster ist das Individuum von den Gruppennormen abhängig. Der Kollektivismus als einer der Zentralwerte des Konfuzianismus funktioniert auf der Grundlage von Ungleichheit zu Ungunsten der Frauen. In einer hierarchisch gegliederten Ordnung in einem Betrieb mit männerdominierter Netzwerkstruktur ist die Benachteiligung der Frauen im Beschäftigungssystem auf rational nicht begründbare Vorurteilsstrukturen bei Arbeitgebern und Kollegen zurückzuführen.

Das Einstellungsverhalten der Arbeitgeber, das durch konfuzianische Vorstellungen von der Rolle der Frauen mitbestimmt wird, verstärkt die Diskriminierung der Frau-

---

243 Vgl. Fukuyama, F., 1995. S, 168.
244 Vgl. Fukuyama, F., 1995, S. 166.
245 Vgl. Fukuyama, F., 1995, S. 99.

en auf dem Arbeitsmarkt. Bei der Besetzung von Nachwuchspositionen spielt die Geschlechterzugehörigkeit neben den Schul- und Universitätsverbindungen und dem Regionalismus, d.h. der Herkunft aus einer bestimmten Region, eine große Rolle: Südkoreanische Alumni-Netzwerke *(Hag Yeon)* sind als über den Bildungsverlauf vermittelte neue Gruppenzugehörigkeiten zu verstehen. Die Hochschulabsolventen unterstützen sich auch nach Abschluss der Universitätsausbildung wechselseitig und bilden sowohl intra- als auch interbetriebliche Netzwerke. Auch Berufs-Eliteschulen spielen hier eine große Rolle.
„Nach dem Jahrgang des Hochschuleintritts oder Schulabschlusses ergeben sich Klassenkameradschaften oder ‚Senior-Junior-Beziehungen'. Zur Förderung bzw. Aufrechterhaltung der freundschaftlichen Beziehungen werden *‚Dong-mun-hwae'* als Absolventenvereinigungen von Klassen oder Abschlussjahrgängen (höhere Schule, Universität) organisiert. Die Mitglieder treffen sich in regelmäßigen Abständen. Eine wesentliche Zielsetzung des Zusammenschlusses ist die Verstärkung ihrer gefühlsmäßigen Verbundenheit. Freilich eröffnen die *Hag-Yeon*-Bindungen den Einzelnen wegen ihrer lockeren Verbundenheit und breiten Verstreutheit in unterschiedlichen gesellschaftlichen Organisationen auch Zugang zu verschiedenen Informationen und Unterstützungen. Damit stellen sie in der gegenwärtigen südkoreanischen Gesellschaft neben dem familiären sozialen Kapital die „wichtigste" Form des sozialen Kapitals dar. Es kommt vor allem bei beruflichen Ein- und Aufstiegsvorgängen zum Einsatz."[246]

Die auf einer gemeinsamen regionalen Herkunft basierende soziale Beziehung (*Ji-Yeon*) ist in der südkoreanischen Unternehmens- und Politikkultur von besonderer Bedeutung. Insbesondere im Wahlkampf werden Politiker nicht nur wegen ihrer Programme, sondern auch aufgrund ihrer landsmannschaftlichen Herkunft gewählt.[247]
„Der ausgeprägte Regionalismus ist nicht nur als ‚politisches' Kapital in der politischen Landschaft Südkoreas, sondern auch als ‚ethnisches' Kapital in Form von wirtschaftlichen Abstützungsressourcen von Bedeutung. Überdurchschnittlich viele An-

246 Vgl. Park, J. S., 1999, S. 88-89.
247 Vgl. Park, J. S., 1999, S. 88.

gehörige der wirtschaftlichen Eliten Südkoreas stammen aus den Regionen Youngnam und Seoul."[248]

Durch enge Schul- und Universitätsbindungen und den Regionalismus ist die Unterstützung für Frauen weniger gewährleistet als für Männer, und ihr Zugang zu wettbewerbsorientierten Prüfungen für Nachwuchspositionen ist von Anfang an erschwert. Die konfuzianisch orientierten Handlungsmuster der Unternehmen sind ein negativer Faktor auf dem Weg zur Gleichstellung der Frau.

3.2.3 Statusakzeptanz und Rangordnung

Auch Werte wie Statusakzeptanz und Rangordnung, die sich an persönlichen „Pietätsbeziehungen" orientieren, sind in der koreanischen Unternehmenskultur nach wie vor zu beobachten. Entsprechend den konfuzianischen Werten sind die Untertanen dem Herrscher zu Gehorsam und Loyalität verpflichtet. Wie diese Loyalität konstruiert ist, kann man in der sippengebundenen Betriebsstruktur und anhand der zwischenmenschlichen Beziehungen im Betrieb beobachten: Großunternehmen[249] erwarten von ihren Mitarbeitern, sich in besonderer Weise an das Unternehmen zu binden und loyal zu bleiben.[250] Eine Trennung von öffentlichem und privatem Bereich im Betrieb ist trotz der Modernisierung kaum zu finden. Die Unternehmensstruktur passt sich immer auch der patriarchalischen Struktur an.[251] Das bedeutet nicht, dass kein Wandel stattgefunden hätte. Die Unternehmensreformen waren nach der Krise weitreichend, und auch die Unternehmenskulturen haben sich verändert. Aber diese Veränderungen waren nicht so einschneidend, um mit wichtigen Traditionsbeständen in den koreanischen Unternehmenskulturen ganz zu brechen. Konfuzianische Werte sind in den koreanischen Unternehmenskulturen aufgegangen und entfalten dort

---

248 Vgl. Park, J. S., 1999, S. 88.

249 Neben Großunternehmen gibt es eine riesige Zahl kleiner und mittlerer Unternehmen, die von Großunternehmen abhängig sind.

250 Vgl. Pohl, M., 1996, S. 169.

251 „Von den vorbürokratischen Strukturprinzipien ist nun die weitaus wichtigste die patriarchale Struktur der Herrschaft. Ihrem Wesen nach ruht sie nicht auf der Dienstpflicht für einen sachlichen, persönlichen `Zweck´ und der Obidienz gegenüber abstrakten Normen, sondern gerade umgekehrt: auf streng persönlichen Pietätsbeziehungen. Ihr Keim liegt in der Autorität eines Hausherren innerhalb einer häuslichen Gemeinschaft." (Weber, M., 1921/1980, S. 580)

nachhaltige Wirkungen, weil sie in Entscheidungsstrukturen eingewoben und in legitimen Anerkennungs- und Herrschaftsstrukturen institutionalisiert sind, die sich durch Reformen der Formalstruktur nicht einfach ändern lassen. Sie prägen nach wie vor die Erwartungs- und Zurechnungsstrukturen, deren bisweilen unsichtbare Effekte sich an der geschlechtsspezifischen Benachteiligung ablesen lassen.
Konfuzianische Werte, wie z.B. die Rangordnung, beeinflussen den patriarchalischen Führungsstil in den Betrieben, die Struktur der Hierarchie und die zwischenmenschlichen Beziehungen der Arbeitnehmer. Die innerbetriebliche Hierarchie orientiert sich an den Merkmalen Alter und Geschlecht, was die Karrierechancen weiblicher Mitarbeiter mindert.[252] „Damit ist gemeint, dass die geringe Aufstiegsmöglichkeit und ein frühzeitiger Ausstieg von Frauen aus der beruflichen Laufbahn nicht nur auf die institutionalisierte Struktur, sondern auch auf die Arbeitsatmosphäre am Arbeitsplatz zurückzuführen sind. Von weiblichen Angestellten wird erwartet, dass sie ihre Vorgesetzten und männlichen Kollegen mit Unterstützungsarbeit ‚bedienen' und zugleich (als Frauen) eine gemütliche Atmosphäre am Arbeitsplatz schaffen."[253] Die auf konfuzianischen Werten beruhende patriarchale Reorganisation und Modernisierung der politischen und wirtschaftlichen Kultur führt zu einer systematischen Schlechterstellung der Frauen.
Im wirtschaftlichen Bereich liegt die begrenzte Partizipationschance der Frauen an der hierarchisch gestalteten Struktur und an der geschlechtsspezifischen Verteilung in unterschiedliche Branchen und Berufsfeldern. Aus beiden Faktoren ergeben sich geschlechtsspezifische Einkommensbenachteiligungen. Außerdem ist die Partizipation der Frauen an Führungspositionen kaum gegeben. Auch ihre bessere Ausbildung hat in der vom konfuzianischen Wertesystem geprägten Unternehmenskultur ihre beruflichen Chancen nicht wesentlich verbessert.

Für die Erklärung der für Südkorea spezifischen Erwerbsmarktstrukturen im Hinblick auf das Geschlecht spielen neben den in Kapitel III. 1 ausführlich diskutierten Erklärungsansätzen die von kulturellen Normen abhängige Sozialisation und Traditi-

252 Vgl. Lee, S. J., 1996, S. 238.
253 Vgl. Lee, S. J., 1996, S. 238.

on mit den konfuzianischen Geschlechterrollen als Handlungsanweisungen eine entscheidende Rolle.
Der Konfuzianismus, der über 500 Jahre hinweg als Staatsideologie das gesamte soziale und private Leben der Koreaner beherrschte, hat in Korea, trotz Industrialisierung und Modernisierung der Gesellschaft, seine Lebenskraft aufrechterhalten. Die konfuzianischen Leitideen als kollektive Alltagskultur haben auf die Ausformung der Sozial- und der Unternehmenskultur Südkoreas großen Einfluss.
Innerhalb der sich auf konfuzianische Werte stützenden Struktur südkoreanischer Unternehmen und bei der Entwicklung der Unternehmenskultur spielen konfuzianische Leitideen wie Familismus, Kollektivismus und hierarchische Rangordnung als eine Form kollektiv selbständig tradierter Werte eine wesentliche Rolle. Südkoreanische Frauen sind in der konfuzianisch gegliederten Ordnung der Betriebe im Zusammenhang mit der männerdominierten Netzwerkstruktur besonders benachteiligt. Die konfuzianischen Leitideen prägen als kollektive Alltagskultur die Beschäftigungsstruktur und das soziale Verhalten des Individuums entscheidend mit.

Insgesamt zeigt sich auch bei den koreanischen Unternehmenskulturen, dass mit ihnen ein institutionalisiertes Set an kulturellen Regeln eine bis heute dominante Ausbildung gefunden hat, welches in seinem Beitrag zur Erklärung der geschlechtsspezifischen Arbeitsmarktsegregation nicht zu unterschätzen ist. Dies macht sich bemerkbar an einem Familismus der Unternehmen, der nicht nur die Führungsstrukturen, sondern auch die Unternehmenskulturen hintergründig mitbestimmt. Damit soll nicht behauptet werden, südkoreanische Unternehmen hätten keine grundlegenden Modernisierungs- und Professionalisierungsprozesse durchlaufen. Es geht vielmehr um die Feststellung der fortgesetzten Wirksamkeit bestimmter Formen der Wertschätzung, der an familialen Deutungsmustern orientierten Erwartungs- und Statusbildung in den Unternehmen, kurz: um geschlechtsspezifischen Rollenzuweisungen. Frauenkarrieren werden unterbrochen, begrenzt oder auf bestimmte Unternehmensbereiche konzentriert. Dort, wo es sich um Entscheidungs- und Verfügungsmacht in den Unternehmen handelt, sind Frauen oft ausgeschlossen. Die Netzwerke, welche die Gruppenstruktur der Unternehmen und die darauf verwiesenen Karrieren absichern, sind nicht selten so angelegt, dass Frauen darin bestenfalls randständige Positionen einnehmen. Da sie sich aus den sozialen Hintergründen von Familie, Schul- und Studienfreundschaften sowie aus regionalen Zusammenhängen konstituieren, beginnt der tendenzielle Ausschluss der Frauen bereits früh. Hier greift ein Rädchen ins andere. Jungen werden in der Familie erzieherisch und erbschaftsrechtlich bevorzugt. Die besten Schulen und Universitäten werden aufgrund der hohen Gebühren und der teuren Vorbereitungskurse für die Eintrittsexamina im Falle mehrerer Kinder eher von Jungen besucht. Die dort geschlossenen Freundschaften, die später die relevanten Unterstützungs- und Karrierenetzwerke bilden, schließen Frauen bis heute eher aus als ein. Hinzu kommen geschlechtsspezifische Formen der Wertschätzung, die sich in den Unternehmen reproduzieren und durch Senioritätsregeln sowie die Überzahl festangestellter und besser bezahlter Männer gestützt werden. Neben institutionalisierten Formen der Karrieren, welche die Handlungsrationalitäten der Akteure orientieren, und positiv wie negativ hart sanktionierten Erwartungsstrukturen als Teil der Unternehmenskulturen kommt es auch hier zur Verinnerlichung hintergründiger kultureller Werte und damit zu Anerkennungs- und Geltungsformen, die auch die Frauen verinnerlichen. Nur so können sich auf den Konfuzianismus rückführbare kulturelle Werthorizonte in konkrete Unternehmenskulturen übersetzen und diese ihre Prägekraft in einem Umfeld entfalten, das ansonsten von einer rasanten Rationalisierungsdynamik gekennzeichnet ist: dem koreanischen Unternehmen.

3.3 Konfuzianische Werte in der staatlichen Politik: Wohlfahrts- und Sozialpolitik

Soziale Dienstleistungen wurden und werden in Südkorea in großem Umfang innerhalb der Familie unentgeltlich von nicht erwerbstätigen weiblichen Familienmitgliedern erbracht. Angesichts der sich drastisch wandelnden Lebensläufe südkoreanischer Frauen und des damit zusammenhängenden familialen Strukturwandels sind diese sozialen Leistungen nicht mehr uneingeschränkt gewährleistet.

Deutlich wird, dass, eng verwoben mit kulturellen Faktoren, auch politische Erklärungsfaktoren einen zusätzlichen Beitrag zur Erklärung der geschlechtsspezifischen Arbeitsmarktsegregation und der Fortdauer geschlechtsspezifischer Diskriminierung

auf dem Arbeitsmarkt leisten können. Denn anders als in vielen westlichen Ländern sind in Korea die wohlfahrts- und sozialstaatliche Leistungen nur rundimentär ausgeprägt. Die soziale Absicherung der Individuen ist im starkem Maße von der Familie abhängig. Erst seit kurzer Zeit werden diese im Rahmen einer Debatte über sozialpolitische Aufgaben und Zielvorstellungen als Staatsaufgaben thematisiert. Die Berücksichtigung der privaten Wohlfahrtstradition lässt erkennen, dass neben kulturellen auch politische Erklärungsfaktoren bei der Erklärung weiblicher Erwerbschancen berücksichtigt werden müssen.
Ein dezidiertes „sozialpolitisches Umschwenken" im Sinne eines entschlossenen staatlichen Gegensteuerns hinsichtlich fortdauernder geschlechtsspezifischer Arbeitsmarktsegregation ist nicht jedoch erkennbar. Seit 1987 kann zwar eine tiefgreifende Demokratisierung des politischen Systems konstatiert werden, die sich insbesondere in Zusammenhang mit wirtschaftlichen Verwerfungen seit 1997 auf wohlfahrtsstaatliche, sozialpolitische Aspekte erstreckte. Dennoch steht die Veränderung des institutionellen Settings erst am Anfang.
Im Gegensatz dazu basieren bestimmte politisch-institutionelle Konstellationen auf traditionellen gesellschaftlichen Arrangements, welche in ihrem Zusammenwirken die geschlechtsspezifische Arbeitsmarktsegregation fördern. Die Effekte vieler politischer Maßnahmen multiplizieren sich in Bezug auf die geschlechtsspezifische Diskriminierung, insbesondere wenn sie die Auswirkungen der traditionalen Arrangements politisch nicht berücksichtigen. So sind z.B. die hohen Studiengebühren[254] einer der wichtigen Gründe für den noch bestehenden geringeren Anteil der Frauen an den Hochschulen. Formal werden sie zwar gleich, unabhängig vom Geschlecht, erhoben. Da aber die meisten traditionell verhafteten Familien eher bereit sind, in die Ausbildung ihrer Söhne als in die ihrer Töchter zu investieren, müssen mehr Mädchen als Jungen auf ein Studium verzichten. Weil die kulturellen Traditionen politisch unberücksichtigt bleiben, schlägt die formale Gleichheit in eine faktische Ungleichheit um. Dies ist ein gutes Beispiel für die Verstärkereffekte der staatlichen

254 Die meisten Universitäten sind private Einrichtungen. Die Studiengebühren liegen bei über 800 Euro pro Semester.

Politik: ihre nicht selten unbeabsichtigten Konsequenzen verschärfen die geschlechtsspezifische Arbeitsmarktsegregation noch zusätzlich.

3.3.1 Wohlfahrtsgesellschaft vs. Sozialstaat

Nicht untypisch für Staaten mit einer konfuzianisch geprägten Tradition hat sich die Wohlfahrts- und Sozialleistungspolitik in Südkorea spät und - im Vergleich zu den westlichen Wohlfahrtsstaaten - nur rudimentär entwickelt. Hieran änderte auch die erfolgreiche Industrialisierung und Bildungsexpansion zunächst wenig. Die Sozialgesetzgebung der Nachkriegszeit war in Südkorea vorrangig an der wirtschaftlichen Entwicklung orientiert. Die Strategie von exportorientiertem Wachstum, Rationalisierung und Neuorientierung der Wirtschaftspolitik führte zu schnellen Exporterfolgen und zu einem Anstieg der Binnenwirtschaft. Die Geschwindigkeit der wirtschaftlichen Entwicklung während der folgenden 30 Jahre war enorm und führte auch auf der individuellen Ebene zu einer besseren Einkommenslage. Die Sozialleistungen in Südkorea lagen in den Händen von Privathaushalten und Großunternehmen, setzten auf traditionelle Familien- und Verwandtschaftsverhältnisse und auf innerbetriebliche Fürsorgemaßnahmen der Unternehmen.
Bis heute ist die Wohlfahrtspolitik des südkoreanischen Staates im internationalen Vergleich schwer einzuschätzen. Esping-Andersen[255] unterscheidet zwischen einem liberalen, einem konservativen und einem sozialdemokratischen Wohlfartsegime. Seine Unterscheidung reflektiert differenzierte Muster der Regulierung und Rollenzuweisung zwischen Markt, Staat und Familie, die durch regimespezifische Sozialleistungen sowie regimespezifische Beschäftigungssysteme charakterisiert werden. „Entsprechend den politisch-ideologischen Traditionen, die an der Entstehung und Entwicklung der Wohlfahrtsstaaten in den kapitalistischen Demokratien in Westeuropa und Nordamerika beteiligt waren, unterscheidet er ein liberales, ein konservatives und ein sozialistisch-sozialdemokratisches Modell des Wohlfahrtsstaates. Dadurch gelingt es ihm, auf sehr plausible Weise eine Brücke zu den theoretischen Tra-

255 Vgl. Esping-Andersen, G., 1990.

ditionen der klassischen politischen Ökonomie (von Smith bis Marx) zu schlagen, in deren Denken das Verhältnis von Wirtschaft und Politik, von Markt und Staat, von Kapitalismus und Demokratie thematisiert und auf je andere Weise zu normativen gesellschaftspolitischen Konzeptionen ausgeformt wurde, die realhistorisch wirksam wurden“[256]

Für einige Autoren stellt das südkoreanische Wohlfahrtssystem entweder deine Mischform[257] der konservativen, sozialdemokratischen und liberalen Wohlfahrtsstaatstypen nach der Klassifikation von Esping-Andersen dar oder ist in der vergleichenden Wohlfahrtsstaatsforschung einem separaten ostasiatischen Wohlfahrtsmodell[258] zugeordnet.

Bei der Klassifikation liegt das südkoreanische Wohlfahrtsmodell nahe am japanischen Modell. Esping-Andersen schreibt in Bezug auf Japan: „In the ‘Three Worlds’, the Japanese ‘welfare state’ was analyzed as a basically unproblematic case within a typology of political economies that is quite Eurocentric: the great liberal, social democratic and conservative traditions of the Occident. Yet, many Japanese and Western scholars claim that the Japanese model is unique and cannot be grasped with the standard conceptual tools of welfare–state theory. Indeed, as now also South Korea, Taiwan and other South-East Asian nations are gradually extending democratic and social rights in ways that parallel the experience of Japan, the notion of a more general East Asian `Oriental´, or perhaps an `America-Pacific´ welfare model is gaining ground. (…) Japan seems to combine elements of all three regimes. It shares with the social democratic model a formidable commitment to maximum and full employment: with the conservative model, a legacy of status-segmented insurance and fa-

256 Vgl. Kohl, J., 1993: „Der Wohlfahrtsstaat in vergleichender Perspektive: Anmerkung zu Esping-Andersens ‚The Three Worlds of Welfare Capitalism'“, in: *Zeitschrift für Sozialreform*, 39. Jg, Heft 1, S. 68.

257 Vgl. Esping-Andersen, G, 1997: „Hybrid or Unique: The Japanese welfare state between Europe and America”, in: *Journal of European Social Policy*. Volume 7, No.3, S. 179-189.

258 Vgl. Rieger, E./Leibfried, S., 1999: „Wohlfahrtsstaat und Sozialpolitik in Ostasien. Der Einfluß von Religion im Kulturvergleich“, in: Schmidt, G./Trinczek, R.,: *Globalisierung. Ökonomische und soziale Herausforderungen am Ende des zwanzigsten Jahrhunderts,* Soziale Welt, Sonderband 13. S. 413- 499; Goodman, R./ Peng, I., 1996: „The East Asian Welfare States”, in: Esping-Andersen (ed.), *Welfare States in Transition*, S. 192-224.

milialism; and, with the liberal regime, residualism and heavy reliance on private welfare."[259]

Esping-Andersen verdeutlicht diese in einer späteren Studie: "Japan, possibly with Korea und Taiwan, poses a particularly intriguing challenge to welfare regime typologies because it is such a unique version of capitalism to begin with: sustained full employment, highly regulated internal labour markets and industrial structure, compressed earnings, and a relatively egalitarian distribution of income, all overlaid by rather authoritarian employment practices, a conservative `one-party´ democracy and `corporatism without labour´(Pempel, 1989)."[260]

Ein weiteres Unterscheidungskriterium führt Leibfried[261] in seiner die Begrifflichkeiten im Titel vorwegnehmenden Studie ein, indem er dem Begriff „Sozialstaat" den der „Wohlfahrtsgesellschaft" gegenüberstellt. Er vergleicht dabei den deutschen „Sozialstaat" und die japanische „Wohlfahrtsgesellschaft" und untersucht die wesentlichen Unterschiede zwischen den zwei Wohlfahrtskulturen in ihrer historischen Entwicklung. Er zeigt auf, dass in Japan Wohlfahrt vorstaatlich vermittelt und für Gruppen gewährleistet wird. In Deutschland ist die Wohlfahrt dagegen eine Angelegenheit des Staates und auf Individuen ausgerichtet. Dabei setzt sich Leibfried auch mit der Armenpolitik, der kommunalen Sozialpolitik und den intermediären Netzwerken (freie Wohlfahrtspflege) auseinander. „Im deutschen Fall steht das umfassend individualisierte Recht gegenüber dem Staat auf eine leistungsgerechte soziale Sicherung im Vordergrund - in der Vollbeschäftigungsgesellschaft der 60er Jahre wird dies zunächst faktisch als Bürgerrecht erlebt. Getragen ist das deutsche Modell von einer gewissen bürgerrechtlich angereicherten Vorstellung über Verteilungsgerechtigkeit, die über das Äquivalenzprinzip herausgeht. (Dies würde man im Kontrast zu Schweden von Deutschland allerdings nicht behaupten können, wohl aber im Kontrast zu Japan.) Im japanischen Fall stehen ‚Adoption' und Alimentation durch Betrieb und Familie im Vordergrund, also eine Gesellschaft mit dem Staat als Organisations-

259 Vgl. Esping-Andersen, G., 1997, S. 180; S. 183.
260 Vgl. Esping-Andersen, G., 1999: Social Foundations of Postindustrial Economies, S. 90.
261 Vgl. Leibfried, S., 1994: „Sozialstaat oder Wohlfahrtgesellschaft? Thesen zu einem japanisch-deutschen Sozialpolitikvergleich", in: *Soziale Welt*, Jg. 45, S. 389- 410.

Stifter, als indirekt Steuerndem und gegebenenfalls als ‚Gewährendem' - nicht aber mit dem Staat als umfassend Leistungszuständigem vor dem ‚Policy'- und nun `Interventionsstaat'".[262] Bei allen Unterschieden liegt das koreanische Staatsverständnis näher am japanischen als am deutschen Modell. Noch immer dominiert eine wohlfahrtsgesellschaftliche und nicht wohlfahrtsstaatliche Orientierung das sozialpolitische Denken und die sozialpolitischen Institutionen und sorgt für eine entsprechende Geltungskraft kultureller Werte.

Die wohlfahrtsgesellschaftliche Entwicklung ist in Ostasien daher nicht dem westlichen Modernisierungsweg gefolgt. Rieger und Leibfried klären einige der Gründe für die spezifische Entwicklung der Wohlfahrtsgesellschaft in Ostasien: „Erstens sind in Ostasien die sozialpolitischen Institutionen stärker gruppengebunden-partikularistisch. Zweitens fehlen diesen Einrichtungen wesentliche psychologische, soziologische und politische Antriebskräfte der wohlfahrtsstaatlichen Entwicklung, wie sie im Westen vorhanden sind. Und drittens kann die Kultur des Konfuzianismus als wesentliche Ursache für die eigenständigen Entwicklungswege staatlicher Sozialpolitik in Ostasien ausgemacht werden. In Ostasien haben (bislang) die konfuzianischen Momente der sozialen Organisation und der Kultur eine weitergehende Verselbständigung der Sozialpolitik zu einer autonomen Gestaltungsmacht gegenüber Wirtschaft und Gesellschaft verhindert".[263]

Die von Rieger/Leibfried[264] vertretene Auffassung der Wohlfahrtsgesellschaft ist vor allem dadurch gekennzeichnet, dass sie die ostasiatischen Länder jenseits nationaler Besonderheiten in vier institutionelle Gemeinsamkeiten ihrer wohlfahrtsstaatlichen Entwicklung fassen:

„ • eine staatliche Fürsorgepolitik determiniert die gesamte Sozialpolitikstruktur im Sinne einer Ausrichtung auf eine soziale Sicherung des *last resort*;

• die Sozialversicherungen sind restriktiv, fragmentiert und partikularisieren damit die Risiken; eher gruppenübergreifend sind dagegen das Bildungs-, Wohnungswesen und die Gesundheitssicherung angelegt;

262 Vgl. Leibfried, S., 1994, S. 396-397.
263 Vgl. Rieger, E./Leibfried, S., 1999, S. 414-415.
264 Vgl. Rieger, E./Leibfried, S., 1999, S. 425-426.

• Rentenversicherungen fehlen bzw. sind an Mindestleistungen orientiert, kapitalgedeckt und wirken damit kaum redistributiv; und
• schließlich kommt einem expansiven Bildungswesen im Vergleich zu den anderen Sozialpolitikbereichen und auch im europäischen Vergleich eine Sonderrolle zu."[265]
Ein in dieser Hinsicht spezifizierter Begriff der Wohlfahrtsgesellschaft scheint somit geeignet, Merkmale und Besonderheiten der asiatischen Wohlfahrtsentwicklung herauszuarbeiten.
Das staatliche Sozialleistungssystem ist sowohl in Bezug auf die Reichweite als auch die Höhe der erbrachten Leistungen begrenzt. Nach wie vor ist nur ein kleiner Teil der Bevölkerung gegen soziale Risiken abgesichert. Das Sicherungsniveau sieht in der Regel lediglich Mindestleistungen vor. Nach Angaben der OECD[266] betrug die koreanische Staatsausgabenquote 1990 bis 1995 ca. 21% und die Sozialtransferquote nur 2,4%. Unter den westlichen Ländern hat Portugal ein ähnliches Pro-Kopf-Einkommen, wenn man die Binnenkaufkraft der Währungen berücksichtigt. „In diesem Vergleichsland war die Staatsquote mindestens doppelt so hoch und die Sozialtransferquote mehr als fünfmal so hoch."[267]
Der bereits erwähnte begrenzte Leistungsumfang staatlicher Sozialpolitik führt zu einer unvermindert hohen Bedeutung der traditionell gruppengebundenen sozialpolitischen Institutionen. Da religiöse und private Wohlfahrtseinrichtungen historisch unterentwickelt waren, spielten insbesondere familiäre und betriebliche Institutionen eine zentrale Rolle bei der sozialen Absicherung.
In Südkorea ist ein vergleichsweise niedriges Niveau von öffentlichen Sozialausgaben im Verhältnis zum Bruttosozialprodukt zu beobachten. So belief sich im Jahre 2001 der Anteil der öffentlichen Sozialausgaben am Bruttosozialprodukt auf nur 6,1%, während dieser Anteil in Deutschland bei 27,4%, in Frankreich bei 27,4%, in den USA bei 14,8% und der OECD im Durchschnitt bei 21.2% lag.[268]

265 Vgl. Rieger, E./Leibfried, S., 1999, S. 425-426.
266 Vgl. OECD, 1997: *Historical Statistics. 1960-1995*, S. 71-72.
267 Vgl. Weede, E., 2000: *Asien und der Westen: Politische und kulturelle Determinanten der wirtschaftlichen Entwicklung*, S. 334-335.
268 Vgl. OECD (2004): Social Expenditure Database (SOCX, www.oecd.org/els/social/expenditure).

In Südkorea entfielen 1965 noch 73% des Sozialbudgets auf die Sozialhilfe, die 14% der Bevölkerung erhielten[269], und nur 27% auf Sozialversicherungen und soziale Dienste.[270] Diese Situation hatte sich bis 1987 umgekehrt: Die Sozialhilfe umfasste nur noch 20% des Sozialbudgets. Auf Sozialversicherungen und soziale Dienste hingegen entfielen 80%. Sozialhilfe wurde Ende der 80er Jahre von 5 bis 6% der Bevölkerung in Anspruch genommen.[271] Hier ist ein bemerkenswerter Wandlungsprozess zu beobachten, der mit der Industrialisierung und der sozioökonomischen Entwicklung eng zusammenhängt.

Die privaten Bildungsausgaben sind in Südkorea besonders hoch. „Die privaten Bildungsausgaben sind von Land zu Land unterschiedlich hoch. Am höchsten ist ihr Anteil am Wirtschaftsprodukt in Südkorea, nämlich 2.7 Prozent (1999)[272]. Dort gelten, wie in allen anderen wachstumsstarken Ländern Ostasiens, Bildungsausgaben, auch private, als zukunftsweisende Investitionen in das Humankapital. Beträchtliches Gewicht haben die privaten Bildungsausgaben zudem in den USA (1,6 Prozent), Australien (1,4 Prozent), Kanada (1,3 Prozent) und Japan (1,1 Prozent), also in den Staaten, die Nachzügler der Sozialpolitik sind, dafür aber mehr in die Bildung investieren."[273]

Um unserer Argumentation eine hinreichend genaue Einschätzung der Sozialleistung -en des südkoreanischen Staates zugrunde legen zu können, lohnt es sich, deren Entwicklung genauer zu betrachten. Das in dieser Arbeit vertretene Argument lautet nicht, dass die südkoreanische Wohlfahrtspolitik sich nicht entwickelt hätte, sondern dass die spezifische Ausrichtung der Wohlfahrtspolitik zum einen durch die geschlechtsspezifische Zuweisung vielfältiger Betreuungsaufgaben für eine Perpetuie-

---

269 Vgl. Kwon, H. J. 1998: „Democracy and the Politics of Social Welfare: A Comparative Analysis of Welfare Systems in East Asia", in: Goodman, R./White, G./ Kwon, H. J.(Hg.), 1998: *The East Asian Welfare Model: Welfare Orientalism and the State*, S. 54.

270 Vgl. Lee, H. K., 1994*: Social Security in South Korea. Programs and Policy Issues*, S. 12.

271 Vgl. Lee, H. K., 1994, S. 12.

272 Vgl. OECD(Hg.), 2002: *Education at a Glance*, S. 170.

273 Vgl. Schmidt, M. G., 2003: „Ausgaben für Bildung im internationalen Vergleich", in: *Aus Politik und Zeitgeschichte. Beilage zur Wochenzeitung Das Parlament*, B. 21-22, S. 7.

rung geschlechtsspezifischer Arbeitsmarktsegregation gesorgt haben. Zum anderen gehörte es zu den teilweise unbeabsichtigten Folgen formaler Gleichstellungspolitiken, dass sie dort, wo sie die traditionellen kulturellen Arrangements nicht veränderten, gegenteilige Effekte erzielten. Trotzdem haben in jüngerer Zeit neue Wohlfahrts-, Sozialleistungs- und formale Gleichstellungspolitiken an gesellschaftlicher Relevanz gewonnen, die in dieser Arbeit Erwähnung finden müssen, aber deren durchschlagende Effekte zur Verminderung geschlechtsspezifischer Diskriminierung am Arbeitsmarkt derzeit noch auf sich warten lassen.

3.3.2 Sozialversicherung und sozialpolitische Gesetzgebung: Ausgewählte Beispiele

Nach dem Zweiten Weltkrieg trat in Südkorea nicht nur das Sozialhilfegesetz in Kraft. Darüber hinaus wurde eine Novellierung der Sozialversicherung beschlossen. So wurden 1963 ein sozial eng begrenztes Krankenversicherungsgesetz und eine Unfallversicherung eingeführt, und schon ab 1960 gab es Pensionsleistungen für öffentliche Bedienstete sowie ab 1963 für das Militär. Ohne hier im Weiteren alle Sozialleistungsgesetze und -verordnungen einzeln aufzulisten, konzentriert sich die Arbeit auf einige wenige, für das Thema der geschlechtsspezifischen Arbeitsmarktsegregation besonders relevante Aspekte.

Bereits 1973 wurde in Südkorea das Gesetz der Volksrentenversicherung verabschiedet. Nachdem die Umsetzung des Gesetzes über die Volksrentenversicherung lange Zeit aufgrund der damals durch den Ölschock eingetretenen Wirtschaftskrise aufgeschoben worden war, wurde dieses Gesetz am 31.12.1986 geändert und im Jahr 1988 in Kraft gesetzt[274]. Dadurch waren Arbeitnehmer in Unternehmen mit mindestens 10 Beschäftigten rentenversichert.

274 Vgl. Institut für Sozialwissenschaft Südkoreas, Abteilung für soziale Wohlfahrt (Hg.), 2000: *hanguk sa hoe bok-ji-ui hyeon hwang-gwa jaeng jeom* [Situation und Kontrivesen der südkoreanschen sozialen Wohlfahrt], S. 85.

Die Rentenversicherung in Südkorea wurde etappenweise ausgebaut: Zunächst waren Beamten (Pensionsprogramm seit 1960), Militärpersonal (seit 1963), Privatschullehrer, Beschäftigte privater (Hoch)schulen (seit 1973) und Arbeitnehmer in Unternehmen mit mindestens 10 Beschäftigten (seit 1988) rentenversichert.[275] Ab 1992 wurde die Volksrentenversicherung auf Arbeitnehmer in Unternehmen mit mindestens 5 Beschäftigten, ab 1995 auf Selbständige in ländlichen Regionen und Fischereigebieten, ab 1999 auch auf Selbstständige in Städten, auf Arbeitnehmer in Unternehmen mit weniger als 5 Beschäftigten, zeitlich beschäftigte Arbeitnehmer sowie Tagelöhner ausgeweitet.[276] Damit kam es in Südkorea auf gesetzlicher Basis zu einer umfassenden Altersversorgung für jedermann. Mit der Reform 1998, die 1999 in Kraft trat, ist eine Erhöhung der Altersgrenze sowie der Beiträge zur Minderung der finanziellen Belastung wegen der künftig steigenden Altenquote in Angriff genommen worden.

Arbeitnehmer und sonstige Einwohner werden in der Volksrentenversicherung versichert. Versicherungspflichtig sind Arbeitnehmer in Betrieben *(Betriebsrentenkasse)* und sonstige Einwohner *(Ortsrentenkasse)*[277], die über 18 Jahre und unter 60 Jahre alt sind. Freiwillig versichern können sich alle nicht versicherungspflichtigen Personen. Ein Versicherter kann über das 60. Lebensjahr hinaus bis zum 65. Lebensjahr freiwillig versichert sein, wenn er nicht länger als 20 Jahre pflichtversichert war (freiwillige Weiterversicherung). Für Personen, die in der Rentenversicherung für Beamte und ähnliche Gruppen versichert sind, ist die Volksrentenversicherung nicht zugänglich. Von 22.529.000 Erwerbstätigen über 18 Jahre waren 2004 insgesamt 17.070.000 Personen in der Volksrentenversicherung, 965.000 Personen in der Rentenversicherung für Beamte und öffentliche Beschäftige und 230.000 Personen in der Rentenversicherung für Beschäftigte privater Schulen und Hochschulen versichert.

275 Vgl. Institut für Sozialwissenschaft Südkoreas, Abteilung für soziale Wohlfahrt (Hg.), 2000, S. 83.
276 Vgl. Institut für Sozialwissenschaft Südkoreas, Abteilung für soziale Wohlfahrt (Hg.), 2000, S. 85.
277 „The term `locally- insured persons´ is defined as the self-employed, including farmers and fishermen, temporary and daily workers, workers at firms with less than five employees, family workers and the unemployed"(Vg. OECD, 2001: Korea, Economics, S. 91).

Damit waren 2004 ca. 81.1% der Erwerbstätigen über 18 Jahre in der öffentlichen Rentenversicherung versichert.

Aufgrund der verspäteten Einführung der Volksrentenversicherung bekamen im Jahre 1999 nur 2 bis 3% der Senioren über 65 Jahre eine staatliche Rente. 1999 erhielten 18,9% der Senioren staatliche Unterstützung für alte Menschen mit niedrigem Einkommen und 8,2% eine Lebensunterhaltshilfe. „As regards living arrangements, 99.7 percent of Koreans aged 65 and over are living with their families or alone in the community, whereas only 0.3 percent are living in institutions".[278]

Tabelle 32: Zusammensetzung der Haushaltseinkommen von Personen über 60 Jahre (Stand 2002, in %)

	Gesamt	Frauen	Männer
Arbeitseinkommen	38,6	30,2	50,4
Einkommen aus Gewerbebetrieb			
Vermögenseinkommen	10,7	9,5	12,4
Öffentliche und betriebliche Rente	6,5	4,5	9,3
Einmalige Ruhestandsauszahlung			
Ersparnisse	-	-	-
Söhne, Töchter und Verwandte	40,1	51,0	25,0
Öffentliche Fürsorgeleistung	3,8	4,7	2,6
Sonstige	0,2	0,1	0,2
Gesamt	100	100	100

Quelle: NSO (Hg.), 1995-2005: *han-guk-ui sa-hoe ji-pyo* [Social Indicators in Korea], S. 489.

Wie die Tabelle zeigt, finanzierten im Jahre 2002 nur 4,5% Frauen und 9,3% Männer über 60 Jahre ihre Lebenshaltungskosten von der Rente. Staatliche und öffentliche Fürsorgeleistungen spielten dabei also eine untergeordnete Rolle. So erhielten nur 4,7% der Frauen und 2,6% der Männer eine öffentliche Fürsorgeleistung. 51% Frauen und 25% Männer über 60 Jahre sind finanziell abhängig von ihren Kindern und Verwandten.

Hierbei gibt es interessante geschlechtsspezifische Unterschiede. Bei den Männern spielt infolge der höheren Erwerbsquote und des höheren Einkommens die Rente eine dominierendere Rolle als bei den Frauen. So schlägt sich die unterschiedliche

278 Vgl. Choi, S. J., 1992: „Ageing and Social Welfare in South Korea", in: Phillips, D. R. (Hg.), 1992: *Ageing in East and Southeast Asia*, S. 150.

Erwerbssituation von Frauen und Männern auf die Rentenansprüche nieder. Frauen werden in der Regel schlechter entlohnt, was ihre aufgrund von Ausfallzeiten zur Kinderbetreuung, geringerer Erwerbsbeteiligung und der ungesicherteren Beschäftigung ohnehin niedrigeren Rentenansprüche weiter senkt.

So herrscht in Südkorea noch immer das informelle Alterssicherungssystem vor: die Alterssicherung über die eigene Familie. Die informelle Alterssicherung bleibt als wichtiger Pfeiler des sozialen Sicherungssystems erhalten und damit auch die vor allem bei der Frau liegende Betreuungsleistung der Eltern und Schwiegereltern. Auf diese Weise trägt die Art der Alterssicherung noch immer zur geschlechtsspezifischen Arbeitsmarktsegregation in Südkorea bei – auch wenn sich abzeichnet, dass sich infolge der „Reifung" des Rentenanspruchs zukünftig die Lage diesbezüglich verbessern könnte.

Mit der zunehmenden Lebenserwartung der Koreaner steigt auch die Zahl der Menschen über 65 Jahre rapide an. 1980 waren 3,8 % der Bevölkerung älter als 65 Jahre. Diese Quote ist im Jahre 1990 auf 7,2 %, im Jahre 2005 auf 9,1% gestiegen. Für das Jahr 2010 rechnet man, dass 10,9% älter als 65 sein werden.[279] Erst 1981 wurde in Südkorea das Alterswohlfahrtsgesetz verabschiedet. Dieses Gesetz wurde 1984, 1993 und 1997 geändert und ergänzt. Obwohl es eine umfangreiche Gesetzgebung für Senioren gibt, etwa bezüglich Beihilfen für Transport, Unterhalt und Beihilfe für medizinische Versorgung, sind viele Menschen über 65 Jahre von Armut betroffen. Nach einer Statistik gaben 45.6% der Senioren finanzielle Probleme als ihre größte Schwierigkeit an.[280]

In Südkorea sind, wie bereits dargestellt, viele der über 65-Jährigen noch erwerbstätig. Der Anteil der über 55-Jährigen an der gesamten Beschäftigtenzahl in Korea ist von 10,8% im Jahre 1980 auf 16,8% im Jahre 2005 gestiegen.[281] Diese hohe Alters-

279 Vgl. NSO (Hg.), 2005: *han-guk-ui sa-hoe ji-pyo* [Social Indicators in Korea], S. 158.
280 Vgl. NSO (Hg.), 2005, : *han-guk-ui sa-hoe ji-pyo* [Social Indicators in Korea], S. 488.
281 Vgl. NSO (Hg.), 2005, : *han-guk-ui sa-hoe ji-pyo* [Social Indicators in Korea], S. 239.

erwerbstätigkeit lässt sich damit erklären, dass viele Senioren keine Rente bekommen oder die reale Kaufkraft vieler Rentenbezüge unter den tatsächlichen Lebenshaltungskosten liegt. Obwohl in den 90er Jahren 2 Millionen Wohnungen für Senioren gebaut wurden, mangelt es an bezahlbaren Unterbringungsmöglichkeiten für diejenigen, die getrennt von ihren Familien leben wollen. Im Rahmen der Alterswohlfahrt wurden verschiedene Einrichtungen wie Altersheime, Pflegeheime oder Altenzentren bereitgestellt. Zwar hat die Zahl der Alters- und Pflegeheime von 123 im Jahre 1992 auf 341 im Jahre 2004 zugenommen, dennoch wird der tatsächliche Bedarf damit nicht gedeckt. Fast 60% der pflegebedürftigen Eltern werden nach wie vor von ihren Kindern versorgt: 62,1% im Jahre 1994, 58,2% im Jahre 1998[282]. Familien und insbesondere den weiblichen Familienmitgliedern kommt damit quantitativ noch immer die zentrale Rolle bei der Versorgung und Pflege alter Menschen zu.

Gewissermaßen am anderen Ende des Lebenslaufes angesiedelt ist die Kinderbetreuung – im Einklang mit tradierten kulturellen Arrangements noch immer eine Frauendomäne. Aber auch hier haben sich die staatlichen Regelungen und Fürsorgeangebote geändert. 1961 wurde das Kinderwohlfahrtsgesetz verabschiedet. Mit diesem Gesetz ist zum ersten Mal die staatliche Verpflichtung zum Kinderschutz verankert worden. Mit der steigenden Zahl von Kleinfamilien, alleinerziehender Eltern, die ganztags arbeiten gehen und daher nicht die nötige Betreuung für die Kinder aufbringen können, und der Zunahme der Haushalte, in denen beide Ehepartner arbeiten, ist der Bedarf an einer umfassenden Kinderbetreuung gewachsen. So wurde das Kinderwohlfahrtsgesetz 1981 komplett geändert. In seiner neuen Fassung schreibt es die Gründung einer Kinderwohlfahrtskommission sowie eines Kinderfürsorgeinstituts vor und fördert Kinderwohlfahrtsorganisationen. Seit der Einführung des Mutter-Kind-Wohlfahrtsgesetzes im Jahre 1991 fördert die Regierung die Kinderbetreuungseinrichtungen für berufstätige Eltern und für einkommensschwache Familien. Damit sollen vor allem Benachteiligungen und Belastungen erwerbstätiger Mütter vermindert werden. Auch alleinerziehende Mütter mit Kindern unter 18 Jahren kön-

282 Vgl. NSO (Hg.), 2001: *han-guk-ui sa-hoe ji-pyo* [Social Indicators in Korea], S. 120 und S. 142.

nen Hilfe zum Lebensunterhalt und Wohngeld beantragen. Für ledige Frauen mit Kindern gibt es medizinische Versorgung wie Geburtsvor- und -nachsorge, Adoptionshilfe und Kinderfürsorge. Die Zahl der Kinderbetreuungseinrichtungen für berufstätige Eltern und für einkommensschwache Familien hat zwischen 1990 (1.919 Einrichtungen) und 2004 (26.903 Einrichtungen) deutlich zugenommen. Die Zahl der betreuten Kinder ist von 48.000 im Jahre 1990 auf 930.252 im Jahre 2004 angewachsen.[283] Trotz dieser Entwicklung kommt den Kindern im System der sozialen Sicherung noch immer eine nachgeordnete Rolle zu.

Die Wirtschaftskrise löste 1997/1998 eine breite Reformdebatte aus. Konkrete Anlässe boten die steigende Zahl der Arbeitslosen, die Zunahme der Scheidungsrate, der Jugendkriminalität und die steigende Zahl unterernährter oder vernachlässigter Kinder. Die Arbeitslosigkeit ist ein großes Problem. Die Quote stieg im März 1999 auf 8,7%. Nach einer Studie[284] von 1998 gaben 65,0% der Arbeitslosenhaushalte an, dass die Kindererziehung unter der Arbeitslosigkeit leidet: Wesentliche Probleme waren die finanzielle Belastung durch das Schul- und Erziehungsgeld (86,6%), die psychologische Belastung der Kinder (49,0%), Verschlechterung der Schulleistungen (11,9%) und die Zunahme der Kinderkriminalität (3,3%). Die Kinderkriminalität war besonders hoch in Haushalten mit alleinerziehenden Müttern (10,5%).
Aus diesem Grunde wurde das Kinderwohlfahrtsgesetz 1999 novelliert. Mit der Reform des Kinderwohlfahrtsgesetzes wurde eine Neufassung des Kinderschutzes im Falle von Misshandlung, Professionalisierung des Kinderbetreuungspersonals und Pluralisierung der Kinderfürsorgeorgane vorgenommen. An der Doppelbelastung erwerbstätiger Frauen durch mehrfache Betreuungsaufgaben hat dieses Gesetz jedoch nichts geändert.

Aber auch der *Mutterschutz* wurde verbessert. Alle Frauen, die in einem Arbeitsverhältnis stehen, genießen während der Schwangerschaft und nach der Geburt einen

283 Vgl. KWDI, 2005, S. 409.
284 Vgl. Kim, S. K. et. al , 1999: *sil-eob ga-jeong-ui saeng-hwal-byeon-hwa-wa dae-eung bang-an* [Zum Wandel der Lebenssituation von Arbeitslosenhaushalten und zu Verbesserungsvorschlägen] (koreanisch).

besonderen Schutz. Mit dem Mutterschutzgesetz werden schwangere Frauen und Mütter grundsätzlich vor Kündigung geschützt. Es schützt darüber hinaus die Gesundheit der (werdenden) Mutter und des Kindes vor Gefahren am Arbeitsplatz. Der Arbeitgeber hat den Arbeitsplatz für werdende Mutter so zu gestalten, dass Leben und Gesundheit von Mutter und Kind nicht gefährdet werden.
Die Veränderung der Mutterschutzfristen und die Einführung des bezahlten Erziehungsurlaubs für Eltern sind die entscheidenden Neuerungen in der Änderung des Mutterschutzgesetzes von 2001. Wichtigstes Anliegen der Reform ist es, die Möglichkeiten von Eltern bei der Betreuung ihrer Kinder auszuweiten. Erstens wurde die Mutterschaftsurlaubsdauer von 60 Tage auf 90 Tage verlängert. Zweitens wurde ein bezahlter Erziehungsurlaub eingeführt. Dieser kann nun drittens innerhalb des ersten Jahres von der Mutter oder dem Vater in Anspruch genommen werden. Viertens wurde die strenge Nacht-, Sonn- und Feiertagsarbeitsverbotsregelung[285] für werdende und stillende Mütter gelockert. An der kulturell fest verankerten zweigeschlechtlichen Arbeitsteilung hat jedoch auch dieses Gesetz nichts Grundlegendes verändert.

Die Ausdehnung des *Krankenversicherungsschutzes* auf die gesamte Bevölkerung ließ noch bis 1989 auf sich warten.[286] Es gibt ein eigenes Beihilfesystem (*Medical Aid Programme*) für die unteren Einkommensgruppen, deren Einkommen unter der Beitragsbemessungsgrenze liegt. Das staatlich finanzierte Beihilfesystem ermöglicht die Übernahme von 50 bis 100% der Behandlungskosten bedürftiger Personen, je nach Einkommenssituation und Art der Behandlung. Bis Ende 1995 waren 95,6% der Gesamtbevölkerung krankenversichert. Die verbleibenden 4,44% bekommen medizinische Beihilfe durch die Regierung.[287] Mittlerweile ist eine qualitative und quantitative Verbesserung bei der medizinischen Versorgung, wie z. B. die deutliche Abmilderung des Versorgungsgefälles zwischen Stadt und Land, die Verbesserung in

285 Bis zur Veränderung des Mutterschutzgesetzes im Jahre 2001 durften werdende und stillende Mütter - ohne Erlaubnis des Arbeitsministers - keine Mehrarbeit leisten und nicht zwischen 22 und 6 Uhr nachts oder an Sonn- und Feiertagen beschäftigt werden.

286 Vgl. Statistisches Bundesamt Deutschland (Hg.), 1995, S. 35.

287 Vgl. Imhof-Rudolph, H., 1999: „Soziale Sicherheit in Südkorea", in: Hofmeister, W./ Thesing, J. (Hg.), 1999: *Soziale Sicherheit in Asien, Japan – Volksrepublik China – Taiwan – Südkorea – Malaysia – Philippinen – Singapur*, S. 226.

der Medizinerausbildung und die damit zusammenhängende Steigerung des Anteils der Spezialisten und Fachärzte, zu beobachten. Trotz der Verbesserungen im Gesundheitssystem sind eine unzureichende Absicherung und der damit zusammenhängende extrem hohe Eigenanteil im Krankheitsfall zu sehen. Man muss immer noch einen Großteil der Arzt- und Krankenhausrechnung selbst tragen. Jeder Patient muss sich bei stationärer Behandlung zu 20% an den Kosten beteiligen, bei ambulanter Behandlung gibt es unterschiedliche Regelungen. Der Patient trägt ca. 50% der Behandlungskosten.[288] Auch in den Krankenhäusern übernehmen daher oft Familienangehörige zum Hauptteil die Versorgung und Pflege der Kranken. Aber auch die Pflege der älteren Menschen trägt zu einer hohen zeitlichen Belastung und einer geringeren Verfügbarkeit der Frauen auf dem Arbeitsmarkt bei.

3.3.3 Das Gesetz zur Gleichstellung auf dem Arbeitsmarkt

Nach dem Zweiten Weltkrieg ist in Südkorea der Grundsatz der Gleichbehandlung von Mann und Frau in der neuen Verfassung verankert worden: Neben §11 Abs. 1 GG, der die Gleichheit vor dem Gesetz festschreibt, enthält §32 Abs. 4 GG ein Diskriminierungsverbot, das die Gleichbehandlung bei der Entlohnung sowie bei der Gestaltung der Arbeitsbedingungen vorsieht. Artikel 36 GG garantiert die Gleichberechtigung in der Familie und enthält Paragrafen für den Mutterschutz.[289] Obwohl die Gleichberechtigung bei Lohn- und Arbeitsverhältnissen in der Verfassung Koreas garantiert waren, kam es erst Ende der 80er Jahre zur Einführung eines Gleichstellungsgesetzes am Arbeitsmarkt (§3989), das diese Rechte näher spezifiziert. Der Grund hierfür war der unabweisbare Druck der veränderten Situation durch die zu-

---

288 Vgl. Vgl. Institut für Sozialwissenschaft Südkoreas, Abteilung für soziale Wohlfahrt (Hg.), 2000, S. 118.

289 "Article 11. (1) All citizens shall be equal before the law, and there shall be no discrimination in political, economic, social or cultural life on account of sex, religion or social status (...).
Article 32 (4) Special protection shall be accorded to working women, and they shall not be subjected to unjust discrimination in terms of employment, wages and working conditions (...).
Article 36. (1) Marriage and family life shall be entered into and sustained on the basis of individual dignity and equality of the sexes, and the State shall do everything in its power to achieve that goal. (2) The State shall endeavor to protect mothers. (Quelle: Ministry of Justice Republic of Korea, 2003: The Constitution of the Republic of Korea, zitiert aus www2.kwdi.re.kr).

nehmende Integration von Frauen in die Arbeitswelt und die steigende Durchsetzungskraft von Frauenorganisationen. Das Gleichstellungsgesetz am Arbeitsmarkt wurde am 04.12.1987 verabschiedet und trat am 01.04.1988 in Kraft. Laut diesem Gesetz sollten Frauen bei der Anstellung, bei der Aufgabenzuteilung, der Entlohnung, der Weiterbildung, der Beförderung, bei betrieblich finanzierten Bausparmaßnahmen und bei den Renten nicht diskriminiert werden. Das Gesetz garantiert Erziehungsurlaub und fördert betriebliche Kinderbetreuungseinrichtungen.

In den darauf folgenden Jahren hat es noch viermal Änderungen erfahren,[290] weil die Gleichstellung der Frauen am Arbeitsmarkt weiterhin mangelhaft blieb und Verletzungen des Gesetzes nicht genügend sanktioniert wurden. Mit der ersten Veränderung dieses Gesetzes am 01.04.1989 erhielt es eine genauere Definition des Diskriminierungsbegriffs.

Außerdem wurden Diskriminierungen aufgrund des Familienstandes, im Zusammenhang mit Eheschließungen und Schwangerschaften verboten. Zudem wurde die geschlechtsspezifische Diskriminierung bei Bewerbungsverfahren und bei der Dauer von Beschäftigungsverhältnissen untersagt. Von nun an galt der Grundsatz: gleicher Lohn für gleichwertige Arbeit.[291]

In der zweiten Veränderung am 04.08.1995 wurden die Vorschriften über das Diskriminierungsverbot bei finanziellen Unterstützungsmaßnahmen von Arbeitgebern hinzugefügt, und die Regelung des Erziehungsurlaubs wurde ergänzt: Seitdem kann nicht nur die Mutter, sondern auch der Vater Erziehungsurlaub in Anspruch nehmen.[292]

Mit der dritten Veränderung des Gesetzes am 08.02.1999 wurde der Begriff der indirekten Diskriminierung deutlich definiert und der Schutz der Beschäftigten vor sexueller Belästigung am Arbeitsplatz eingeführt. Nach der Veränderung des Gesetzes sollen Arbeitgeber Vorsorgemaßnahmen gegen mögliche sexuelle Belästigungen am

290 Dieses Gesetz wurde am 01.04.1989 (§4126), am 04.08.1995 (§4976), am 08. 02.1999 (§5933) und am 14.08. 2001 (§6508) verändert.

291 Vgl. Lee, S. - D./ Lee, E.J./Kang, D. Ch./Park, S. J., 2003*: yeo-seong gwa bub* [Frauen und Gesetze], S. 94-97 (koreanisch).

292 Vgl. Lee, S., D./ Lee, E. J./Kang, D. Ch./Park, S. J. 2003, S. 94-97.

Arbeitsplatz treffen.[293] Vor der vierten Veränderung galt das gesamte Gesetz für Betriebe mit mindestens fünf Beschäftigten, durch die Veränderung ab 2001 gilt es schon für Betriebe mit mehr als einen Beschäftigten.[294]

In §2 des Gesetzes wird der Diskriminierungsbegriff definiert. Der Begriff umfasst den Grundsatz der Gleichbehandlung von Man und Frau in Bezug auf den Zugang zu Erwerbstätigkeit, Berufsausbildung, zu beruflichem Aufstieg und zur Gestaltung der Arbeitsbedingungen. Alle unbegründbaren, nachteiligen Unterscheidungen oder Einschränkungen aufgrund des Geschlechts, der Eheschließung, des Familienstandes, von Schwangerschaft oder Geburt sind unzulässig. Gleichzeitig werden in §2 Abs. 1, Abs. 2 und Abs. 3 Ausnahmen formuliert, die eine Ungleichbehandlung zulassen. Das Diskriminierungsverbot kann eingeschränkt werden, wenn ein bestimmtes Geschlecht die unverzichtbare Voraussetzung für die Ausübung einer Tätigkeit ist (§2 Abs. 1). Die besonderen Rechte von Frauen in Verbindung mit Schwangerschaft und Mutterschaft bilden eine Ausnahme in der Gleichbehandlung von Mann und Frau (§2 Abs. 2). Weitere Ausnahmen von der Gleichbehandlung sind dann zulässig, wenn die Bevorzugung eines Geschlechts zur Beseitigung einer ansonsten vorhandenen Diskriminierung führt (§2 Abs. 3).

Artikel 7 des Gesetzes soll für beide Geschlechter gleiche Chancen auf dem Arbeitsmarkt gewährleisten und verbietet diskriminierende Stellenanzeigen. Das Diskriminierungsverbot bei der Entlohnung sowie bei der sonstigen finanziellen Unterstützung des Arbeitgebers wird in den Artikeln 8 und 9 näher beschrieben. Das Diskriminierungsverbot bei der Ausbildung, bei der Aufgabenzuteilung sowie beim Zugang zum beruflichen Aufstieg wird in Artikel 10 ausgeführt. In Artikel 11 sieht das südkoreanische Gesetz bei den Renten, beim Kündigungs- und Schwangerschaftsschutz besondere Antidiskriminierungsregelungen für Frauen vor. Zusätzlich zu diesen und anderen Diskriminierungsverboten ist auch die Bildung einer Kommission

293 Vgl. Lee, S., D./ Lee, E. J./Kang, D. Ch./Park, S. J. 2003, S. 94-97.
294 Vgl. Lee, S. K. (Hg.), 2003: *yeo-seong gwa bub je* [Frauen und Gesetzessystem], S. 24-25 (koreanisch).

für Berufschancengleichheit (§§27, 28 und 29) vorgesehen. Seit dem Inkrafttreten des Gleichstellungsgesetzes werden mit ihm erfolgreich Klagen geführt, auch wenn das Strafmaß zumeist auf Geldbußen begrenzt ist, deren relativ geringe Höhe wenig abschreckend wirkt. Seit der Einführung dieses Gesetzes ist der Anteil von Frauen in öffentlichen Institutionen deutlich angestiegen. Der öffentliche Sektor wird in Südkorea aufgrund seiner im Vergleich zum privaten Sektor günstigeren Arbeitsbedingungen und einer den Männern annähernd gleichen Entlohnung als attraktiver Arbeitsplatz angesehen, der den Frauen relativ gute Aufstiegsmöglichkeiten und die Vereinbarkeit von Beruf und Familie ermöglicht.

3.3.4 Quintessenz

Trotz vieler Veränderungen und sozialpolitischen Anstrengungen des südkoreanischen Staates zeigt sich nach wie vor, dass die Institutionen staatlicher Sozialpolitik in Südkorea den Familien und Betrieben grundsätzlich nachgeordnet sind. Großunternehmen bieten ihren Arbeitnehmern zahlreichere betriebliche Sozialleistungen. Arbeitnehmer, insbesondere Angestellte der großen Unternehmen, haben Zugang zu leistungsstarken betrieblichen Kranken-, Unfall- und Rentenversicherungsplänen. Darüber hinaus stellen die führenden Konzerne ihren Mitarbeitern häufig Kinderbetreuungseinrichtungen, Schulen oder sogar Wohnraum zur Verfügung, der nicht selten mit Hilfe des Arbeitgebers erworben werden kann.[295]

Die betrieblichen Sozialleistungen weisen dabei eine ungleiche Verteilung auf. So sind betriebliche Sozialleistungen in Groß-, Mittel- bzw. Kleinunternehmen sehr verschieden. In der Regel verfügen Großunternehmen über weitreichendere und umfassendere Sozialleistungen, die vor allem den überwiegend männlichen Beschäftigten bzugute kommen. Für die überwiegend in kleinen und mittleren Unternehmen beschäftigten Frauen übersetzt sich diese ungleiche Verteilung in eine ungesicherte Beschäftigung, die zugleich mit weit höheren Belastungen einhergeht. Aber auch die

---

295 Vgl. Imhof-Rudolph, H., 1999, S. 247.

geringe Erwerbsquote der Frauen, die geringere Entlohnung und die kürzere Erwerbskarriere im Vergleich zu derjenigen der Männer hat Konsequenzen für die Leistungsansprüche aus dem Sozialversicherungssystem.

Hinsichtlich des sozialen Engagements kommt der Familie eine besondere Bedeutung zu. Als Indikator hierfür ist der hohe Prozentsatz der Drei- bis Vier-Generationenfamilie zu nennen. 1970 betrug der Anteil dieser Mehr-Generationenhaushalte an allen Haushalten in Südkorea 23,2%. Der Anteil der Haushalte, die drei oder vier Generationen unter einem Dach vereinen, betrug 2000 immer noch zehn Prozent aller Haushalte[296], während in Deutschland der entsprechende Anteil schon 1976 nur bei 2,2 % lag.
Die Strukturveränderungen der Familienformen sind sowohl in den Städten als auch in den Dörfern zu beobachten. Neben dem bereits erwähnten Rückgang der Haushalte, die drei oder mehr Generationen unter einem Dach vereinigen, ist vor allem die rückläufige Größe der Haushalte bemerkenswert. So betrug im Jahre 1975 die durchschnittliche Haushaltsgröße 5 Personen, 2000 hingegen nur noch 3,1 Personen.[297] Dennoch hat sich der in den letzen Jahrzehnten einsetzende Wandel der Haushaltszusammensetzung noch nicht auf die Rolle der Familie hinsichtlich ihrer sozialen Sicherungsfunktion niedergeschlagen. Sowohl in Bezug auf Unterhaltsverpflichtungen als auch Pflegeleistungen wird nach wie vor zunächst auf den familiären Kontext verwiesen. Zusammenfassend kann gesagt werden, dass für das System der sozialen Sicherung die kulturell fundierte Familienorientierung von ausschlaggebender Bedeutung ist. So wird trotz der Industrialisierung in Südkorea die soziale Verantwortung für den Einzelnen weiterhin traditionell durch die Familie wahrgenommen. Und als wichtigste Akteure der Familie in diesen Belangen werden nach wie vor, mit einem hohen Maß an kultureller Selbstverständlichkeit die Frauen betrachtet.

Die südkoreanische Modernisierung ist als „halbierte Modernisierung“ zu betrachten, die sich stark auf die staatlich gesteuerte Industriepolitik konzentrierte und der Sozi-

296 Vgl. NSO (Hg.), 2005, *han-guk-ui sa-hoe ji-pyo* [Social Indicators in Korea], S. 187.
297 Vgl. NSO (Hg.), 2005: *han-guk-ui sa-hoe ji-pyo* [Social Indicators in Korea], S. 185.

alpolitik erstaunlich lange nur wenig Beachtung schenkte. Erst die Asienkrise 1997/98 beeinflusste diese Wahrnehmung der sozialen Wohlfahrt durch die Familie in stärkerem Maße und führte zur Übernahme weiterer sozialpolitischer Aufgaben durch den Staat. Seit der Wirtschaftskrise lassen die Überforderung familien- und haushaltsgebundener Formen sozialer Sicherung den Ruf nach dem Umbau und der Erweiterung des südkoreanischen Sozialsystems lauter werden. Dennoch spielt, aufgrund der begrenzten staatlichen Sozialleistungen in Südkorea, die familiäre und betriebliche Wohlfahrtsproduktion immer noch eine zentrale Rolle.

Die stark auf Industriepolitik konzentrierte spezifische Modernisierung, die sich in Südkorea mit großer Geschwindigkeit vollzog, in der die Familien- und Sozialpolitik sowie die Wohlfahrtsverbände fehlen, hat die geschlechtsspezifische Arbeitsmarktsegregation perpetuiert und trotz vieler staatlicher Regelungen nicht mit der kulturell fest verankerten Tradition zweigeschlechtlicher Arbeitsteilung brechen können. Viel eher lässt sich das langsame und zögerliche Greifen ihrer Effekte auf diese kulturellen Traditionen zurückführen, die staatliche Politik begrenzen oder bisweilen gar ad absurdum führen können.

Für die Regulierung der wirtschaftlichen Partizipation von Frauen in Südkorea sind allerdings auch die Aktivitäten der Frauenbewegung von Bedeutung. Es gibt eine Wechselwirkung zwischen der Modernisierung des Geschlechterverhältnisses in Südkorea und der aktiven Frauenbewegung: Die Frauenbewegung in Südkorea greift aktiv in die Veränderung der Geschlechtsverhältnisse ein und schafft damit gute Voraussetzungen, um die Frauenbewegung weiter zu stärken. Als Haupttträgerschaft der progressiven Frauenbewegung ist der Dachverband *Ye-Seng-Yen-Hap (*Koreanische Vereinigung der Frauengruppen) zu nennen, der im Jahre 1987 als Netzwerk von 21 Frauenorganisationen entstand. „Die in diesem Dachverband zusammengeschlossenen Mitgliederorganisationen wurden zu unterschiedlichen Zeitpunkten gegründet und haben eigene spezifische Aktivitätsfelder. Die `progressive´ Frauenbe-

wegung hat sich durch ihre Aktivitäten und ihren Erfolg zu einer der einflussreichsten Frauenbewegungen in Südkorea entwickelt."[298]
Obwohl die Frauenbewegung im Rahmen der sozialen Bewegungen eine große Rolle spielte und deren Forderung nach Demokratie, Menschenrechten sowie Gleichstellung der Geschlechter durch verbesserte Bildungschancen und die Pluralisierung der Lebensformen zunehmend erfüllt wurden, hat sich der soziale Status der weiblichen Beschäftigten relativ langsam verändert. Trotz der schwierigen Umsetzung ihrer arbeitsmarktpolitischen Forderungen hat die Frauenbewegung einen wichtigen Beitrag zur Gesetzgebung geleistet, der vom Recht auf Bildung bis zum Mutterschutz, vom Familienrecht bis zum Recht auf Erwerbsarbeit reicht. Der Perspektivenwechsel in der Frauenpolitik wurde deutlich, als das Gleichstellungsgesetz am Arbeitsmarkt verabschiedet und das Tabu-Thema sexuelle Belästigung von Frauen öffentlich diskutiert wurde. Auch die Quotendiskussion schuf ein positives Klima, aus dem heraus Quotenbeschlüsse, u. a. in Form von Frauenförderungsregelungen insbesondere im öffentlichen Dienst, durchgesetzt werden konnten.

Die Frauenbewegung in Südkorea hat im 20. Jahrhundert viel erreicht, weil die Rolle und die Leistungen der Frauen sichtbar geworden sind. Südkoreanische Frauen organisieren sich in Frauennetzwerken, um ihre Chancen in Politik, Gesellschaft und Wirtschaft zu erhöhen und die strukturellen Barrieren in der Männergesellschaft zu durchbrechen. Mit der Verbesserung der Gesetze hat sich die Gleichberechtigung von Frau und Mann in Südkorea weiterentwickelt. Trotz vieler Probleme hat ein positiver Wandel der Rechtslage zugunsten einer erhöhten Frauenerwerbstätigkeit stattgefunden. Seit der Einführung des entsprechenden Gleichstellungsgesetzes ist das Gleichstellungsprinzip auf dem Arbeitsmarkt verankert. Von Rechts wegen sind die südkoreanischen Frauen relativ gleichberechtigt, faktisch sind sie aber nach wie vor nicht gleich gestellt. Dies gilt vor allem für die Erwerbstätigkeit, so dass die Gleichstellung der Frauen auf dem Arbeitsmarkt noch nicht in die Wirklichkeit umgesetzt wurde. Es gab viele gerichtliche Auseinandersetzungen und Klagen aufgrund der

298 Hong, M. H., 2005: *Der Wandel des Geschlechtsverhältnisses und die Frauenbewegung in Südkorea*, S. 15.

geschlechtsspezifischen Diskriminierung auf dem Arbeitsmarkt. Die Eröffnung des Rechtsweges, die Garantie eines juristischen Anspruchs auf geschlechtsneutrale Behandlung hat, wie eine Reihe einschlägiger Urteile belegen, dazu beigetragen, direkte geschlechtsspezifische Diskriminierung stark einzuschränken.

Dies darf nicht darüber hinwegtäuschen, dass die faktische Gleichstellung von Mann und Frau nach wie vor aussteht und eine der zentralen Herausforderungen u.a. für die Sozial- und Familienpolitik darstellt. Die Hindernisse, die einer umfassenden wirtschaftlichen Partizipation von Frauen entgegenstehen, sind allgegenwärtig. Die Industrialisierung, Tertiarisierung und damit die Restrukturierung von Berufen wiederholen bekannte Segregationsmechanismen und schaffen neue Formen der geschlechtsspezifischen Ungleichheit. Mit der Segregation geht eine weitere Schlechterstellung der Frauen in der politischen, wirtschaftlichen und kulturellen Partizipation und in der rechtlichen Stellung einher. Vor diesem Hintergrund sind gesellschaftspolitische Konzepte, u. a. die Verbesserung der rechtlichen Regelungen zum Abbau der Schlechterstellung der Frauen im Berufsleben, erforderlich.

Der Zunahme der Frauenerwerbstätigkeit steht keine entsprechend erhöhte Beteiligung der Männer an der Familienarbeit gegenüber. So leisten Frauen nach wie vor den größten Teil der Familienarbeit. Angesichts der steigenden Integration der Frauen in das Berufsleben - insbesondere von Verheirateten und Müttern - ist die bisherige südkoreanische Wohlfahrtsgesellschaft nicht mehr in der Lage, ihrer veränderten Struktur durch familiäre und betriebliche Wohlfahrtsleistungen gerecht zu werden. Der Ausbau des Wohlfahrtsstaates ist aber bisher nur in geringem Maße vollzogen worden. Der institutionelle Ausbau des Wohlfahrtssystems, der die zukünftigen Probleme des sozialen Versorgungssystems und die neuen arbeits- und familienpolitischen Fragen aufnimmt, ist erforderlich. Die Transformation zur Indusrie- und Dienstleistungsgesellschaft mit der Folge veränderter Familienkonstellationen und der veränderten Stellung der Frau müssen auch in Zukunft in der Sozialpolitik besonders berücksichtigt werden.

V. Schlußbetrachtung und Ausblick

Die Ergebnisse verschiedener Studien zeigen, dass die für die westlichen Industriegesellschaften kennzeichnenden Merkmale geschlechtsspezifischer Erwerbsarbeitsspaltungen, wie die Konzentration von Frauen auf bestimmte Branchen und die Positionierung in den unteren Rängen der Hierarchie im Betrieb, auch für Südkorea zutreffend sind, ja dort die geschlechtsspezifische Ungleichheit, trotz des rasanten Aufstiegs während der Industrialisierung, jene in den westlichen Ländern noch übertrifft. Dieser Befund stellt den Ausgangspunkt der vorliegenden Studie dar. Trotz der Angleichung der Bildungsbeteiligung und der zunehmenden Integration von Frauen in das Beschäftigungssystem sowie der verstärkten Erwerbsbeteiligung verheirateter Frauen dauert die geschlechtsspezifische Benachteiligung an: Dies gilt selbst für Frauen mit einem sehr hohen Bildungs- und Ausbildungsniveau. Frauen haben nach wie vor geringere Verdienstmöglichkeiten, schlechtere Aufstiegschancen und ein höheres Risiko, den Arbeitsplatz zu verlieren als ihre männlichen Kollegen. Sie sind häufiger gezwungen, prekäre Beschäftigungsverhältnisse wie Zeit- oder Teilzeitarbeit zu akzeptieren. Darüber hinaus haben sie in der Regel nur Zugang zu einem Teil des Berufsspektrum, was nach wie vor zu einer Konzentration weiblicher Beschäftigter in den traditionellen Frauenberufen führt. Nur eine Minderheit der südkoreanischen Frauen kann eine berufliche Karriere realisieren, und nur ganz wenige erzielen in ihrem Beruf ein hohes Einkommen.

Die Arbeit hat sich das Ziel gesetzt, einen Beitrag zur Erklärung der fortbestehenden geschlechtsspezifischen Ungleichheit auf dem südkoreanischen Arbeitsmarkt zu leisten. Dabei wurden zunächst einschlägige Theorien für die westlichen Industrieländer geprüft und gefragt, wie instruktiv diese für die Erklärung der südkoreanischen Entwicklung sind. Dies führte, je nach Theorie, zu unterschiedlichen Ergebnissen. Insgesamt wurde jedoch deutlich, dass diese Theorien die extrem stabile Benachteiligung südkoreanischer Frauen im Beschäftigungssystem nicht hinreichend erklären können. Die in diesem Rahmen vorgestellten Ansätze trugen zwar in unterschiedlicher Weise und Wirkkraft zur Erklärung des Ausgangsbefundes bei, ihre Erklärungskraft reichte jedoch nicht aus. Dies lag nicht nur daran, dass diese Theorien zu allgemein geschnitten und an westlichen Beispielen entwickelt wurden, sondern sie griffen in ihren Erklärungsansätzen zu kurz, da kulturelle Erklärungsfaktoren häufig ausgeklammert bleiben. Insbesondere ökonomische Erklärungsansätze kaprizieren sich auf eine kulturfreie Erklärung, was ihre Reichweite entsprechend begrenzt. Die in der Arbeit entfaltete Argumentation kritisiert und würdigt diese Erklärungsansätze, versucht aber zugleich den Nachweis zu führen, dass jede einzelne Erklärung zwar einen kleinen Beitrag zum Verständnis geschlechtsspezifischer Arbeitsmarktsegregation in Südkorea liefert, diese jedoch nicht ausreichen, um die Nachhaltigkeit und Dynamik der südkoreanischen Arbeitsmarktsegregation zu erklären. Im Sinne der Idee einer multivarianten Erklärung wurde deshalb ein zusätzlicher Erklärungsfaktor eingeführt: einer für die kulturellen Werte. Bezogen wurden diese Werte auf konfuzianische Werthaltungen in ihrem Einfluss auf Handlungsorientierungen und -strukturen. Damit wurde kein kognitiver oder wissenssoziologisch kulturtheoretischer, sondern, im Anschluss an Weber, ein werte- und normenbezogener Zugang gewählt. Dennoch läuft man dabei oft Gefahr, alles und nichts erklären zu können. Viele kulturalistische Ansätze verheddern sich in den Fallstricken einer solchen Erklärung, wenn Sie versuchen, von Werten und Normen einfach auf eine Wirtschafts- oder Gesellschaftsformation zu schließen. Zu oft werden die Akteure ausgeblendet, zu oft die Strukturformen und Institutionen, durch die sich diese Handlungsorientierungen reproduzieren. Und natürlich ist klar, dass vom Konfuzianismus der Gelehrten nicht einfach auf kulturelle Handlungsorientierungen in der südkoreanischen Gesellschaft geschlossen werden kann. Zu vermittelt ist dieser Weg, und zu sehr sind konfuzianische Werte in den Alltagskulturen aufgegangen, breit diffundiert und mit anderen Wertorientierungen vermischt.[299] Deswegen hat diese Arbeit versucht, nicht nur den konfuzianischen Werthaltungen in ihren alltagsweltlichen Impulsen für die Ausbildung von Handlungsorientierungen nachzuspüren, sondern auch die gesellschaftlichen Strukturformen und Institutionen zu analysieren, die für eine Nachhal-

299 Vgl. Pohlmann, M., 2002; 2005.

tigkeit und eine spezifische Ausprägung in den Handlungsorientierungen der Akteure sorgen. Im Sinne einer kulturbezogenen, und nicht kulturalistischen Erklärung wurde versucht, bei der Bestimmung dieses Erklärungsfaktors das theoretische Zwischenstück vermittelnder gesellschaftlicher Strukturformen und Institutionen einzublenden und auf diese Weise die Erklärung nicht offen zu lassen. Ebenso wurden dort, wo es möglich war, Akteursbezüge hergestellt, so dass die „Trägerschichten" dieser Werthaltungen eingeblendet werden konnten. Der Ertrag einer solchen kulturbezogenen Erklärung geschlechtsspezifischer Arbeitsmarktsegregation machte deutlich, dass sowohl Familieninstitutionen als auch die Unternehmenskulturen in den koreanischen Großunternehmensgruppen Handlungsorientierungen schaffen und durch Statushierarchien sowie Formen der Arbeitsteilung institutionell reproduzieren, die im alltagsweltlichen Sinne auf konfuzianische Werthaltungen zurückweisen. Innerhalb der sich auf konfuzianische Werte stützenden Struktur südkoreanischer Unternehmen und bei der Entwicklung der Unternehmenskultur spielen konfuzianische Leitideen wie Familialismus, Kollektivismus und hierarchische Rangordnung als eine Form kollektiv tradierter Werte eine wesentliche Rolle. Südkoreanische Frauen sind in der konfuzianisch gegliederten Ordnung der Betriebe im Zusammenhang mit der männerdominierten Netzwerkstruktur besonders benachteiligt. Die konfuzianischen Leitideen prägen als unhinterfragte kollektive Alltagskultur, die Beschäftigungsstruktur und das soziale Verhalten des Individuums entscheidend mit. Deren Effekte, das wurde zu zeigen versucht, verschärfen teilweise in kontinuierlichem Maße die soziale Ungleichheit zwischen den Geschlechtern auch auf dem Arbeitsmarkt. Dasselbe gilt für wohlfahrts*gesellschaftliche* Orientierungen, die den staatlichen Wohlfahrts- und Sozialpolitiken zugrunde liegen und die im Effekt – ob politisch gewollt oder nicht – die soziale Ungleichheit zwischen den Geschlechtern reproduzieren. Damit wurde nicht nur die Geltungskraft des „populären Konfuzianismus" als allgemeine Wertorientierung nachgewiesen, es wurde auch gezeigt, durch welche gesellschaftlichen Strukturformen und Institutionen er sich in unterschiedlichen gesellschaftlichen Wertsphären in regelgeleitetes Handeln übersetzt. Er reproduziert institutionalisierten Formen und sorgt für entsprechende Konventionen und Habitualisierungen auf Seiten der Akteure. Darin liegt die Nachhaltigkeit jener tradierten kulturellen Werte begründet, in denen er aufgeht. Daher muss jede Untersuchung geschlechtsspezifischer Arbeitsmarktsegregation in Südkorea auf diesen zusätzlichen Erklärungsfaktor rekurrieren, ohne den das Rätsel der Erklärung ihres Fortbestehens keiner hinreichenden Lösung zugeführt werden kann.

Allerdings besteht immer die Gefahr, dass die Erklärungskraft des Konfuzianismus überinterpretiert wird und andere Faktoren der differenten ostasiatischen Entwicklung nicht genügend berücksichtigt werden. Der Konfuzianismus wurde daher im Anschluss an Pohlmann[300] als ein im Sinne von Schütz und Luckmann[301] „unhinterfragter Hintergrund lebensweltlicher Selbstverständlichkeit“ thematisiert. Es wurde gezeigt, dass der volkstümliche Konfuzianismus die Basis für die kulturelle Einbettung wirtschaftlichen Verhaltens liefert. Er formt damit Strukturen und Organisationen mit und ist zugleich in der Reproduktion von Handlungsorientierungen auf sie verwiesen. Gerade auch angesichts dieses kulturhistorischen Hintergrunds und seiner institutionellen Reproduktionsdynamik ist auf dem südkoreanischen Arbeitsmarkt eine extrem hohe horizontale und vertikale Segregation festzustellen: So müssen Frauen geschlechtsspezifische Einkommensbenachteiligungen hinnehmen, und die Partizipation der Frauen an Führungspositionen ist gering. Auch eine bessere Ausbildung der Frauen hat in der von konfuzianischen Werten geprägten Unternehmenskultur deren berufliche Chancen nicht wesentlich verbessern können: Die Arbeitsmarktsegregation in autoritär orientierte, hierarchisierte Berufsfelder half, unterstützt durch das Patriarchat in Politik und Wirtschaft, die geschlechtsspezifische Sozialisation aufrechtzuerhalten.

Obwohl durch die besonderen kulturellen Voraussetzungen die Frauenerwerbsarbeit im internationalen Vergleich sowohl quantitativ als auch qualitativ unterdurchschnittlich abschneidet, können dennoch verhalten positive Tendenzen konstatiert werden, da der Trend steigender beruflicher Partizipationschancen der Frauen ungebrochen scheint. Für die zukünftige Entwicklung stellt sich allerdings die Frage,

300 Pohlmann, M., 2004, S. 375.
301 Schütz, A./ Luckmann, Th., 1979/94.

inwiefern sich die qualifizierten Frauenkohorten der letzten Jahre auf einem immer dichter werdenden Arbeitsmarkt behaupten können.

In diesem Zusammenhang müssen gesetzliche, aber auch gesellschaftliche Rahmenbedingungen geschaffen werden, um eine Entwicklung zu vermeiden, in deren Folge Frauen von der Berufswelt wieder zurück in ihre traditionelle Rolle gedrängt werden. Darüber hinaus müssen mehr Teilzeitarbeitsstellen für Männer und Frauen, mehr Wiedereingliederungsmaßnahmen zur Erleichterung des Berufseinstiegs nach der Familienpause, bessere Kinderbetreuungseinrichtungen und flexiblere Arbeitszeiten als wichtige Maßnahmen zur besseren Vereinbarkeit von Familie und Beruf eingerichtet werden. Dazu ist noch die Beseitigung von strukturell angelegten Überbelastungen und Normenkonflikten erforderlich.
Im Hinblick auf die soziale Stellung der Frau in Südkorea muss es in Zukunft vor allem darum gehen, die enge Verbundenheit zwischen den konfuzianischen Leitideen und den sozialen und wirtschaftlichen Strukturen zu lockern, ohne das gesamte gesellschaftliche Wertesystem in Frage zu stellen. Vielleicht kann so eine „frauenfreundliche Reform" des Konfuzianismus als kultureller Wertehintergrund stärker greifen. Denn nur durch einen kulturellen Wandel, das zumindest ist eine Schlussfolgerung aus den Ergebnissen dieser Arbeit, lässt sich die soziale Ungleichheit der Frauen in Südkorea vermindern oder vielleicht sogar beseitigen.

VI. Literatur

Achinger, H., 1971: *Sozialpolitik als Gesellschaftspolitik. Von der Arbeitsfrage zum Wohlfahrtsstaat*, Frankfurt a. M.

Alber, J., 1982: *Vom Armenhaus zum Wohlfahrtsstaat. Analysen zur Entwicklung der Sozialversicherung in Westeuropa*, Frankfurt a. M./ New York.

Alber, J., 1989: *Der Sozialstaat in der Bundesrepublik 1950-1983*, Frankfurt a. M.

Alber, J./ Schölkopf, M., 1995: „Sozialstaat/Wohlfahrtsstaat", in: Nohlen, N. (Hg.): *Wörterbuch Staat und Politik*, München

Alber, J./ Behrendt, Ch./ Schölkopf, M., 2001: „Sozialstaat/Soziale Sicherheit", in: Schäfers, B./ Zapf, W.(Hg.): *Handwörterbuch zur Gesellschaft Deutschlands*, Opladen.

Amsden, A. H., 1989: *Asia's Next Giant: South Korea and Late Industrialization*, New York.

Assenmacher, M., 1988: *Frauenerwerbstätigkeit in der BRD*, Frankfurt a. M.

Arrow, K., 1973: „The Theory of Discrimination, in: Ashenfelter, O./ Rees, A. (eds.): *Discrimination in Labor Markets*, Princeton/N. J.

Arrow, K., 1976: „Economic Dimensions of Occupational Segregation: Comment I", in: *Journal of Women in Culture and Society*, Vol. 1, S. 233-237.

Beck, U., 1986: *Risikogesellschaft. Auf dem Weg in eine andere Moderne*, Frankfurt a. M.

Beck, U., 1990: „Freiheit oder Liebe. Vom Ohne-, Mit- und Gegeneinander der Geschlechter innerhalb und außerhalb der Familie", in: Beck, U./ Beck-Gernsheim, E., 1990: *Das ganz normale Chaos der Liebe*, Frankfurt a. M., S. 20-64.

Beck-Gernsheim, E., 1976: *Der geschlechtsspezifische Arbeitsmarkt. Zur Ideologie und Realität von Frauenberufen*, Frankfurt a. M.

Beck-Gernsheim, E., 1980: *Das halbierte Leben. Männerwelt Beruf, Frauenwelt Familie*, Frankfurt a. M.

Beck-Gernsheim, E., 1983: „Vom ‚Dasein für andere' zum Anspruch auf ein Stück ‚eigenes Leben' - Individualisierungsprozesse im weiblichen Lebenszusammenhang", in: *Soziale Welt*, Jg. 34, S. 307-340.

Beck-Gernsheim, E.,/ Ostner, I., 1978: „Frauen verändern - Berufe nicht?", in: *Soziale Welt*, Jg. 29, S. 257-287.

Becker, G. S., 1957: *The Economics of Discrimination*, Chicago.

Becker-Schmidt, R./ Knapp, G.-A. (Hg.): *Das Geschlechterverhältnis als Gegenstand der Sozialwissenschaften*, Berlin/New York,

Berger, P. L. 1987: *The Capitalist Revolution*, Aldershot.

Bieling, H.-J./ Deppe, F. (Hg.), 1997: *Arbeitslosigkeit und Wohlfahrtsstaat in Westeu-*

ropa. Neun Länder im Vergleich, Opladen.

Blättel-Mink, B./ Kramer, C./ Mischau, A., 1998: *Lebensalltag von Frauen zwischen Tradition und Moderne. Soziale Lage und Lebensführung von Frauen in zwei Landkreisen Baden- Württembergs*, Baden-Baden.

Blossfeld, H. P., 1983: „Höherqualifizierung und Verdrängung - Konsequenzen der Bildungsexpansion in den siebziger Jahren", in: Haller, M./ Müller, W. (Hg.), 1983: *Beschäftigungssystem im gesellschaftlichen Wandel*, Frankfurt a. M., S. 184-240.

Blossfeld, H. P., 1984: „Bildungsexpansion und Tertialisierungsprozeß: Eine Analyse der Entwicklung geschlechtsspezifischer Arbeitsmarktchancen von Berufsanfängern unter Verwendung eines log-linearen Pfadmodells", in: *Zeitschrift für Soziologie*, Jg. 13, S. 20-44.

Blossfeld, H. P., 1989: „Bildung, Karriere und das Alter bei der Eheschließung von Frauen", in: *Bevölkerung und Wirtschaft*, Berlin, S. 539-553.

Blossfeld, H. P., 1991: „Der Wandel von Ausbildung und Berufseinstieg bei Frauen", in: Mayer, K. U./ Allmendinger, J./ Huinink J.: *Vom Regen in die Traufe. Frauen zwischen Beruf und Familie,* Frankfurt a. M. / New York.

Blossfeld, H. P./ Jänischen, U., 1990: „Bildungsexpansion und Familienbildung", in: *Soziale Welt*, Jg. 41, S. 454-476.

Bodenhöfer, H.-J., 1980: *Hochschulexpansion und Beschäftigung*, Wien/ Köln/ Graz.

Böttcher, S., 1996: *Ostasien denkt und handelt anders. Konsequenzen für Deutschland*, Berlin.

Böttcher, S., 1998: „Andere Werte und Handlungsrahmen in Ostasien: Konsequenzen für Deutschland", in: *Aus Politik und Zeitgeschichte. Beitrag zur Wochenzeitung Das Parlament.* B 49/98, S. 47-54.

Butterwegge, C., 1999: *Wohlfahrtsstaat im Wandel: Probleme und Perspektiven der Sozialpolitik*, Opladen.

Cha, H. B.,1997: *eu-ryo bo-heom-ui bul-pyeong-deung gu-jo-wa tong-hab-bang-an* [Ungleichheit in der Krankenversicherung und Vorschläge zu einem vereinheitlichten System], in: Zentrales soziales Wohlfahrtsinstitut (Hg.), 1997*: han-guk-sa-hoe-wa bul-pyeo-deung* [Koreanische Gesellschaft und Ungleichheit], (koreanisch).

Cha, S. H., 1989: *Demokratie ohne öffentliche Ethik?, Zur Soziologie der religiösen Denkstruktur der Intellektuellen in Korea,* Tübingen.

Cha, S. H., 1998: „Die neukonfuzianischen Werte und die Industrialisierung in Korea", in: Keil, S./ Jetzkowitz, J./ König, M. (Hg.), 1998: *Modernisierung und Religion in Südkorea*, München/ Köln/London. S. 47-63.

Chang, H.-J., 1993: „The Political Economy of Industrials Policy in Korea", in: *Cambridge Journal of Economics*, Vol. 17, S. 131-157.

Chang, J. S., 1993: *Die koreanische Familie in Korea im Spiegel von Frauen- und Familiebildern in der Mittelschicht - Eine empirische Untersuchung*, Dortmund.

Cheon, K. S., 1990: *Das Recht der sozialen Sicherheit und seine verfassungsrechtlichen Rahmenbedingungen in der Bundesrepublik Deutschland und in der Republik Korea,* Baden-Baden.

Cho, D.-S., 1998: „For the New Era of the Korean Economy", in: *Korea und World Affairs,* Vol. 22, No. 1, S. 17-22.

Cho, H., 2001: „Frauenarbeit und Frauenpolitik in Korea: Frauenerwerbstätigkeit und Lebenssituation koreanischer Frauen im Industrialisierungs- und Globalisierungsprozess", in: Lachenmann, G./ Dannecker, P. (Hg.): *Die geschlechtsspezifische Einbettung der Ökonomie. Empirische Untersuchungen über Entwicklungs- und Transformationsprozesse,* Hamburg/Berlin/London, S. 251-267.

Cho, H. Y., 1982: *Koreanischer Schamanismus. Eine Einführung*, Hamburg.

Cho, K. 2001: „Konfuzianisches Erbe im Modernisierungsprozess Koreas", in: Hans-Seidel-Stiftung e.V. Akademie für Politik und Zeitgeschehen (Hg.): *Gesellschaftliche Herausforderungen aus westlicher und östlicher Perspektive. Ein deutsch-koreanischer Dialog*, München. S. 17-26.

Choi, S. J., 1992: „Ageing and Social Welfare in South Korea", in: Phillips, D. R. (Hg.), 1992: *Ageing in East and Southeast Asia*, London, S. 148-166.

Chung, Ch. S., 1982: „Korea: The Continuing Syncretism", in: Caldarola, C.(Hg.), *Religions and Societies: Asia and the Middle East*, Berlin et al., S. 607-628.

Croissant, A., 1998: *Politischer Systemwechsel in Südkorea (1985-1997)*, Hamburg.

Cyba, E., 1998: „Geschlechtsspezifische Arbeitssegregation: Von den Theorien des Arbeitsmarktes zur Analyse sozialer Ungleichheiten am Arbeitsmarkt", in: Geissler, B./ Maier, F./ Pfau-Effinger, B. (Hg.), *Frauenarbeitsmarkt*, Berlin, S. 37-61.

Doeringer, P. B./ Piore, M. J.: *Internal Labor Markets and Manpower Analysis*, Lexington/MA.

Dürr, K., 1997: „Kein Glanzstück der Marktforschung", in: *Horizont*, Nr. 39. W3B (25.09.1997).

Eberhard, W., 1983: „Die institutionelle Analyse des vormodernen China. Eine Einschätzung von Max Webers Ansatz", in: Schluchter, W. (Hg.): *Max Webers Studie über Konfuzianismus und Taoismus. Interpretation und Kritik*, Frankfurt a. M., S. 55-113.

Eo, S. B., 1992: *han-guk yeo-seong no-dong si-jang* [Frauenarbeitsmarkt in Südkorea], Seoul (koreanisch).

Eh Wha Frauen Universität Frauenforschungsinstitut, 1985: *han-guk yeo-seong-gwa il* [Koreanische Frauen und Arbeit], Seoul (koreanisch).

Engisch, K./ Pfister, B./ Winckelmann, J. (Hg.), 1966: *Max Weber*, Berlin.

Englbach, G., 1987: „Zukunftsperspektiven für Mädchen und Frauen im Erwerbsleben", in: *Soziale Welt*; Jg. 38, S. 57-73.

Esping-Andersen, G., 1990: *Three Worlds of Welfare Capitalism*, Cambridge/Oxford.

Esping-Andersen, G., 1997: „Hybrid or Unique: The Japanese welfare state between Europe and America", in: *Journal of European Social Policy*, Vol. 7, No. 3, S. 179-189.

Esping-Andersen, G., 1999: Social Foundations of Postindustrial Economies. Oxford.

Franke, H., 1966: Max Webers Soziologie der ostasiatischen Religionen, in: Engisch, K./ Pfister, B./ Winckelmann, J. (Hg.): *Max Weber*, Berlin, S. 115-130.

Fukuyama, F., 1995: *Konfuzius und Marktwirtschaft. Der Konflikt der Kulturen*, München.

Geissler, B./ Maier, F./ Pfau-Effinger, B. (Hg.), 1998: *Frauenarbeitsmarkt. Der Beitrag der Frauenforschung zur sozioökonomischen Theorieentwicklung*, Berlin.

George, V., 1973: *Social Security*, London.

Ginsburgh, N., 1979*: Class, Capital and Social Policy*, London.

Goodman, R./ Peng, I., 1996: „The East Asian Welfare States", in: Esping-Andersen (ed.), *Welfare States in Transition*, London, S. 192-224.

Gottschall, K., 1995: „Geschlechtsverhältnis und Arbeitsmarktsegregation", in: Becker-Schmidt, R./ Knapp, G.-A. (Hg.): *Das Geschlechterverhältnis als Gegenstand der Sozialwissenschaften*, Berlin/New York, S. 125-162.

Graßl, H., 2000: *Strukturwandel der Arbeitsteilung. Globalisierung, Tertialisierung und Feminisierung der Wohlfahrtsproduktion*, Konstanz.

Hamilton, G. G. (Hg.): *Asian business networks,* Berlin/New York.

Hans-Seidel-Stiftung e.V. Akademie für Politik und Zeitgeschehen (Hg.), 2001: *Gesellschaftliche Herausforderungen aus westlicher und östlicher Perspektive. Ein deutsch-koreanischer Dialog*, München.

Häußermann, H./ Siebel, W., 1995: *Dienstleistungsgesellschaft*, Frankfurt a.M.

Heimann, E., 1929: *Soziale Theorie des Kapitalismus*, Tübingen.

Heintz, B./ Nadai, E./ Fischer, R./ Ummel, H., 1997: *Ungleich unter Gleichen: Studien zur geschlechtsspezifischen Segregation des Arbeitsmarktes*, Frankfurt a. M./New York.

Henneberger, F./ Oberholzer, K./ Zajitschek, S., 1997: *Lohndiskriminierung und Arbeitsbewertung. Ein Beitrag zur Gleichstellungsdiskussion in der Schweiz,* Basel/Frankfurt a. M.

Hettlage, R.,1992*: Familienreport. Eine Lebensform im Umbruch*, München.

Heuser, U. J., 1996*: Tausend Welten: Die Auflösung der Gesellschaft im digitalen Zeitalter*, Berlin.

Hibbs, D., A., 1977: „Political Parties and Macroeconomic Policy", in: *American Political Science Review*, Vol. 71, S. 1467-1487.

Hill, P.B./ Kopp, J., 1995: *Familiensoziologie. Grundlagen und theoretische Perspektiven*, Stuttgart.

Hofmeister, W./ Thesing, J. (Hg), 1999: *Soziale Sicherheit in Asien. Japan – Volksrepublik China – Taiwan – Südkorea – Malaysia – Philippinen – Singapur*, Bonn.

Hong, M. H., 2005: *Der Wandel des Geschlechtsverhältnisses und die Frauenbewegung in Südkorea*, Bochum.

Huber, E./ Ragin, Ch./ Stephens, J. D., 1993: „Social Democracy, Christian Democracy, Constitutional Structure, and the Welfare State", in: *American Journal of Sociology*, Vol. 99, S. 711-749.

Huinink, J., 1989: *Ausbildung, Erwerbsbeteiligung von Frauen und Familienbildung im Kohortenvergleich,* Marburg.

Hwang, S. K., 2003: *yeo-seong-ui jik-eob seon-taek-gwa go-yong gu-jo* [Berufswahl und Beschäftigungsstruktur von Frauen], Seoul.

Hwang, S.-Y., 1991: *Probleme sozio-kulturellen Wandels durch Kulturkontakt*, Saarbrücken.

Imhof, A. E./ Weinknecht, R.(Hg.), 1994: *Erfüllt leben - in Gelassenheit sterben. Geschichte und Gegenwart.* Beiträge eines interdisziplinären Symposiums vom 23.-25. November 1993 an der Freien Universität Berlin, Berlin.

Imhof-Rudolph, H., 1999: „Soziale Sicherheit in Südkorea", in: Hofmeister, W./ Thesing, J. (Hg.), 1999: *Soziale Sicherheit in Asien, Japan – Volksrepublik China – Taiwan – Südkorea – Malaysia – Philippinen – Singapur*, Bonn, S. 215-248.

Institut für Sozialwissenschaft Südkoreas, Abteilung für soziale Wohlfahrt (Hg.), 2000: *han-guk sa hoe bok-ji-ui hyeon hwang-gwa jaeng jeom* [Situation und Kontrivesen der südkoreanschen sozialen Wohlfahrt], Seoul (koreanisch).

International Labour Office (Hg.), 2000: *Yearbook of Labour Statistics*, Geneva.

International Labour Office (Hg.), 2002: *Yearbook of Labour Statistics*, Geneva.

Jacobs, D., 1998: *Social Welfare Systems in East Asia: A Comparative Analysis Including Private Welfare*, London.

Jang, J. Y., 2001: *bi-jeong-gyu-jik no-dong-ui sil-tae-wa jang-jeom: seong-cha-byeol jung-sim-eu-ro* [Situation und Diskussionsgegenstand irregulärer Beschäftigung unter besonderer Berücksichtigung der Geschlechterdifferenzen], in: KLI (Hg.): *Issue Paper*, Seoul (koreanisch).Jetzkowitz, J./ König, M., 1998: „Religion und gesellschaftliche Entwicklung in Südkorea", in: Keil, S./ Jetzkowitz, J./ König, M. (Hg.), 1998: *Modernisierung und Religion in Südkorea. Studien zur Multireligiosität in einer ostasiatischen Gesellschaft*, München/Köln/London, S. 19-46.

Jetzkowitz, J. / König, M., 1998: „Religion und gesellschaftliche Entwicklung in Südkorea. Überlegungen zu einer soziologischen Analyse von Modernisierung im ostasiatischen Kontext", in: Keil, S./ Jetzkowitz, J./ König, M.(Hg.), 1998: *Modernisierung und Religion in Südkorea,* S. 19-46.

Ji, E.-H., 1985: *han-guk san-eob-hwa-wa yeo-seong no-dong-e gwan-han yeon-gu* [Theoretische Überlegungen zur Industrialisierung Koreas und zur Frauenerwerbstätigkeit], in: Korea Women's Development Institute (Hg.): *han-guk yeo-seong-gwa il*

[Koreanische Frauen und Arbeit], Seoul, S. 7-52 (koreanisch).

Jong, B. G., 1990: *Die Möglichkeiten und Grenzen der koreanischen sozialdemokratischen Bewegung – mit besonderer Berücksichtigung der „Erneuerungsparteien" in Südkorea*, Marburg.

Kaiser, A. 1997: „Types of Democracy: From Classical to New Institutionalism", in: *Journal of Theoretical Politics*, Vol. 9, S. 419-444.

Kang, Ch. S./ Lenz, I, 1992: *„Wenn die Hennen krähen..." Frauenbewegungen in Korea*, Münster.

Kellermann, P., 1980: „Bildungsexpansion, Universitätsentwicklung und Hochschulzugang", in: Bodenhöfer, H.-J.(Hg.): *Hochschulexpansion und Beschäftigung,* S. 69-89.

Keil, S./ Jetzkowitz, J./ König, M. (Hg.), 1998: *Modernisierung und Religion in Südkorea,* München/Köln/London.

Kemp, A. A./Beck, E. M., 1981: „Female Underemployment in Urban Labor Markets", in: Berg, I. (Hg.), *Sociological Perspectives on Labor Markets,* New York, S. 251-272.

Kim, A., 2001: *Familie und soziale Netzwerke: Eine komparative Analyse persönlicher Beziehungen in Deutschland und Südkorea,* Opladen.

Kim, H. S., 1989: „Frauenbewegung in Südkorea", in: *Frauenbewegungen in der Welt,* Bd.2: Dritte Welt, Hamburg, S. 191-202.

Kim, J. M., 1991: *han-guk eu-ryo bo-heom yeon-gu* [Studie zur koreanischen Krankenversicherung], Seoul (koreanisch).

Kim, M.-K., 2000: *Frauenarbeit im Spannungsfeld zwischen Beruf und Familie. Arbeits- und Lebenssituation von Lehrerinnen und Lehrern in Südkorea,* Opladen.

Kim, Q.-Y., 1988: „Korea´s Confucian Heritage and Social Change", in: *Journal of Developing Societies,* Vol. IV, S. 255-269.

Kim, S. Ch., 1993: Notwehrrecht und Rechtstruktur. Eine Studie zur Rechtsentwicklung in Korea, Bielefeld.

Kim, S. K. et. al , 1999: *sil-eob ga-jeong-ui saeng-hwal-byeon-hwa-wa dae-eung bang-an* [Zum Wandel der Lebenssituation von Arbeitslosenhaushalten und zu Verbesserungsvorschlägen] (koreanisch).

Kim, T. H./ Kim, J. W., 1995: *go-hak-reok yeo-seong-ui yang-seong-gwa hwal-yong bang-an* [Vorschläge über Beschaffung und Nutzung hochqualifizierter Frauenarbeitskräfte], Seoul (koreanisch).

Knapp, G. A., 1988: Die vergessene Differenz, in: *Feministische Studien,* Jg. 6, S. 12-31.

Koch, C., 1995: „Sozialstaat und Wohlfahrtsstaat", in: *Leviathan, Zeitschrift für Sozialwissenschaft,* 23, S. 78-86.

Koch, D., 1996: *Germanistikstudium in Südkorea. Bildung und gesellschaftliche Funk-*

tion unter historischen und geschlechtsspezifischen Aspekten, Frankfurt a.M.

Kohl, J., 1993: „Der Wohlfahrtsstaat in vergleichender Perspektive: Anmerkung zu Esping-Andersens ‚The Three Worlds of Welfare Capitalism'", in: *Zeitschrift für Sozialreform*, 39. Jg, Heft 1, Wiesbaden, S. 67-82.

Kombholz, H., 1991: „Arbeit und Familie: Geschlechtsspezifische Unterschiede in der Erwerbstätigkeit und die Aufteilung der Arbeit in der Partnerschaft", in: Bertram, H. (Hg.), *Die Familie in Westdeutschland*, Opladen.

Koo, Ch.-K., 1998*: Asiatischer Kapitalismus. Staat, Wirtschaft und Gewerkschaften in Japan und Südkorea*, Köln.

Korean Information Service Government Information Agency (Hg.), 1999: *Tatsachen über Korea*, Seoul.

Korean Overseas Information Service (Hg.), 1994: *Tatsachen über Korea*, Seoul.

Korean Women´s Development Institute (Hg.), 1994-2005: *han-guk yeo-seong tong-gye yeon-bo* [Statistic Yearbook on Women], Seoul.

Korpi, W., 1978: *The Working Class in Welfare Capitalism*, London.

Korpi, W., 1980: „Social Policy and Distributional Conflict in the Capitalist Democracies", in: *West European Politics*, Vol. 3, S. 296-316.

Krell, G./Osterloh, M.(Hg.), 1992: *Personalpolitik aus der Sicht von Frauen - Frauen aus der Sicht der Personalpolitik. Was kann die Personalforschung von der Frauenforschung lernen?*, München.

Krieger, S. /Trauzettel, R.(Hg), 1990: *Konfuzianismus und die Modernisierung Chinas,* Mainz.

Ku, Ch.-H., 1987: *Traditionalismus und Rationalismus. Problem einer Unterscheidung am Beispiel der China Studie Max Webers*, Heidelberg.

Kum, J. H., 2002: *yeo-seong no-dong si-jang hyeon-sang-gwa gwa-je* [Über den Zustand des Frauenarbeitsmarktes und dessen Herausforderungen], Seoul (koreanisch).

Kreft, H., 1998: „Das ‚asiatische Wunder' in der Krise. Die politische, wirtschaftliche und gesellschaftliche Entwicklung im asiatisch-pazifischen Raum", in: *Aus Politik und Zeitgeschichte. Beilage zur Wochenzeitung Das Parlament.* B 48/98, S. 3-12.

Krieger, S. /Trauzettel, R.(Hg), 1990: *Konfuzianismus und die Modernisierung Chinas,* Mainz.

Kwan, T. H./Choi, J. H., 1995*: Bevölkerung und Familie in Korea*, Seoul.

Kwon, H. J., 1998: „Democracy and the Politics of Social Welfare: A Comparative Analysis of Welfare Systems in East Asia", in: Goodman, R./ White, G./ Kwon, H. J. (Hg.), 1998: *The East Asian Welfare Model. Welfare Orientalism and the State*, London/New York, S. 27-74

Lachenmann, G./ Dannecker, P., (Hg.), 2001: *Die geschlechtsspezifische Einbettung der Ökonomie. Empirische Untersuchungen über Entwicklungs- und Transformationsprozesse.* Hamburg/Berlin/London.

Langan, M./ Ostner, I., 1991: „Geschlechterpolitik im Wohlfahrtsstaat", in: *Kritische Justiz*, Vol. 24, S. 302-317.

Lee (Son), D.-S., 1986: *Armut und Sexismus in Korea. Zur Lebens- und Arbeitssituation von Slumfrauen*, Dortmund.

Lee, D. S. , 1997: „Frauenbildung und Frauenuniversitäten in Korea", in: Metz-Göckel S./ Steck, F. (Hg.): *Initiativen und Reformprojekte im internationalen Vergleich*, Opladen, S. 273-289.

Lee, E.- J., 1994: *Der soziale Rechtsstaat als Alternative zur autoritären Herrschaft*, Berlin.

Lee, E.- J., 1997: *Konfuzianismus und Kapitalismus. Markt und Herrschaft in Ostasien*, Münster.

Lee, E. K., 1996: *Bildung, Beschäftigung und Geschlecht. Eine empirische Studie über die Beschäftigungsverhältnisse der Absolventinnen der berufsbildenden Oberschule in Korea*, Frankfurt a. M.

Lee, H. K., 1994: *Social Security in South Korea. Programs and Policy Issues*, Seoul.

Lee, J.-J., 1998: „Volksreligion und Schamanismus in Korea", in: Keil, S. /Jetzkowitz, J./ König, M. (Hg.), *Modernisierung und Religion in Südkorea*, S. 112.

Lee, K.-B., 1985: *A New History of Korea*, Seoul.

Lee, O.- B., 1981: *Industrialisierung, Bildungsreform und Erwachsenenbildung in Korea (Süd). Geschichtliche Voraussetzung der Erwachsenenbildung in Korea*, Köln.

Lee, O. J., 1996: *seong-beol jik-eob bun-ri sil-tae byeon-hwa chu-i* [Zur Situation und zu Entwicklungstendenzen der geschlechtsspezifischen Arbeitsmarktsegregation], Seoul (koreanisch), www.kwwnet.org, Zugriff am 02.03.2005.

Lee, S. D./ Lee, E. J./Kang, D. Ch./Park, S. J., 2003: *yeo-seong gwa bub* [Frauen und Gesetze], Seoul (koreanisch).

Lee, S. -J., 1996: *Geschlechtsspezifische Arbeitsteilung im konfuzianischen Patriarchalismus in Korea*, Frankfurt a. M.

Lee, S. K.(Hg.), 2003: *yeo-seong gwa bub je* [Frauen und Gesetzessystem], Seoul (koreanisch)

Lee-Peuker, M.-Y., 2004: *Wirtschaftliches Handeln in Südkorea*, Marburg.

Leira, A., 1992: *Welfare States and Working Mothers: The Scandinavian Experience*, Cambridge.

Leibfried, S., 1994: „Sozialstaat oder Wohlfahrtgesellschaft? Thesen zu einem japanisch-deutschen Sozialpolitikvergleich", in: *Soziale Welt*, Jg. 45, Göttingen, S. 389-410.

Lewis, J.(Hg.), 1993: *Women and Social Policies in Europe. Work, Family and the State,* Aldershot u.a.

Lewis, J. / Ostner, I. 1994: *Gender and the Evolution of European Social Policy.* Arbeitspapier des Zentrums für Sozialpolitik der Universität Bremen, Nr. 4, Bremen.

Lim, Y. T., 2000: *Korea in the 21st Century*. New York.

Machetzki, R./ Pohl, M., 1988: *Korea*, Stuttgart.

Maier, F., 1998: „Ökonomische Arbeitsmarktforschung und Frauenerwerbstätigkeit; Versuch einer kritischen Bilanz“, in: Geissler, B./ Maier, F./ Pfau-Effinger, B. (Hg.), *Frauenarbeitsmarkt*, Berlin, S. 17-61.

Mallaby, S., 1998: „In Asia's Mirror. From Commodore Perry to the IMF”, in: *The National Interest*, Vol. 53, S. 13-21.

Marschall, Th. H., 1964: *Class, Citizenship and Social Development*, Garden City.

Marshall, R., 1974: „The Economics of racial Discrimination. A Survey”, in: *Journal of Economic Literature*, S. 849-871.

Mayer,K. U./ Allmendinger,J./ Huinink, J., 1991: *Vom Regen in die Traufe. Frauen zwischen Beruf und Familie*, Frankfurt a. M./ New York.

Mazarr, M., J.,/ Lewis, J. G., 1998: „Global Economic Trends and the Republic of Korea Economy”, in: *Korea and World Affairs,* Vol. 22, Nr.1, S. 23-48.

Metz-Göckel S./ Steck, F.(Hg.), 1997: *Frauenuniversitäten. Initiativen und Reformprojekte im internationalen Vergleich*, Opladen.

Meyer, S./ Schulze, E., 1989: *Balancen des Glücks: Neue Lebensformen. Paar ohne Trauschein, Alleinerziehende und Singles*, München.

Ministry of Education and Human Resources Development (Hg.), 1970-2003: *gyo-yuk tong-gye yeon-bo [*Statistical Yearbook of Education], Seoul (koreanisch).

Ministry of Labor Republic of Korea (Hg.), 1986, 1991: *jik-jong-beol im-geum sil-tae jo-sa bo-go-seo* [Occupational Wage Survey], Seoul (koreanisch).

Ministry of Labor, 1975: *Yearbook of Employed Persons*. Seoul.

Ministry of Labor Republic of Korea (Hg.,1996, 2001, 2002, 2003: *im-geum gu-jo gibon tong-gye jo-sa bo-go-seo* [Survey Report on Wage Structure], Seoul.

Ministry of Labor Republic of Korea (Hg.), 2001: *nam-yeo go-yong pyeong-deungbub* [Gesetz zur Gleichstellung von Frau und Mann auf dem Arbeitsmarkt], Seoul.

Mincer, J., 1974: *Schooling, Experience and Earnings*, New York.

Müller, W./ Neusüss, Ch., 1971: „Die Sozialstaatsillusion und der Widerspruch von Lohnarbeit und Kapital“, in: *Prokla*, Sonderheft I, S. 7-70.

Münch, U., 1997: *Sozialpolitik und Föderalismus. Zur Dynamik der Aufgabenverteilung im sozialen Bundesstaat*, Opladen.

Myrdal, A., 1960: *Die Doppelrolle der Frau in Familie und Beruf*, Köln.

Nakagawa, Y, 1979: „Japan the Welfare Super-Power”, in: *Journal of Japanese Studies*, Vol. 5, No. 1, S. 5-51.

Nam, S. - G./ Jang, J. H., 2003: *yeo-seong jik-jong no-dong si-jang mit jik-jong gaebal-e gwan-han yeon-gu* [Studie zum frauenbezogenen Arbeitsmarkt und Erwerbsfähigkeitsförderung], Seoul (koreanisch).

National Statistical Office Republic of Korea (Hg.), 1987, 1992, 1997, 2001: *in-gu ju-taek chong jo-sa bo-go-seo* [Population and Housing Census Report], Taejon.

National Statistical Office Republic of Korea (Hg.), 1993: *ju-yo gyeong-je ji pyo* [Major Statistics of Korean Economy], Taejon.

National Statistical Office Republic of Korea (Hg.), 1994-2004: *ji-nan 30 nyeon-gan go-yong sa-jeong ui byeon hwa* [Comprehensive Time Series Report on the Economically Active Population Survey], Taejon

National Statistical Office Republic of Korea (Hg.), 1995-2005*: han-guk-ui sa-hoe ji-pyo* [Social Indicators in Korea], Taejon.

National Statistical Office Republic of Korea (Hg.), 1993, 1996, 2000-2005: *in-gu dong-tae tong gye yeon-bo* [Annual Report in the Vital Statistics], Taejon.

National Statistical Office Republic of Korea (Hg.) (1999): *sa- hoe tong-gye jo-sa bo-go-seo* [Report on the Social Statistical Survey], Taejon.

National Statistical Office Republic of Korea (Hg.) (1995-2005): *han-guk tong-gye yeon-gam* [Korea Statistical Yearbook], Taejon.

National Statistical Office Republic of Korea (Hg.) (2003): *sa-eob-che no-dong sil-tae hyeon-hwang* [Establishment Labour Conditions], Taejon.

National Statistical Office Republic of Korea (Hg.), 1985,1990-2005*: gyeong-je hwal-dong in-gu yeon-bo* [Annual Report on the Economically Active Population Survey], Taejon.

National Statistical Office Republic of Korea (Hg.), 2006: *tong-gyeo jeong-bo system* [Korean Statistical Information System], Taejon.

Neher, C. D., 1994: „Asian Style Democracy", in: *Asian Survey,* Vol. 11, S. 940-961.

Nikketta, R., 1998 (Hg.):*Wohlfahrtsstaat. Krise und Reform im Vergleich*, Marburg.

Obinger, H., Wagschal. U.,(Hg.), 2000: *Der gezügelte Wohlfahrtsstaat. Sozialpolitik in reichen Industrienationen,* Frankfurt a. M./New York.

O´Connor, J., 1974: Die Finanzkrise des Staates, Frankfurt a. M.

OECD, 1997: Historical Statistics 1960-1995, Paris.

OECD, 2001: Korea, Economics, Paris.

OECD, 2002: Employment Outlook, Paris.

OECD(Hg.), 2002: Education at a Glance, Paris.

OECD (2004): Social Expenditure Database (SOCX, www.oecd.org/els/social/ expenditure), Zugriff am 11.11.2005.

OECD, 2006: *Employment Outlook*, Paris.

Oechsle, M. / Geissler, B. (Hg.), 1998: *Die ungleiche Gleichheit. Junge Frauen und der Wandel im Geschlechterverhältnis*, Opladen.

Oi, W.Y., 1962: „Labor as a Quasi-fixed Factor of Production", in: *Journal of Political*

Economy, Vol. 70, S. 538-555.

Ostner, I., 1978: *Beruf und Hausarbeit. Die Arbeit der Frau in unserer Gesellschaft*, Frankfurt a. M.

Ostner, I., 1983: „Kapitalismus, Patriarchat und Konstruktion der Besonderheit Frau", in: Kreckel, R. (Hg.), *Soziale Ungleichheit. Sonderheft der Zeitschrift Soziale Welt*, Göttingen.

Ostner, I., 1993: „Zum letzten Male: Anmerkungen zum weiblichen Arbeitsvermögen", in: Krell, G./ Osterloh, M. (Hg.): *Personalpolitik aus der Sicht von Frauen – Frauen aus der Sicht der Personalpolitik: was kann die Personalforschung von der Frauenforschung lernen?*, München, S. 107-121.

Osterloh, M./Oberholzer, K., 1994: „Der geschlechtsspezifische Arbeitsmarkt: Ökonomische und soziologische Erklärungsansätze", in: *Aus Politik und Zeitgeschichte. Beilage zur Wochenzeitung Das Parlament*, B 6/94, Bonn, S. 3-10.

Ostendorf, R. J., 1996: *Erfolgsanalyse ausgewählter ostasiatischer Staaten*, Münster

Ok, S. W., 1982: „A Study on Family Role Performance in Korean Urban Families (II)", in: *Research Bulletin,* No. 13, Seoul, S. 6-13.

Pak, J. S., 1989: „Arbeiterinnenbewegung in Südkorea", in: Autonome Frauenredaktion (Hg.), *Frauenbewegungen in der Welt*, Bd. 2: *Dritte Welt*, Hamburg, S. 203-214.

Pak, J. S., 1990: *Familie und Frauen in Korea. Die feministische Herausforderung. Konfuzianische patriarchale kapitalistische Gesellschaftsform*, Berlin.

Park, J.-S., 1999: *Netzwerkgesellschaft im Wandel. Die Rolle des sozialen Kapitals zur primären kumulativen Kapitalbildung am Beispiel Südkoreas*, Opladen.

Park, K.-N., , 2001*: dae-gi-eob-nae gwan-li-jik yeo-seong no-dong-e gwan-han yeongu* [A Study on the Women´s Work in the Managerial Jobs in Big Corporations. Focusing on the Gender Related Job Segregation], in: Korean Association of Labor Studies, Jg. 7, Heft 2 (koreanisch).

Parsons, T., 1986: *Gesellschaften: Evolutionäre und komparative Perspektiven*, Frankfurt a. M.

Paul, G., 1984: *Asien und Europa: Philosophie im Vergleich*, Frankfurt a. M./Berlin/München.

Pempel, T. J., 1989: "Japan´s Creative Conservatism: Continuity Under Challenge", in: Castles, F. (ed.): *The Comparative History of Public Policy*, London, S. 149-191.

Patemann, C., 1988: *The sexual contract*, Cambridge

Peterson, M. A., 1996: *Korean Adoption and Inheritance. Case Studies in the Creation of a Classic Confucian Society*, New York.

Pfau-Effinger, B., 1993: „Macht des Patriarchats oder Geschlechterkontrakt?", in: *Prokla: Zeitschrift für kritische Sozialwissenschaft*, S. 633-663.

Pfau-Effinger, B., 1996: „Analysen internationaler Differenzen in der Erwerbsbeteiligung von Frauen: Theoretischer Rahmen und empirische Ergebnisse", in: *Kölner*

Zeitschrift für Soziologie und Sozialpsychologie, Jg. 48, S. 462-492.

Pfau-Effinger, B., 1998[a]: „Der soziologische Mythos von der Hausfrauenehe: soziohistorische Entwicklungspfade der Familie", in: *Soziale Welt*, Heft 2, S. 167-181.

Pfau-Effinger, B., 1998[b]: „Arbeitsmarkt- und Familiendynamik in Europa: Theoretische Grundlagen der vergleichenden Analyse", in: Geissler, B./Maier, F./Pfau-Effinger, B. (Hg.): *Frauenarbeitsmarkt. Der Beitrag der Frauenforschung zur sozioökonomischen Theorieentwicklung*, Berlin, S. 177-194.

Phelps, E. S. , 1972[a]: „The Statistical Theory of Racism and Sexism", in: *The American Economic Review*, Vol. 62, S. 659-661.

Phelps, E. S. , 1972[b]: *Inflation Policy and Unemployment Theory*, London.

Piven, F. F./ Cloward, R. A., 1977: *Regulierung der Armut*, Frankfurt a. M.

Pohl, M., 1996: „Wertesysteme und Unternehmenskultur in Japan und Korea", in: Klump, R. (Hg.), 1996: *Wirtschaftskultur, Wirtschaftsstil und Wirtschaftsordnung: Methoden und Ergebnisse der Wirtschaftskulturforschung*, Marburg.

Pohlmann, M., 2002: *Der Kapitalismus in Ostasien. Südkoreas und Taiwans Wege ins Zentrum der Weltwirtschaft*, Münster.

Pohlmann, M., 2004: „Die Entwicklung des Kapitalismus in Ostasien und die Lehren aus der asiatischen Finanzkrise", in: *Leviathan, Zeitschrift für Sozialwissenschaft*, Jg. 32, Heft 3, Wiesbaden, S. 360-381.

Pohlmann, M., 2005: „Die neue Kulturtheorie und der Streit um Werte", in: *Soziologische Revue,* Jg. 28, S. 3-14.

Priewe, J., 1984: *Zur Kritik konkurrierender Arbeitsmarkt- und Beschäftigungstheorien und ihrer politischen Implikationen. Ansatzpunkte für eine Neuorientierung einer Theorie der Arbeitslosigkeit*, Frankfurt a.M./ Bern.

Quaiser-Pohl, C., 1996: *Übergang zur Elternschaft und Familienentwicklung in Deutschland und Südkorea. Eine interkulturelle Untersuchung*, Münster/New York.

Rabe-Kleberg, U., 1993: *Verantwortlichkeit und Macht. Ein Beitrag zum Verhältnis von Geschlecht und Beruf angesichts der Krise traditioneller Frauenberufe*, Bielefeld.

Redding, G. S., 1990: *The Spirit of Chinese Capitalism*, Berlin/New York.

Redding, G. S., 1996: „Weak Organisations and Strong Linkages: Managerial Ideology and Chinese Family Business Network", in: Hamilton, G. G. (Hg.): *Asian business networks*, Berlin/New York.

Rieger, E./ Leibfried, S., 1999: „Wohlfahrtsstaat und Sozialpolitik in Ostasien. Der Einfluß von Religion im Kulturvergleich", in: Schmidt G./Trinczek, R.,(Hg.): *Globalisierung: Ökonomische und soziale Herausforderungen am Ende des zwanzigsten Jahrhunderts*, Soziale Welt, Sonderband 13, Baden-Baden, S. 413-499.

Ritter, G. A., 1989: *Der Sozialstaat: Entstehung und Entwicklung im internationalen Vergleich*, München.

Roller, E., 1992: *Einstellungen der Bürger zum Wohlfahrtsstaat der Bundesrepublik Deutschland*, Opladen.

Rose, R./ Shiratori, R., 1986: *Welfare State: East and West*, Oxford.

Rosenbaum, H., 1982: *Soziologie der Familie. Untersuchung zum Zusammenhang von Familienverhältnissen, Sozialstruktur und sozialem Wandel in der deutschen Gesellschaft des 19. Jahrhunderts*, Franfurt a. M.

Roth, G., 1987: *Politische Herrschaft und persönliche Freiheit*, Frankfurt a. M.

Scharnweber, D., 1997: *Die politische Opposition in Südkorea im Spannungsfeld von tradierter politischer Kultur und sozioökonomischer Entwicklung*, Landau.

Schäfers, B., 1996: *Gesellschaftlicher Wandel in Deutschland. Ein Studienbuch zur Sozialstruktur und Sozialgeschichte*, Stuttgart.

Schimank, U., 1985: „Der mangelnde Akteurbezug systemtheoretischer Erklärungen gesellschaftlicher Differenzierung. Ein Diskussionsvorschlag“, in: *Zeitschrift für Soziologie*, Jg. 14, Heft 1, S. 421-434.

Schluchter, W. (Hg.), 1983: *Max Webers Studie über Konfuzianismus und Taoismus. Interpretation und Kritik,* Frankfurt a.M.

Schluchter, W., 1996: *Unversöhnte Moderne*, Frankfurt a.M.

Schluchter, W., 2002: „Grußwort“, in: Nutzinger, H. G. (Hg.), 2002: *Religion, Werte und Wirtschaft: China und der Transformationsprozess in Asien*, Marburg, S. 7-10.

Schmid, G., 1992: *Flexible Koordination. Instrumentarium erfolgreicher Beschäftigungspolitik aus internationaler Perspektive*, Mitteilungen aus der Arbeitsmarkt- und Berufsforschung 25. Stuttgart, S. 232-251.

Schmid, G., 1996: „Reform der Arbeitsmarktpolitik. Vom fürsorgenden Wohlfahrtsstaat zum kooperativen Sozialstaat“, in: *WSI-Mitteilungen,* Heft 10, Frankfurt a. M. S. 629-641.

Schmid, J., 1996: *Wohlfahrtsstaaten im Vergleich. Soziale Sicherheitssysteme in Europa: Organisation, Finanzierung, Leistungen und Probleme*, Opladen.

Schmidt, M. G., 1982: *Wohlfahrtsstaatliche Politik unter bürgerlichen und sozialdemokratischen Regierungen - ein internationaler Vergleich*, Frankfurt a. M./New York.

Schmidt, M. G. 1996: „When Parties Matter: A Review of the Possibilities and Limits of Partisan Influence on Public Policy", in: *European Journal of Political Research*, Vol. 30, S. 155-183.

Schmidt, M. G., 1997: „Determinants of Social Expenditure in Liberal Democracies: The Post World War II Experience", in: *Acta Politica*, Vol. 32, S. 153-173.

Schmidt, M. G., 1998*: Sozialpolitik in Deutschland. Historische Entwicklung und internationaler Vergleich*, Opladen.

Schmidt, M. G., 2000: „Die sozialpolitischen Nachzüglerstaaten und die Theorien der vergleichenden Staatstätigkeitsforschung“, in: Obinger, H./ Wagschal, U.,(Hg.): *Der gezügelte Wohlfahrtsstaat. Sozialpolitik in reichen Industrienationen*, Frankfurt a. M./New York, S. 22-36.

Schmidt, M. G., 2003: „Ausgaben für Bildung im internationalen Vergleich", in: *Aus Politik und Zeitgeschichte. Beilage zur Wochenzeitung Das Parlament*, B. 21-22, S. 6-11.

Schönbach, K., 1998: „Politische Kommunikation – Publizistik und kommunikationswissenschaftliche Perspektiven", in: Jarren, O./ Sarcinelli, U. & Saxer, U. (Hg.): *Politische Kommunikation in der demokratischen Gesellschaft*, Opladen, S. 114-137.

Schoenfeldt, E., 1996: *Der Edle ist kein Instrument: Bildung und Ausbildung in Korea (Republik). Studien zu einem Land zwischen China und Japan*, Kassel.

Schreyögg, G., 1997: „Theorien organisatorischer Ressourcen", in: Günter Ortmann et al. (Hg.), *Theorien der Organisation. Die Rückkehr der Gesellschaft*, Opladen, S. 481-486.

Schubert, R.,1993[a]: *Ökonomische Diskriminierung von Frauen. Eine volkswirtschaftliche Verschwendung*, Frankfurt a. M.

Schubert, R., 1993[b]: *Jenseits von Diskriminierung – Zu den institutionellen Bedingungen weiblicher Arbeit in Beruf und Familie*, Marburg

Schütz, A./ Luckmann, Th., 1979/94: *Strukturen der Lebenswelt*, Bd. 1, Frankfurt a. M.

Schultz, T.W., 1961: „Investment in Human Capital", in: *The American Economic Review*, Vol. 51, S. 1-17.

Schultz, T. W., 1963: *The Economic Value of Education*, New York/London.

Schulze, G., 1995: *Die Erlebnisgesellschaft*, Frankfurt a. M.

Schülein, J. A., 1990: *Die Geburt der Eltern*, Opladen.

Seeleib-Kaiser, M./ Thrändhardt, A. M., 2000: „Wohlfahrtsgesellschaft statt Wohlfahrtsstaat in Japan. Zwischen westlichen Vorbildern und eigenständigem Modell", in: Obinger, H./ Wagschal, U., (Hg.), *Der gezügelte Wohlfahrtsstaat. Sozialpolitik in reichen Industrienationen*, Frankfurt a. M./New York, S. 283-328.

Shin, I. R., 1988: *Frauen, Arbeit und Gesetz*, Seoul.

Shin, Y., 1995: *Politische und ideengeschichtliche Entstehungsbedingungen des Sozialstaates: Ein Vergleich zwischen Deutschland und (Süd-)Korea*, Freiburg.

Shin, Y. H. /Chang, K. S., 1996: *Koreanische Gesellschaft und Gemeinschaftskultur im 21. Jahrhundert*, Seoul.

Shin, Y.-K., 1985: *Structure and Problems in Korean Enterprises*, Seoul.

Siim, B., 1993: „The Gendered Scandinavian Welfare States", in: Lewis J. (Hg.): *Women and Social Policies in Europe: Work, Family and the State*, Aldershot/Brookfield, S. 25-48.

Sommerkorn, I. N., 1988: „Die erwerbstätige Mutter in der Bundesrepublik: Einstellungs- und Problemveränderungen", in: *Nave-Herz, R. (Hg.): Wandel und Kontinui-*

tät der Familie in der Bundesrepublik Deutschland, Stuttgart, S. 115-145.

Spinner, H. F., 1994: *Die Wissensordnung. Ein Leitkonzept für die dritte Grundordnung des Informationszeitalters*, Opladen.

Statistisches Bundesamt Deutschland (Hg.), 1995: *Länderbericht, Korea, Republik*, Wiesbaden.

Steers, R. M., et. Al, 1989: *The Chaebol: Koreas New Industrial Might*, New York u.a.

Stehr, N. 1994: *Arbeit, Eigentum und Wissen. Zur Theorie von Wissensgesellschaften*, Frankfurt a. M.

Stopczyk, A., 1997: *Muse, Mutter, Megäre. Was Philosophen über Frauen denken?*, Berlin.

Sun, H.- S., 1990: *Verbände und Staat in Südkorea. Überlegungen zu Korporatismus, Verbände- und Steuerungstheorie,* Bielefeld.

Tessaring,.M/ Wener, H., 1975: *Beschäftigungsprobleme von Hochschulabsolventen im internationalen Vergleich. Kommission für wirtschaftlichen und sozialen Wandel,* Bd. 53, Göttingen.

Teubner, U., 1989: *Neue Berufe für Frauen. Modelle zur Überwindung der Geschlechterhierarchie im Erwerbsbereich,* Frankfurt a. M.

Tölke, A., 1986: *Zentrale Lebensereignisse von Frauen. Veränderungen im Lebenslaufmuster in den letzten 30 Jahren,* Frankfurt a.M. u.a.

Tu, W. - M., 1990: „Der industrielle Aufstieg Ostasiens aus konfuzianischer Sicht“, in: Krieger, S./ Trauzettel, R. (Hg.), 1990: *Konfuzianismus und die Modernisierung Chinas*, Mainz, S. 41-56.

Vogel, E. E., 1979: *Japan as Number One. Lesson for America*, Cambridge, MA.

UNDP, 2005: *Human Development Report*, New York.

Weber, M., 1910/1982: Die protestantische Ethik I, hg. v. J. Wickelmann, 4. erw. Aufl., Mohn

Weber, M., 1920/1988: *Gesammelte Aufsätze zur Religionssoziologie I*, 9. unv. Aufl., Tübingen.

Weber, M., 1922/1985: *Wirtschaft und Gesellschaft. Grundriß der verstehenden Soziologie,* 5. rev. Aufl. besorgt von Johannes Wincelmann, Tübingen.

Weber, M., 1924/1988: *Gesammelte Aufsätze zur Sozial- und Wirtschaftsgeschichte*, 2. Aufl. hg. v. M. Weber, Tübingen.

Weber, K. L., 1994: *Die deutsche Familie. Versuch einer Sozialgeschichte*, Frankfurt a. M.

Weede, E., 2000: *Asien und der Westen. Politische und kulturelle Determinanten der wirtschaftlichen Entwicklung,* Baden-Baden.

Weggel, O., 1990: „Zwischen Marxismus und Metakonfuzianismus: China auf dem Weg zur ‚Renormalisierung'“, in: Krieger, S./ Trauzettel, R. (Hg.), 1990: *Konfuzianismus und die Modernisierung Chinas*, Mainz, S. 490-505.

Wetterer, A. (Hg.), 1995: *Die soziale Konstruktion von Geschlecht in Professionalisierungsprozessen*, Frankfurt a. M./New York.

Willke, H., 1996: *Ironie des Staates. Grundlinien einer Staatstheorie polyzentrischer Gesellschaft,* Frankfurt a. M.

Willms-Herget, A., 1985: *Frauenarbeit. Zur Integration der Frauen in den Arbeitsmar*kt, Frankfurt a. M.

Wilensky, H. L./ Lebeaux, Ch. N., 1965: *Industrial Society and Social Welfare*, New York.

Woll-Schumacher, I., 1998: „Handeln und Geschlecht", in: Bellers, J./ Schulte, P. (Hg.): *Einführung in die Sozialwissenschaften. Grundlagen menschlichen Handelns*, Münster, S. 7-43.

World Bank, 1993: *The East Asian Miracle. Economic Growth and Public Policy*, Oxford

Yang, M.-S. , 1990: *Die Bedeutung von Rollenauffassungen bei koreanischen Eltern, ihre Stabilität beim Übergang zur Elternschaft und ihr Beitrag zur Generativität,* unveröff. Dissertation, Heinrich-Heine-Universität Düsseldorf, Düsseldorf.

Yoo, S. J. et al., 1987: „Management Style and Practice of Korean Chaebols", in: *California Management Review*, Summer, S. 95-110.

Zaborowski, H. J., 1994: „Lebensaltersstufen und Rollenverhalten in Ostasien", in: Imhof, A. E./ Weinknecht, R., 1994: *Erfüllt leben - in Gelassenheit sterben. Geschichte und Gegenwart*, Beitrag eines interdisziplinären Symposiums vom 23. bis 25. November 1993 an der Freien Universität Berlin, Berlin, S. 307-326.

Zöllner, D., 1963: *Öffentliche Sozialleistungen und wirtschaftliche Entwicklung: Ein zeitlicher und internationaler Vergleich*, Berlin.

www.eriss. knue.ac.kr/erisborder, Zugriff am 18.10.2004.

www.habiz.net, Zugriff am 15.04.2004.

www.kwdi.re.kr., Zugriff am 02.03.2005.

www2.kwdi.re.kr., Zugriff am 07.08.2000.

www.kwwnet.org, Zugriff am 02.03.2005.

www.oecd.org/els/social/expenditure, Zugriff am 11.11.2005.

Frauenerwerbstätigkeit in Südkorea: Geschlechtsspezifische Arbeitsmarktsegregation im Spannungsfeld von ökonomischer, politischer und kultureller Entwicklung(한국여성의 직업: 경제적, 사회적, 문화적 발전과정에서의 성별직종분리)

초판발행일 | 2014년 7월 17일

지은이 | Jong-Hee Lee(이종희)
펴낸곳 | 도서출판 황금알
펴낸이 | 金永馥

주간 | 김영탁
편집실장 | 조경숙
인쇄제작 | 칼라박스
주 소 | 110-510 서울시 종로구 동숭동 201-14 청기와빌라2차 104호
물류센타(직송 · 반품) | 100-272 서울시 중구 필동2가 124-6 1F
전 화 | 02) 2275-9171
팩 스 | 02) 2275-9172
이메일 | tibet21@hanmail.net
홈페이지 | http://goldegg21.com
출판등록 | 2003년 03월 26일 (제300-2003-230호)

* 값은 뒤표지에 있습니다.

ISBN 978-89-97318-76-6-93330